예수는 없었다

예수는 없었다

정광용 지음

예수는 없다. 아니, 처음부터 아예 존재하지도 않았다.
당신은 예수가 아니라 이집트 태양신에게 기도하고 있었다.
이 책은 당신을 지옥의 공포로부터 벗어나게 할 것이다.

후아이엠

▲ 성경

바티칸 시국 시스티나성당에 소재한 천지창조 ▲

▲ 미켈란젤로의 피에타

성 베드로성당 내부 ▲

차 례

추천사 ··· 10
프롤로그 진리를 향한 여행의 초대 ········· 16

01 예수는 없다 ···················· 23
아니, 처음부터 아예 존재하지도 않았다.
예수는 없었다. ·· 24
사해의 두루마리 ······································· 32
어느 역사가도 예수를 기록하지 않았다. ··· 36
예수는 어디에서 왔나. ······························ 38
예수의 선배들 ··· 40

02 예수를 넘어 여호와를 넘어 ···· 57
젊은 시절의 분노 ······································ 58
늙은 신부 ·· 67
유대 광야의 지방신 ··································· 71
애굽 ·· 78
살인마 여호와 ··· 86
역사의 기록 ·· 95
이스라엘 총리 에나헴 베긴의 이력서 ····· 101
양심 없는 구약 ······································· 104
엘로힘과 여호와 ····································· 111
혁명가 예수 ·· 116
여호와의 성공한 사기극 – 삼위일체 ······ 119

랍비	122
사라진 예수	126
사도 바울	131
알라 후 아크바르! Allahu Akbar!	138
인도	149
브라마	156
예수의 등에 올라탄 여호와의 굿거리	163
무위자연(無爲自然)	170
국선도(國仙道)	182
한국에 나타난 예수	186
봉은사의 부처	207
신토(神道)	215
영원한 푸른 하늘, 텡그리	227
여호와의 굴욕	231
오워(오보)	243
신은 죽었는가	248
배화(拜火)	256
해인사	266
정의로운 스승	281
나사렛 예수와 텡그리	288
북소리	305

에필로그 한민족의 하느님을 찾아서 ······ 315

추천사

사찰아 무너져라,
사찰아 무너져라.

이런 동영상 때문에 논란이 있었습니다. 단군동상의 목이 달아나기도 했고, 최근엔 봉은사 땅 밟기 기도가 있었습니다. 봉은사 땅 밟기의 의미가 뭔지 안다면 감히 남의 절에 와서 그런 짓을 할 수는 없었을 것입니다.

최근 들어 기독교가 꽤나 공격적으로 변했습니다. 각종 지도에서 사찰 이름이 사라지더니 통도사역을 두고도 마찰이 있었고, 급기야는 우리나라의 전통문화를 외국에 홍보하는 템플스테이 예산이 삭감되기에 이르렀습니다. 한때 총무원장 스님의 차가 검문검색을 당하는 바람에 불교와 정치권의 갈등이 적나라하게 드러나고 말았는데 당시 불교계의 대응은 미적지근했습니다.

그때 강경한 대응을 했더라면 불교차별의 강도가 좀 덜했을 지도 모르고 기독교가 함부로 불교를 공격하는 이런 불상사는 없었을 지도 모릅니다. 당시 지방에서 불교신도회장 하던 선배는 불교는 뒷심이 없어서 그대로 흐지부지 되고 말거라고 했었는데,

그 말을 증명하듯 불교계의 저항은 정치권을 전혀 긴장시키지 못했습니다. 최근에 모 정치가와 스님과의 마찰 역시 스님쪽에서 물러나는 것으로 마무리 된 것에서 보듯이 불교는 항상 다투기 보다는 물러서는 쪽을 택했습니다.

우리나라는 세계에서 그 유래가 없을 정도로 많은 종교들 간에 평화를 유지해 오고 있었습니다. 그러던 것이 정치목사가 등장하더니 기독교가 공격적으로 변하고 말았습니다. 불교는 응집력 부족으로 불이익을 당할 수밖에 없었고…….

이런 배경에는 기독교 선교가 한계에 다다랐다는 기독교 나름의 절박성이 있었습니다. 불교의 본산인 영남의 불교세를 꺾지 않으면 기독교의 교세 신장은 불가능하다는 초조함이 있었던 거고……. 이런 절박함이 통도사 역명에서 그대로 표출되고 말았습니다. 그리고 결정적으로 템플스테이 예산 삭감은 불심에 불을 지르고 말았습니다. 비서실장이 급거 조계사를 방문했지만 문전박대 당하고 한나라당 의원들은 모조리 출입금지를 당하고 말았습니다.

산문폐쇄는 불교가 취할 수 있는 마지막 카드였습니다.
이 책은 이런 시대적 배경을 갖고 태어났습니다.

저는 이 책의 기획 단계부터 수많은 교정 단계를 일일이 지켜보면서 저자와 많은 의견을 나눴습니다. 제가 저자에게 주문 한 것은 할 말을 명쾌하게 하되 제 2의 루디니가 되지는 말라는 거였습니다. 자칫 기독교를 질책한다는 것이 종교 전쟁에 불을 지르거나 전체 기독교를 적으로 돌리는 우를 범하지 말자는 거였지요. 그러기 위해서는 철저히 이성적인 자세를 견지하면서 오로지 성경에 근거한 팩트로만 승부하자고 했습니다. 당연히 기독교에서 반론이 나올 테니, 그런 반론이 건전한 토론으로 이어져 기독교의 자체모순이 드러난다면 저자나 나로서는 일단 성공이라고 생각했던 거지요.

어쨌든 이 책은 그 존재만으로도 기독교계의 반발을 부를 소지는 충분합니다. 저 역시 그걸 예측 못했던 건 아닙니다. 그럼에도 불구하고 아무도 지적하지 않는 기독교의 독선과 지나친 상업주의, 그리고 타종교를 적대시 하는 공격적 성향만은 반드시 짚고 넘어가자고 했습니다.

오늘날 기독교는 너무나 많은 문제점을 가지고 있습니다. 신부님이 초파일을 축하하고 스님이 성탄절을 축하하는 아름다운 모습이 기독교에 오면 사찰이 무너지게 하소서라거나 봉은사 땅 밟기 같은 극단적인 행태로 나타나는데 이는 지나친 원리주의 때문입니다. 예수의 가르침인 사랑은 없고 유태의 잡신 여호와의 가르침만 남아 있습니다. 성경을 그대로 따른다 해도 여호와는 얼마나 많은 사람을 죽였는지 모릅니다. 아마 여호와는 유대족만 창조했던 모양입니다. 그런 여호와를 신으로 모시는 기독교의 행태는 오히려 사람의 인성을 죽이고 있습니다.

어느 날 신문 지면에 모 종교인이 자신의 두 달된 아기의 수혈을 거부해서 끝내 죽음에 이르게 했다는 기사가 채워져 있었습니다. 과연 무엇이 자식보다, 아니 인간의 생명보다 우선될 수 있을까요?

제가 어렸을 때 외숙모가 독실한 종교인이었습니다. 외숙부가 중풍으로 움직이지를 못했는데 외숙모는 선교일로 하루 종일 집을 비웠습니다. 외숙부는 혼자서는 음식을 못 드셨는데……. 할 수 없이 저의 어머니가 거의 매일 찾아가서 병수발을 드셨습니다. 저는 그때 알았습니다. 종교에 미치면 남편이고 자식이고 눈에 뵈는 게 없구나 하는 걸.

제가 사회에 나온 어느 날 그 종교의 한 남자가 찾아왔습니다. 물론 선교가 목적이었습니다. 저는 그 남자를 들어오라고 했습니다. 그 종교는 절대로 화를 내는 법이 없습니다. 적어도 제가 만났던 사람들은 그랬습니다. 저는 슬그머니 치기가 생겼습니다.

속으로 '이 친구를 화나게 만들면 내가 이기는 걸까?'라고 생각했죠. 그래서 물었습니다. 당신은 이 종교가 진리라고 생각합니까? 그는 '그렇다'고 대답했습니다. 그럼 진리란 무엇입니까? 그것을 어떻게 증명할 겁니까?라고 물었더니 종교는 그냥 믿어야 한다고 말했습니다.

그럼 당신은 한 번도 의심을 해 보거나 의혹을 가진 적이 없습니까?라고 물었더니 '그렇다'고 대답했습니다. 그래서 제가 말했습니다. 어찌 한 번의 의심도 없이 진리라는 걸 알 수 있습니까? 의심 없이 진리를 증명할 수 있겠습니까? 돌아가서 의심해 보고 과연 이것이 진리인지 탐구해 보세요. 그러고도 진리라고 생각되면 그때 다시 오세요라고 말했더니 결국 화를 내며 돌아가더군요.

그가 왜 화를 냈을까요? 여호와를 의심해 보라는 것에 화를 냈던 거겠죠. 그래요. 종교는 무조건 믿어야 하는 거겠죠. 맹목이 아니면 종교는 존재할 수 없으니까요. 그렇다면 일반인까지 무조건

맹목적으로 신을 믿어야 하는 걸까요? 이 책은 여기에 대한 대답입니다. 종교, 특히 기독교의 근원을 뿌리째 의심하면서 과연 기독교의 참 뜻은 무엇일까를 고민한 책이지요.

저자는 결코 기독교를 부정하지 않습니다. 예수의 공의적 사랑만큼은 인류가 본받고 배워야 할 소중한 가치라고 말합니다. 그러나 그런 예수를 따라야 할 목회자들은 예수를 팔기에 바쁩니다. 저자는 그들에게 과연 당신들은 예수의 가르침을 실천하고 있느냐고 일갈하고 있습니다. 혹, 예수의 이름을 이용해서 땅 위에 부를 축적하지는 않는지, 권력에 아부하거나 혹은 권력을 만들려는 욕심을 부리지는 않는지 묻고 있는 거죠.

불교와의 갈등이 그 도를 넘고 있는데 과연 분쟁을 일으키는 쪽이 어디인가를 들여다보면 예외 없이 기독교입니다. 하긴 마음에 안 들면 다른 부족들을 모조리 학살해 버리고 마는 여호와의 가르침이 있으니, 그들이 호전적이 되는 건 어쩌면 당연한 일일 지도 모르죠.

예수는 말했습니다. 부자가 천국에 들어가는 것은 낙타가 바늘구멍에 들어가는 것보다 어렵다고. 그런데 이 땅엔 낙타가 되려는 목회자가 차고 넘칩니다. 재벌을 능가하는 부를 축적한 목사들이 아마 이들의 로망인 모양입니다. 대부분 개척교회들의 목표가 그런 거 아니었습니까? 신도수가 늘어나야 목표달성이 가능한데 이제 교회는 그 한계에 다다랐습니다. 배고픈 이리가 공격성을 띠는 건 당연할겁니다. 호전적인 일부 기독교인들이 대다수의 선량한 기독교인들을 도매금으로 욕 먹이고 있습니다. 기독교 내부에서 자정작용이 일어나지 않는다면 기독교의 앞날이 그리 만만치 않을 겁니다. 근본주의자들을 격리하고 서로 타 종교를 인정하면서 공존의 방법을 모색하지 않는다면 이 좁은 땅의 운명도 끝입니다.

저자는 누구도 말하지 못 했던 말을 용기 있게 말했습니다. 권력화한 기독교를 그 누가 감히 건드릴 수 있겠습니까? 많은 고민이 있었습니다. 저자의 유력 정치인의 팬 카페 회장이라는 독특한 이력 역시 글 쓰는 데는 별로 도움이 되지 않았습니다. 오히려 그가 존경하는 정치인에게 누가 되지는 않을 지에 대한 고민이 깊었습니다.

독자들은 추천사를 쓰는 제가 누구냐 궁금할 지도 모르겠군요. 제가 저자를 만난 건 2004년 4월이었습니다. 그는 그 정치인의 팬클럽을 만들었고 저는 논객으로 이름을 올렸었습니다. 그 후 호형호제하면서 여기까지 왔습니다. 많은 논란을 예상하지만 이 책은 저자의 신념의 산물입니다. 기독교계가 어떻게 반응할지 모르겠지만 부디 성경에 의거해서 논리적인 반격이 나오길 바랍니다.

저자는 예수는 없었다고 주장하기 때문에 예수의 존재에 대한 증명은 천만 기독교인들의 숙제가 됐습니다. 논란에 앞서 과연 예수가 존재했었는지 증명해 주길 바랍니다.

Ice Pincess. (얼음공주)

인터넷에서 논객 얼음공주나, 논객 Ice Princess 검색하시면
저를 아실 수 있을 것입니다.

프롤로그

진리를 향한 여행의 초대

　지금 이 책을 읽고 계신 독자인 당신과 필자인 저는 어쩌면 거스르지 못할 인연의 고리 끝에서 서로를 마주보고 있을지도 모릅니다. 당신과 나는 옷깃조차 스치지 않았지만 어쩌면 서로의 영혼은 지금 시공을 초월하여 교감을 나누어야 할지도 모릅니다.

　그러므로 당연히 저는 당신이 누구인지, 무슨 일을 하는 분인지, 어떤 생각을 가지고 계신 분인지 궁금할 수밖에 없습니다.

　실례가 되겠지만, 몇 가지 간단한 질문을 드려도 되겠습니까? 대답은 당신 스스로에게 하시면 됩니다.

　그러면 당신의 대답은 이 책의 필자인 저에게 고스란히 전달될 것입니다. 어떻게 당신이 당신 자신에게 한 대답이 저에게 전달되느냐구요?

　이제 겨우 당신은 이 책의 프롤로그 즉, 인트로 부분을 읽고 있을 뿐입니다. 당연히 당신과 나의 커뮤니케이션에 대한 비밀은 모르실 겁니다. 지금 설명해봐야 소용도 없습니다. 당신과 나 사이의 커뮤니케이션에 대한 비밀은 이 책의 말미에 설명하겠습니다. 그 전에 미리 이 책의 제일 마지막 페이지를 펼쳐 커닝해 봐야 소용없습니다. 중간과정을 거치지 않은 결론은 아무리 봐도 이해하기는 어렵기 때문입니다.

그럼 실례지만 간단한 질문을 몇 마디 하겠습니다. 대답은 당신의 마음 속 깊은 곳에 내재하는 당신 자신, 당신의 본질, 당신의 영혼에게 하시면 됩니다.

"남자? 여자?"

"이름은?"

"나이는?"

"직업은?"

"가족 관계는?"

"결혼은?"

"어디서 태어났고, 지금은 어디에 사시나요?"

"출신 학교는?"

"취미는?"

"특기는?"

대답하시느라 수고하셨습니다. 그럼, 한 마디만 더 묻겠습니다.

"그 대답이 당신의 모든 것입니까?"

저는 방금 마지막 질문에 대한 당신의 답변을 들었습니다. 이 정도는 너무 쉽게 들립니다.

그러나 당신과 마찬가지로 (방금 당신이 스스로에게 답변하신 내용을 모두 다시 들어봐도) 저 역시 당신이 누구인지 도저히 알 수 없군요.

당신이 '배부른 돼지'의 인생을 살고 있지 않는 한, 당신 자신을 보다 정확하게 설명할 질문으로는 많이 부족했을 것입니다. 당신도 할 말이 많으시겠죠? 그러면 조금 더 들어가 보겠습니다.

흔히 말하듯 인생의 목적이 '행복'이라고 가정할 때, 아래의 질문은 일부이기는 하겠지만 당신의 심적 상태를 조금 더 설명할 수 있을지도 모르니까요.

"당신은 지금 행복하신가요? 5분 전에는 어땠나요? 한 시간 전에는요? 어제는요? 작년에는요? 10년 전의 어느 날에는요?"

그래요. 당신과 마찬가지로 저도 당신을 도저히 모르겠군요. 당신이 아무리 열심히 대답하고 설명해도 이 정도의 질문으로는 저는 당신이 누구인지 모르겠습니다. 당신의 육체적 현재는 대강 알겠는데, 진짜 당신이 누구신지는 모르겠습니다.

당신 역시 당신의 육체의 주인이기는 하지만 당신의 정신세계나 당신의 영혼을 위에 나열한 질문에 대한 답변으로 소개할 방법은 없을 것입니다.

굳이 저에게 설명할 필요는 없다 하더라도 당신은 당신 인생의 주체로서 전 세계에서 유일무이한 당신의 고귀한 영혼에 대하여 조금이라도 알고 있어야 이 질문과 답변은 끝날 수 있을 것입니다. 어떻게 하면 당신을 보다 정확하게 알 수 있을까요.

누구나 마찬가지지만 당신 역시 현재의 내적 존재는 외적 환경에 강한 영향을 받으며 살아가고 있습니다. 이 광활한 우주에서 당신은 홀로 이루어지지 않았고, 홀로 살아갈 수도 없으며, 홀로 존재할 수도 없습니다.

만약 당신이 이런 상황에 위축되어 우주의 주체가 되지 못하거나 아예 포기한다면 때로는 외적 환경이 당신의 전부를 지배할 수도 있습니다.

당신은 우주의 주체이자 중심이지만 끝없이 펼쳐진 우주의 관점에서 보면 당신의 존재는 바닷가의 모래 알갱이 하나보다 더 미미한 존재로 보일 수도 있습니다.

이런 외적 환경으로부터 독립된 우주의 주인공이 되려면 당신은 당신을 둘러싸고 있는 우주적 환경을 알아야 하고, 아래 질문들에 대한 답변을 자신 있게 할 수 있어야 합니다.

당신이 존재하지 않는 한, 지구든 우주든 당신에게 무슨 의미가 있겠습니까. 아래 질문에도 대답해 주십시오. 저는 당신의 답변을 귀 기울여 듣겠습니다.

"당신이 존재하고 있는 이 세상은 어떻게 만들어졌을까요?"

"당신의 아버지의 아버지, 어머니의 어머니…… 이렇게 수십 만 번 계속해 거슬러 올라가면 과연 어떤 분이 계실까요?"

"당신은 창조주의 피조물입니까?"

"과연 신은 있을까요? 신은 우리 인간이 필요에 의해 창조한 존재일까요, 자연계에 실재하는 존재일까요?"

"죽음 이후는 어떤 세계가 있을까요?"

"영혼은 있을까요?"

"당신은 영(靈)의 존재인가요, 육(肉)의 존재인가요? 영육이 분리되고 나면 당신은 어디로 가실건가요?"

위의 질문들에 대한 정답을 필자인 저는 다 아느냐구요? 이 질문에 대답하기 전에 제가 처음부터 말씀 드렸던 부분을 상기해 주십시오. 저는 당신의 대답을 시공을 초월하여 들을 수 있다고 했죠? 그럼 거기까지만 확인하시고 추가 질문은 자제해 주십시오. 그 대답 역시 이 책의 마지막 부분에서 설명될 겁니다. 그러나 아까도 주의말씀을 드렸지만 아무리 궁금해도 책의 마지막 페이지를 미리 커닝하지는 마십시오. 그러면 오히려 정답이 보이지 않을 수도 있을 것입니다.

저는 젊은 시절부터 이러한 의문에 정답을 찾기 위하여 나름대로 엄청난 시간과 노력을 투입한 경험이 있습니다. 철들고 난 후의 젊은 시절의 제가 제일 먼저 접했던 것은 기독교였습니다. 예수의 〈공의적 사랑〉은 젊은 시절의 저를 감동시키기에 충분했습니다.

그러나 젊은 시절의 '나'는 여호와나 예수의 실존 그 자체를 부정해야 하는 엄청난 사실을 발견하고, 엄청난 혼돈과 고뇌를 겪게 되었습니다.

이 책은 1부와 2부로 구성되어 있습니다. 1부는 젊은 시절의 내가 발견한 여호와와 예수 부재의 진실을 적어둔 것입니다. 그러므로 젊은 시절의 내가 겪은 방황은 2부부터 시작된다고 보아야 할 것입니다.

다행히 젊은 시절의 '나'는 당시의 여호와에 대한 절망과 공의적 사랑을 설파한 신약의 예수에 대한 감동을 글로 넘겼고, 그 글은 내가 이 책의 첫 장에서 드린 질문에 대한 정답을 찾아가는 중요한 과정 중의 하나이기 때문에 독자인 당신은 반드시 이제 당신 영혼의 친구가 된 젊은 시절의 '나'를 웃고 울게 만든 그 질문과 답변을 눈 여겨 보아 둘 필요가 있습니다.

그래야 정답이 아무리 궁금해도 책의 마지막 페이지를 미리 커닝하지 말라고 부탁드린 이유를 이해할 수 있을 것이기 때문입니다.

정광용 드림

제1장

예수는 없다.

아니, 처음부터 아예 존재하지도 않았다.

1장

예수는 없다.
아니, 처음부터 아예 존재하지도 않았다.

예수는 없었다

　네덜란드 서쪽 바닷가 마을 할렘 스파른담에 한스 브링커란 소년이 살고 있었다. 어느 날 마을에 거대한 폭풍우가 몰려왔다. 고기잡이를 떠난 아버지를 기다리던 한스는 우연히 제방에 손가락만한 구멍이 뚫려 있는 것을 발견하고 사람을 찾았지만 보이지 않았다.

　할 수 없이 한스는 자신의 작은 손가락으로 구멍을 막았다.
　'곧 사람이 오겠지…….'

　그러나 사람은 보이지 않았고 물구멍은 점점 커져, 손으로 막다가 팔뚝으로 막다가 마침내 온몸으로 막아봤지만 소용없었다. 이대로 가다간 곧 제방이 무너질 것만 같았다.

그때였다. 새벽녘 일터로 나가던 마을 아저씨의 눈에 믿을 수 없는 광경이 목격됐다. 제방에 난 구멍을 어린 소년이 온몸을 다해 막고 있는 것이었다.

"저 소년이 아니었다면 지금쯤 마을은 물바다가 되었겠구나!"

그는 마을로 달려가 도움을 요청했다.

"어린 소년이 제방의 구멍을 막고 있습니다! 어서 소년을 도우러 갑시다!"

다행히 마을사람들이 합심해 제방 붕괴는 막았지만 한스의 죽음까지 막을 수는 없었다.

이후 마을사람들은 한스의 헌신과 용기를 기려 동상을 세웠고 지금도 많은 사람들이 한스 브링커의 동상을 찾아 소년을 추모하고 있다. 이 이야기는 감동, 그 자체였다. 초등학교 시절, 교과서에 실린 이 이야기를 몇 번이나 읽었는지 모른다.

그런데 몇 년 전부터 이 이야기가 슬그머니 교과서에서 사라졌다. 실화가 아니라 소설이었던 것이다. 우리나라는 물론이고 미국, 독일, 일본 등등 세계 각국의 교과서에 실려 있는 이 감동적인 이야기가 실은 미국의 동화작가 매리 M 도지(Mary Mapes Dodge)가 1865년에 쓴 〈한스 브링커, 혹은 은빛 스케이트〉라는 동화였다. 그것도 겨우 6페이지에 불과한 아주 짧은 분량의 소설이었다.

어쩌다 소설이 실화로 둔갑하게 된 것일까? 생각해보면 이 이야기는 처음부터 끝까지 말이 되지 않는다. 어린 아이의 조그만 손가락으로 거대한 제방의 구멍을 막아 제방의 붕괴를 막는다는 것은 물리학적으로도 말이 되지 않는다. 그러나 내용은 그럴싸했다.

네덜란드는 지구상에서 바다가 육지보다 높은 유일한 국가다. '신은 세상을 만들었고, 네덜란드는 네덜란드인이 만들었다'는 말이 있을 정도로 댐이 없으면 국가가 없었고, 댐이 무너지면 국가도 없다. 암스테르담이나 로테르람, 베인담 등의 도시이름도 모두 댐을 쌓아서 만든 도시란 뜻이다. 그러니 댐이 무너지면 도시가 수몰되고 더 나아가 나라가 위태해진다. 이런 배경이 있는 나라이다 보니 제방에 난 구멍을 목숨을 걸고 손가락으로 막을 수밖에 없는 소년의 절박함이 감동으로 다가오게 된다.

여기에 네덜란드 정부의 가공술이 한몫 했다. 네덜란드 정부는 먼 나라 미국에서 이 소설이 출판됐을 때만 해도 한스 브링커의 동상을 세우지 않았다. 작가의 생존 당시 100쇄 이상이 팔렸을 정도로 인기 있는 소설임에도 불구하고 말이다. 동상제작을 고려하기 시작한 것은 한스 브링커의 이야기가 전 세계 교과서에 실리면서이다.

어떤 경로로 이 짧은 소설이 미국, 독일, 일본 등의 교과서에 실리게 됐는지는 모르나, 네덜란드를 찾는 관광객들 중 한스 브링커의 동상을 찾는 사람들이 점차 늘어났다. 누구도 한스 브링커가 소설 속의 가공인물이라고는 생각하지 않았다. 이쯤 되자 한스 브링커의 효과에 대해 고려하게 된 정부는 때마침 큰 규모의 홍수로 많은 제방이 무너져 인명피해가 커지자 동상제작에 착수한다.

네덜란드 정부는 한스의 동네인 할렘 스파른담에 동상을 세웠고, 동상제막식에는 네덜란드의 정부인사와 여왕, 공주 등 왕실가족까지 참석한다. 세월이 흐르면서 관광객들, 심지어 스파른담 마을사람들까지도 그 동상을 한스 브링커의 선행에 감사하며 마을사람들이 세워준 것이라 믿게 됐다. 소설 주인공인 한스가 동상을 통해 실존의 인물로 부활했던 것이다.

　가상의 인물이 실존인물처럼 영웅이 되고, 우상이 되고, 신이 되는 것은 이처럼 쉽다. 한스 브링커가 네덜란드인뿐 아니라 전 세계인의 가슴을 파고들기까지 동상이 세워진 시점을 기준으로 약 50여 년이 걸렸을 뿐이다. 우리가 알고 있는 신화, 전설 속 영웅들은 바로 이런 식으로 조작, 위장되어 몇천 년 동안 사람들의 의식을 지배해왔다.

　때로는 이런 이야기들이 종교로 승격 되기도 한다. 물론 온전히 승격 되는 것은 아니다. 그 종교에서 필요하다 생각되는 부분만 차용된다. 자신들에게 유리하다 생각 되면 남의 것도 스스럼없이 가져온다. 이교도건, 신화건, 전설이건, 생존했던 사람이던 소설이던 상관없다. 그저 많은 사람들이 좋아하고, 맹목적으로 따를 수 있는 내용이면 족하다. 그래서 만들어진 대표적인 책이 바로 《성경》이다.

　나는 한스나 예수나 똑같은 과정으로 탄생했다고 본다. 둘 다 말도 안되는 신화나 소설, 거짓말에서 태어났다. 다른 게 있다면 한 사람은 영웅이 되었고, 한 사람은 신이 되었을 뿐이다.

　예수는 없었다.

적어도 기독교 신약성서에 나오는 완벽한 하나님의 아들 예수가 실제로 존재했을 가능성은 10%도 되지 않는다. 여호와 하나님은 한마디로 이집트와 메소포타미아, 인도 등 세계의 각종 신화를 표절하여 만든 종합복제품이다.

일부 기독교인들은 〈창세기〉부터 〈계시록〉까지 '《성경》에는 일점일획의 오류도 없다'는 성경무오설(聖經無誤說)을 주장한다. 그들의 주장처럼 《성경》에 일점일획의 오류도 없으려면 우선 논리적 모순과 고고학적 증거, 역사적 사료로 모든 것이 입증되어야만 한다.

그러나 기독교 《성경》은 논리적 모순으로 가득 차 있으며 고고학적 증거나 역사적 사료와 비교할 때 완벽한 소설이다. 《성경》 자체가 모순, 허위, 표절로 가득 차 있는데 어떻게 성경무오설을 주장할까. 그 이유는 간단하다. 그렇게 주장하는 편이 진실을 아는 것보다 편하기 때문이다. 《성경》의 놀라운 진실을 알기 시작하면 그때부터 온갖 두려움과 공포가 밀려올 것이기 때문이다.

하지만 진실은 어떤 경우에도 거짓을 이기는 법이다. 우리는 어떤 거짓도 허용하지 않는 오직 진실만을 통하여 이 세상의 우주적 진리를 탐구해야 한다. 만약 이 책을 읽는 당신이 기독교인이라면 더욱 그렇다. 손바닥으로 하늘을 가린다고 하늘이 사라지지는 않는다.

기독교 성서의 〈창세기〉 1장 1절부터 엄청난 모순이 발견된다. 〈창세기〉 1장 1절의 하나님이 사람을 창조했음에도 불구하고(창세기 1:26), 또 다른 하나님인 여호와가 등장하여 또다시 사람을

고대 그리스 도자기에 새겨진 선악과 뱀 이야기 (선악과 이야기는 표절이었다)

만들고 아담과 이브를 창조한다(창세기 2:4). 원래의 하나님은 사라지고 느닷없이 여호와가 등장하여 그 자리를 탐하여 차지한다.

전지전능하다는 여호와가 〈창세기〉 1장 1절에 나타난 '하나님'의 흉내를 내고, 그 자리를 탐하여 슬며시 끼어드는 후안무치한 장면이 버젓이 성서에 기록되어 있는데도 이를 모르고 있었는가! 그렇다면 그대는 진정한 기독교인이 아니라 유대의 광야를 떠돌던 미신의 추종자일 뿐이다.

당신이 진정한 기독교인이라면 이 부분에서 적어도 이런 질문은 던졌어야 했다.

"여호와가 아닌, 〈창세기〉 1장 1절의 하나님은 누구인가. 어디로 사라졌는가."

아담과 이브 신화의 원전(原典)이 된 수메르의 점토판
두 사람 뒤에 뱀이 보이고, 그 사이에 선악과나무가 있다. (대영박물관 소장)

〈창세기〉 1장 1절의 하나님은 '말씀'으로 천지와 우리 인간을 창조했다. 그러나 느닷없이 〈창세기〉 2장 4절에서 여호와가 다시 흙으로 사람을 빚어 만든다. 그리고는 선악과라는 것을 배치하여 그것을 따먹었다고 대대손손 풀지 못할 무시무시한 저주를 내린다.

반면에 원래의 하나님은 그런 저주 대신에 '생육하고 번성하여 땅에 충만하라, 땅을 정복하라, 바다의 고기와 공중의 새와 땅에 움직이는 모든 생물을 다스리라' 하시며 오히려 축복을 내려주셨다.

축복의 하나님과 저주의 여호와……. 당신이라면 어느 하나님을 진짜 하나님으로 믿겠는가.

또 있다. 이미 하나님이 남자와 여자를 창조했음에도 여호와는 다시 아담을 창조하고 그 아담의 배필을 위하여 아담의 갈빗대 하나를 취하여 여자를 만든다.

이 구절이 여러 가지 웃기는 희극을 연출했다. 남자는 여자보다 갈빗대가 하나 더 적다는……. 물론 해부학적으로는 완전히 엉터리임이 밝혀지고 이제는 그런 것을 믿는 사람조차 없다.

그러나 젊은 시절의 '나'는 순진한 그대처럼 《성경》을 곧이곧대로 믿고 손가락으로 꾸욱꾸욱 눌러가면서 내 가슴의 갈빗대 숫자를 열심히 세어보았다. 아무리 세어봐도 남자와 여자의 갈빗대 숫자는 똑같았다.

이런 모순을 하나하나 알아가게 된 젊은 시절의 '나'는 얼마나 황당했을까. 거기에 더하여 아래에 나타나는 움직일 수 없는 각종 증거들로 인하여 한때 왕성한 지적 호기심으로 기독교의 진리에 목말라했던 젊은 시절의 '나'는 얼마나 절망했을까.

사해의 두루마리

1947년. 팔레스타인 지방 사해 서쪽 연안 절벽의 쿰란 동굴에서 잃어버린 양을 찾아 헤매던 어느 목동이 고대의 양피지 두루마리를 발견했다. 기독교 성서 필사본이었다.

그러나 이 귀중한 고대성서 사본이 발견되자마자 이스라엘 정부는 무려 40년간이나 일반인과 신학자들의 접근을 철저히 통제했다. 고귀한 《성경》이 발견되었는데 뭐가 두려워서 감추고 공개하지 못했을까. 이 고대 《성경》 두루마리는 극히 일부의 '국제학자단'이 독점했고, 1991년이 되어서야 두루마리 전체라고 주장하는 부분들이 공개 되었지만 이미 상당 부분이 훼손 된 뒤였고 주석을 붙인 출판은 또다시 10년이나 연기되었다. 왜 그랬을까.

방사선탄소연대측정법과 화학적 분석법, 필체분석법, 사용언어 등으로 조사한 결과, 이 방대한 사해의 성경사본은 B.C. 500년에서 A.D. 68년 사이에 쓰인 것으로 밝혀졌다.

그런데 여기에 예수의 일생을 다룬 것으로 보이는 신약의 일부가 이미 기록되어 있었던 것이다. 이 기록은 기원전 150년 정도에 쓰인 것으로 추정되었다. 이 기록에 따르면 예수가 태어나기도 전에, 이미 150년 전에 예수 또는 예수로 추정할 수 있는 인물이 존재했었다는 이야기가 되고, 이렇게 되면 성서에 일점일획의 착오도 없다고 믿는 현재의 기독교는 설 땅을 잃게 되는 것이었다.

예수 탄생 이전에 사해문서에 나타난 예수는 '의로운 스승'으로 표현되어 있다. 이 의로운 스승은 인간의 죄를 대신 짊어지고 괴로운 죽음을 맞을 운명에 처했고, 고문을 받았으며, 흉악한 제사장들에 의해 십자가에 못 박혀 죽었다가 다시 부활하여 세계를 구원하고 최후의 심판을 기다린다.

그는 인내와 인간성과 형제애, 자선과 빈곤을 가르치며 새로운 계율과 정의와 세례, 그리고 성찬(聖餐)을 만든다. 이런 '의로운 스승'은 우리가 보는 성서의 구약에는 없다.

특히 인간의 죄를 대신 짊어지고, 고문을 받았으며, 흉악한 제사장들에 의해 십자가에 못 박혀 죽었다가 부활했다는 것을 보면 그 '의로운 스승'이 신약의 예수를 가리키는 것임에는 의심할 여지가 없다. 그렇다면 예수는 태어나기도 전에 미리 존재했던 셈이다. 어떻게 이런 일이 있을 수 있을까.

사해사본은 〈이사야서〉를 제외한 구약의 모든 부분을 망라하고 있기 때문에 구약을 성서로 믿는 유대교도들에게는 엄청난 보물이 되겠지만, 예수 탄생 이전에 이미 예수(의로운 스승)가 기록되어 있기 때문에 예수 이후의 신약을 믿는 기독교인에게는 재앙이 되어버린 것이다.

위기를 느낀 기독교 기득권층은 이를 역이용했다. 사해문서 발견 이후 40년이나 그들만의 소유물로 독점했던 그들은 이미 이

고대 성경 사본, 사해의 두루마리가 발견된 쿰란 동굴

기간 동안 충격에 대비했고 어느 정도 조치를 취하고 기득권을 유지할 자신감을 얻은 후에야 공개하기 시작했다. 물론 그 40년 동안 사해문서는 판독이 어려울 정도로 훼손 되어버린 이후였다.

　사해문서의 상당부분이 훼손 되었다는 것은 무엇을 의미하는 것일까. 고작 40년 만에 사해문서의 많은 부분이 부식되고 해체되어 버렸다니, 2,000년의 기나긴 세월동안 멀쩡했던 사해문서가 고작 40년 만에 부식되어 사라진다는 것은 상식적으로 납득하기 힘들다. 오히려 공개하기 어려운 부분을 고의로 훼손하여 없애버린 것이 아니냐는 의혹도 있다.

　이미 밝혀진 것만으로도 예수의 실존은 심각한 위협을 받는다.

고대 성경 사본, 사해 두루마리의 일부

일부의 주장처럼 이 부분이 이스라엘의 멸망기인 A.D. 68년을 전후하여 에세네파에 의하여 쓰여진 것이라면 이 시기에 살았고 박해 받고 부활까지 한 예수의 기록이 빠진 것도 앞뒤가 맞지 않는다. 만약 신약의 예수가 이 시기에 실존했다고 가정한다면 예수는 이중(二重)의 실존, 즉 150년의 시차를 두고 겹치기 출연을 한 것이 되어버리는 셈이다.

 이렇게 되다 보니 기독교 기득권자들은 사해문서에 나타난 '의로운 스승'이 '세례자 요한'일 가능성, 예수가 어린 시절 이 에세네파에서 양육되고 그 이론을 전수 받았을 가능성, 심지어는 예수 자신이 에세네파의 지도자였을 가능성 등을 제시하고 있지만 그들끼리도 어느 것 하나 설득력 있는 견해를 제시하지 못하고 있다.

어느 역사가도 예수를 기록하지 않았다.

사해문서가 A.D. 68년까지 서서히 기록되었다고 주장하는 사람들도 예수 사후 30년이 넘도록 사해문서에 왜 예수가 단 한 줄도, 한 단어도 기록되지 않았는지 설명하는 사람은 없다.

그 뿐인가. 당시엔 지중해 주변으로 수많은 역사가들이 살고 있었다. 그 중 몇이나 '예수'에 대한 기록을 남겼을까? 단 한 명도 없다.

그래도 공정성을 유지하기 위해 말하자면, 예수를 옹호하는 사람들(신학자들)이 제시하는 기록들이 몇 개 있긴 하다. 이들은 4명의 역사가들이 예수에 대하여 기록을 남겼다고 주장하는데, 플리니 2세(Pliny the younger), 수에토니우스(Seutonius), 타키투스(Tacitus)가 그 중 셋이다.

이들은 각각 한 두 문장으로 그리스도(Christ, Chrestus, Christus)에 대한 기록을 남기긴 했는데, 원래 '그리스도'라는 용어는 사람 이름이 아니라, '기름 부음 받은 자'라는 호칭(직함)을 의미하는 것이었다.

네 번째인 요세푸스(Josephus)의 기록이 위조라는 것은 수백 년 전에 밝혀졌음에도 불구하고, 안타깝게도 현재까지 사실로 인용되고 있다.

 죽음에서 부활하고, 모두의 눈 앞에서 승천했으며, 갖가지 기적을 행사했던 사람이니만큼 역사에 기록 되었을 것이라고 생각들 하지만, 예수에 대한 기록은 없다. 모든 근거를 종합해 봤을 때 예수라는 인물이 아예 존재하지 않았을 가능성이 매우 크다 ('Zeitgeist' 에서 일부 인용).

예수는 어디에서 왔나.

1952년, 이번에는 사해지역에서 순도 99%짜리의 구리로 된 동판사본이 발견된다. 이 동판사본은 고대의 보물이 숨겨진 장소를 알려주는 사해의 보물지도로 알려졌는데, 여기에서 놀라운 기록이 발견된다. 이 동판사본에서 이집트의 파라오인 아케나텐(AKENATEN)의 이름이 나온 것이다.

이 아케나텐 왕은 기원전 1,000년경 세계 최초로 유일신 신앙을 창안한 이집트의 파라오였다. 유대인과 이집트인은 모세 이후 철천지 원수처럼 살아가는데 이건 또 어찌된 일일까.

고대사회에서 인간이 가장 신성시한 존재는 무엇이었을까. 그것은 태양이었다. 빛, 밝음……. 모든 만물은 태양이 주는 빛으로 생육하고 번성했다. 기독교 〈창세기〉에서도 '빛이 있으라'로 창조를 시작했다.

그러나 기독교 〈창세기〉가 나오기 수천 년 전부터 빛은 이미 신으로 숭배되었으니 기원전 3,000년경에 이집트에서 태양신으로 숭배되던 호루스가 바로 그다.

그 다음으로 인간을 두렵게 했던 것은 어둠이었다. 매일 밤이면 어김없이 찾아오는 어둠. 아무 것도 보이지 않는 캄캄한 고대의 밤하늘에 나타난 달과 별은 어둠 속의 유일한 위안이었고 어둠 역시 태양에 대비되는 개념으로 중요한 종교의 일부가 되었다. 어둠의 신은 세트로 표현되었다.

「매일 아침이면 태양의 신 호루스가 동녘 하늘에 나타나 어둠의 신인 세트를 몰아내고 밝은 빛을 비추지만, 저녁이 되면 어둠의 신인 세트가 나타나 태양의 신 호루스를 어둠의 세계로 던져버린다.」

고대 파피루스나 사해문서의 양피지보다 훨씬 이전의 기록은 이집트의 피라미드의 벽에 기록된 상형문자였다. 구약의 기록이 아무리 빨라봐야 이집트의 피라미드 벽화의 기록에 비하면 최소한 천 년 이상 뒤쳐진다.

예수의 선배들

호루스는 나일강의 여신 이시스(이지즈)로부터 태어났는데 이 이시스 여신이 바로 현대 해군의 무적 전함 이지스함의 이름을 제공한 여신이다.

문제는 이 이시스 여신이 호루스를 잉태했을 때 그녀는 처녀였다는 것. 동정녀 마리아가 아니라 동정녀 '이시스'였던 것이다.

동정녀 이시스는 태양의 신 호루스를 12월 25일, 크리스마스에 출산한다. 물론 그 이전에 '쏘어'가 잉태를 예고하고 '네프'가 성령으로 잉태시키는 정도는 기본이다. 처녀의 수태고지? 두 말할 것도 없이 예수가 태어나기 3천 년 전에 이미 그 정도는 다 고안되고 특허등록까지 마쳐버렸다. 그 외에도 수두룩하다.

호루스의 출생 때 동방에서 나타난 별이 그 출생을 알렸으며 3인의 동방박사가 나타나 경배를 올린다. 호루스는 30살이 되어 '아넙'으로부터 세례를 받고 가르침을 시작한다.

호루스는 12명의 제자를 데리고 다니며, 병자를 치료하고, 물 위를 걷는 기적을 행했다. '진리', '빛', '하나님이 기름 부으신 아들', '선한 목자', '하나님의 어린 양' 등 여러 이름으로 불렸

파라오의 어머니 이시스는 처녀 잉태하여 호루스를 낳았다.
성모 마리아와 예수 아이콘의 고전이자 원전인 셈이다.

고, '타이폰'에 의해 배신당한 후에 십자가에 못 박히고, 죽은 지 3일 만에 부활했다.

'호루스'가 최초의 기원인지는 불분명하지만, 세계의 다른 문화들에도 위와 같은 신화적 특징들은 수두룩이 배어들어 있다.

프리지아(Phrygia, 그리스)의 아티스도 '나나'라는 처녀로부터 12월 25일에 태어났고, 십자가에 못 박혀 죽은 지 3일 만에 부활했다.

이집트의 태양신 호루스(좌측)는 예수로 둔갑되었다.

인도의 크리슈나 또한 드바키(Devaki, 왕녀)라는 처녀로부터 태어났으며, 동쪽의 별이 그 탄생을 예고하였고, 제자를 데리고 다니며 기적을 행하고, 죽은 후에 부활했다.

그리스의 디오니소스 또한 12월 25일에 처녀로부터 태어났으며, 물을 포도주로 만드는 등의 기적을 행하는 '방랑자 스승'이었으며, 왕 중의 왕, 하나님의 독생자, 알파와 오메가 등의 이름으로 불렸고, 죽은 후 부활했다.

페르시아의 미쓰라 또한 12월 25일에 처녀로부터 났으며, 열두 제자를 거느리며 기적을 행하고, 죽은 지 3일 만에 부활했다. 또한 그도 '진리', '빛' 등의 이름으로 불렸고, 흥미롭게도 숭배일은 '일요일'이었다(`Zeitgeist`에서 일부 인용).

십자가의 원전이 된 십이궁도

동정녀에게서 태어나고, 동방에서 나타난 별이 출생을 알리며, 3인의 동방박사가 나타나 경배를 올리고, 30살이 되어 세례를 받고 가르침을 시작하여 12명의 제자를 데리고 다니며, 병자를 치료하고, 물 위를 걷는 기적을 행하고, '진리', '빛', '하나님이 기름 부으신 아들', '선한 목자', '하나님의 어린 양' 등 여러 이름으로 불렸고, 제자에 의해 배신당한 후에 십자가에 못 박히고, 죽은 지 3일 만에 부활하는 것 정도는 예수 이전에 이미 엄청나게 많은 곳에서, 어마어마하게 많은 신들에 의하여 선행되었다.

예수는 시기적으로 가장 늦은 뒷북이었고 패러디였으며 가장 늦둥이 후배였다. 예수보다 후배가 있다면 무함만(마호메드) 정도겠지만, 최소한 그의 출생만큼은 정직했다.

그럼 왜 내로라하는 신들인 호루스, 아티스, 디오니소스, 미쓰라, 예수 등은 모조리 12월 25일을 출생일로 잡았을까.

12월 22일은 동지이다. 밤의 길이가 가장 긴 지점이 동지이다. 동짓날 북반구에서 본 태양은 가장 남쪽으로 내려가 있고 이는 태양의 죽음을 상징한다. 그리고 3일이 지난 12월 25일이 되면 태양의 궤적은 북쪽으로 1도 이동하여 앞으로 다가올 봄을 상징하는 것이다.

이래서 12월 25일은 빛의 아들 또는 태양신의 탄생에 가장 적기이며 호루스, 아티스, 디오니소스, 미쓰라, 예수 등이 모조리 12월 25일에 태어난 이유이다.

또한 동지부터 12월 25일까지의 '3일'은 죽음 이후의 부활의 기간을 상징하며 호루스, 미쓰라, 예수는 모두 죽은 지 3일 만에 부활한다. 참고로 같은 12월 25일을 생일로 삼은 호루스는 예수보다 3천 년 선배고, 예수는 호루스보다 3천 년 후배이다.

예수는 왜 열 두 제자를 거느렸을까. 이는 구약을 보면 눈치 챌 수 있다. 열 두 민족, 야곱의 열 두 아들, 열 두 족장, 열 두 선지자, 열 두 왕, 열 두 왕자……. '12'는 태양력의 상징이고 태양신의 성수(聖數)다. 열 두 제자를 거느린 점에서도 태양신 호루스가 예수보다 3천 년이나 선배다. 그 외에도 열 두 제자를 거느린 예수의 선배는 수두룩하다.

그뿐인가. 아래 이야기를 읽어보고 수수께끼 하나를 맞춰보자. 아래 이야기의 주인공이 누구일까.

「신들은 홍수를 일으켜 세상의 모든 남자들, 여자들, 아기들, 동물들을 멸망시키려 한다. 신들은 정직한 인물 한 명을 선택한다. 신들은 그 인물에게 여러 층으로 된 나무방주를 만들도록 명한다. 그 방주에는 지구상의 각종 동물과 몇 명의 사람이 실린다. 거대한 홍수가 범람한다. 최초의 산들은 물에 잠긴다. 그 인물은 주기적으로 새를 보내 근처에 육지가 있는지 살핀다. 처음 보낸 두 마리의 새는 방주로 돌아오고 세 번째 새는 육지를 찾았는지 방주로 돌아오지 않는다. 그 인물과 그의 가족은 방주를 떠나 동물 한 마리를 살생하는 의식을 치르고 그 동물을 희생양으로 바친다. 신들은 희생양을 구울 때 나는 냄새를 맡는다. 그 인물은 축복을 받는다. 신들은 홍수에 대해서 유감을 표한다」

'노아의 방주'의 주인공 '노아'라고? 틀렸다. 구약이 기록되기 수천 년 전에 수메르 문명의 우르 지방의 점토판에서 출토된 〈길가메쉬 서사시〉에 나오는 이야기다. '수메르'는 인류 4대 문명 발상지의 하나다. 구약보다는 최소한 천 년 전에 기록된 것이다.

그러면 구약의 노아와 그 방주는 어떻게 되나? 어떻게 되긴. 모조리 남의 것을 가져다 베낀 표절이지. 구약성서에 나오는 '노아의 홍수' 표절 사건은 이미 역사학계에서 정설로 굳어져 있는 사실이다.

《성경》에는 노아의 방주가 머물렀던 아라랏 산을 제외한 지구상의 모든 산이 물에 잠겼다고 한다. 하지만 당시 《성경》기자는 에베레스트 산의 존재조차 몰랐다. 에베레스트 산은 아라랏 산보다 3,000미터나 높은 산이었지만 당시 우르 지방의 것을 베끼다 보니 빚어진 어처구니없는 실수였다.

또 비둘기를 날려 보내자 비둘기가 올리브 잎사귀를 물어왔다 지만, 이 세상 어느 올리브 나무도 150일 이상 물에 잠기고도 살아날 수는 없다. 구약 기자들이 물이 없는 사막에서 살았기 때문에 빚어진 전대미문의 실수였다.

여기에 사기꾼까지 등장하여 재미를 더해주고 있다. 1959년 나바라라는 사람이 노아의 방주를 발견했다고 목재조각 하나를 들고 나타나 세계를 떠들썩하게 했다. 그는 여러 권의 책을 발간하여 떼돈을 벌었다.

결국 그가 가지고 온 목재조각은 잣나무가 아니라 참나무임이 밝혀졌고, 연대도 1300년경의 것으로 밝혀져 이제는 그런 것을 믿는 사람도 없다.

이 재미있는 이야기의 끝은 어떻게 될까? 살아남은 노아에게는 세 아들이 있었다. 셈, 함, 야벳이 그들이다. 어느 날 노아가 술에 만취하여 낮잠을 자는데 벌거벗은 아버지를 보고 함은 웃었지만 셈과 야벳은 옷을 덮어 주었다. 술에서 깬 노아는 셈과 야벳은 축복했고, 함은 저주했다. 여기까지는 좋았는데 그 다음이 문제다.

축복 받은 셈은 이스라엘의 조상이 되었고, 야벳은 유럽인의 조상이 되었고, 저주받은 함은 가나안과 아프리카인의 조상이 되었다고 한다. 구약 〈창세기〉 10장에는 인류는 모두 노아의 후손으로 중동, 유럽, 아프리카에 퍼져 있다고 열거하고 있다.

이러다 보니 뒤늦게 콜럼부스가 신대륙을 발견하고 아메리카 인디언을 발견한 것이 문제가 되었다. 《성경》에 기록되지 않은 신대륙이 발견 되었고 거기서 또 인디언을 만났으니 인디언은 과연 누구의 후손이냐는 것이다.

결국 인디언은 셈, 함, 야벳, 누구의 자손도 아니기 때문에 인간이 아닌 짐승이 되어버렸고 마구잡이로 죽여도 살인죄가 성립되지 않았다. 실제로 인디언을 잡아 그 얼굴가죽을 벗겨가면 미국 정부에서 현금으로 포상금을 지급한 사례도 있었다. 인디언은 사람이 아니기 때문에 가능한 일이었다.

결국 로마 교황청이 나서서 인디언 등의 황인종도 노아의 후손이라고 선포하고 나서야 황인종도 인간으로 편입되었다(민희식 著, 《성서의 뿌리》).

이 글을 읽고 있는 당신도 만약 그 때 기독교인에게 붙들렸으면 짐승처럼 도축 당하고 얼굴가죽이 벗겨졌을지도 모를 일이다. 이런 말 같지 않은 일이 발생한 것은 누구의 책임일까.

다른 수수께끼를 하나 더 선사한다. 아래의 '나'는 누구일까?

「나의 어머니는 갈대 바구니를 만들고 역청을 발라서 새지 않도록 하였다. 어머니는 나를 바구니에 넣어 강에 놓았다. 강물은 나를 싣고 흘러가 물을 긷고 있던 여인에게 발견되었다. 그녀는 나를 발견하고 강에서 건져 올려 자신의 아들로 키웠다」

모세라고? 틀렸다. 1849년, 니네베 유적에서 수메르 점토판 문서가 수만 점이 출토되었는데, 그 설형문자에 기록된 고대 메소포타미아 섐계 통일왕국인 아카드 왕조(Akkad, B.C. 2360~2180년)의 강력한 왕 사르곤의 이야기다. 기가 막히게 모세의 이야기와 똑같다.

이건 또 어떻게 된 일이냐고? 앞의 사례처럼 모세가 자신의 출생을 미화하기 위하여 표절한 것이다. 원래 유대인이 표절의 귀재들이니까. 이 또한 필자의 개인적인 견해가 그렇다는 게 아니라 역사학자들이 그렇게 평가한다는 말이다.

'산에서 신께 율법을 받는 선지자' 라는 모티브는 너무도 흔했던 것인데, 모세는 무수한 고대신화들 속에서 비슷한 역할을 하는 선지자들 중의 하나에 불과한 것이다. 인도에서는 '마누'가 그랬고, 제우스로부터 율법을 받은 크레테의 '미노스'가 그랬으며, 이집트의 미시스 또한 율법이 적힌 석판을 들고 내려왔다. 마누 → 미노스 → 미시스 → 모세스. 여기서 모세스는 모지스 즉, 모세를 의미한다.

그뿐인가. 10계명 또한 고대 이집트 주술서인 〈사자(死者)의 서(書)〉, 제125번 주문을 그대로 표절한 것인데, '나는 도적질을 하지 않았다 → 도적질하지 말지니라. 나는 살인을 하지 않았다 → 살인하지 말지니라. 나는 거짓을 말하지 않았다 → 거짓 증언하지 말지니라' 와 같은 식으로 이어진다.

사실상 유대 기독교 신학의 근본 모델은 바로 고대 이집트 종교인 것이다. 세례, 사후세계, 최후의 심판, 처녀수태, 죽음과 부활, 십자가 처형, 언약궤, 할례, 구원자, 영성체(만찬), 대홍수, 부활절, 성탄절, 유월절, 그리고도 수많은 것들이 바로 기독교/유대주의의 한참 이전인 고대 이집트 종교에 존재했던 것들이다

('Zeitgeist' 에서 일부 인용).

모세의 이야기 중에 가장 신나는 부분이 바로 홍해바다를 가르고 유대민족을 이집트의 파라오로부터 구해냈다는 이야기일 것이다. 그런데 이것도 남의 신화를 그대로 베낀 것이다.

모세가 홍해를 가르고 유대민족을 구해내고 이집트의 파라오와 그 군사들을 모조리 수장시킨 이야기는 수많은 영화의 소재가 되었고 동화책의 모티브가 되기도 했다.

그런데 이집트의 파라오가 홍해에 수장되었다면 이것은 엄청난 국가권력 공백이고 이집트 역사는 다시 쓰여져야 한다. 그런데 이집트 역사에 그런 기록은 전혀 없다.

당시 이집트의 파라오는 람세스 2세라고 나오는데, 람세스 2세는 홍해는커녕 자신의 침대에서 천수를 누리고 80세가 넘어 자연사했다. 게다가 그의 일생은 그의 피라미드에 고스란히 기록되어 있으며 홍해의 '홍' 자도 나오지 않는다. 정신없이 표절을 하다 보니 엉뚱한 사람을 홍해에 수장시킨 셈이 되었다.

그럼 이스라엘 민족은 하룻밤 만에 모세가 가른 홍해를 건넜을까?

어림도 없는 이야기다. 건장한 남자의 평균 도보 시속은 4Km다. 하룻밤 8시간을 쉬지 않고 걸어야 고작 32Km다. 특수부대 군인들의 걸음은 60Km다. 그런데 홍해의 가장 좁은 폭도 200Km가 넘는다.

건장한 남자의 걸음으로는 24시간 동안 쉬지 않고 걸어도 7일, 특수부대 요원들이 쉬지 않고 밤낮으로 걸어도 3일이 넘는 거리다. 한 마디로 어림도 없는 이야기다. 그렇다면 이 이야기는 어디서 훔쳐온 것일까.

이 이야기의 원전(原典)은 메소포타미아 바빌론의 창조신화인 〈에뉴마 엘리쉬〉이다. 창세기 편집자들은 바빌론의 유수 때 접한 이 신화를 차용하였다(민희식 著, 《성서의 뿌리》).

한번 재미를 본 '물 가르기' 기적의 무단복제는 구약의 다른 곳에서도 되풀이 된다.

이스라엘인들이 여호수아의 지휘로 가나안 땅을 정복할 때 요르단 강을 건너면서 한 번, 선지자 엘리야와 엘리사가 요르단 강물을 가르면서 두 번, 모세까지 합치면 총 세 번이나 표절, 무단으로 복제했다. 지금의 기준으로 보면 이 정도면 범죄다.

바빌로니아(바벨, 바빌론)에 대한 기록은 기원전 23세기경에 만들어진 아카드의 사르곤(Sargon) 왕의 지배에 대한 점토판에서 최초로 발견 되었다. 구약보다는 2천 년 가량 앞선 기록이다.

바빌로니아는 당시 메소포타미아 남쪽에 있던 고대왕국으로 수메르 지역과 아카드 지역을 아우르던 당시로서는 지상 최대의 강국이었다. 경제적으로 군사적으로 문화적으로 어느 민족도 따르지 못할 세상의 중심이었다. 이집트까지도 바빌론과의 전투에서 패하고 도망칠 정도였으니 그 국력을 짐작할 수 있을 것이다.

유대민족은 두 차례나 비빌로니아(바빌론)에게 정복당하고 바빌론에 끌려가 종살이를 해야 했다. 구약에는 이를 '바빌론의 유수'라 한다.

유대민족이 이집트에 끌려가 종살이를 하면서 이집트의 신들을 모조리 훔쳐 나온 것처럼 불법 무단복제의 천재들인 유대민족은 바빌론의 신화 역시 그냥 두지 않았다. 강대국 바빌로니아에서 훔쳐 나온 것이 바로 바벨탑의 신화다.

「지구상의 인간들은 원래 한 민족이었으며 한 가지 언어만이 존재했었다. 그러나 사람들은 자신들의 힘을 과신한 나머지 자신들이 신보다 위대하다고 생각하고 신을 경시하였다. 그들은 하늘에 닿을 높은 탑을 쌓기 시작하면서 신의 노여움을 사게 되었다. 탑이 하늘에 닿으려 할 때 갑자기 신이 있는 곳에서 몹시 강한 바람이 불어와 탑을 무너뜨렸다. 사람들은 그때까지 같은 언어를 사용하였는데 신은 이들로 하여금 서로 다른 언어로 말을 하게 함으로써 의사소통을 불가능하게 하는 벌을 내렸다. 그 결과, 사람들의 언어가 달라지고 서로 다른 민족으로 나뉘어졌다」

구약의 이야기가 아니다. 수메르 시대의 전승신화이다. 다른 신화는 70%~80% 정도 표절하더니 이 바벨탑의 신화는 거의 90% 이상 표절했으니 완벽한 무단복제품인 셈이다. 이렇게 훔쳐나온 바빌로니아의 신화는 말을 조금 바꾸어 마치 자기네들의 것처럼 위조 되어 구약의 〈창세기〉에 기록되었다. 다만 그 신의 이름만 여호와로 둔갑했을 뿐이었다.

정신없이 베껴 편집하다 보니 세기적 코미디를 연출한 경우도 있다. 아브라함이 고향 우르를 떠났을 때 그의 나이는 75세였는데 그의 아내 사라는 아브라함보다 10살이 적은 65세였다.

그가 애굽에 가까이 이르렀을 때에 그의 아내 사라에게 말하되,

「내가 알기에 그대는 아리따운 여인이라 애굽 사람이 그대를 볼 때에 이르기를 이는 그의 아내라 하여 나는 죽이고 그대는 살리리니 원하건대 그대는 나의 누이라 하라 그러면 내가 그대로 말미암아 안전하고 내 목숨이 그대로 말미암아 보존되리라」하니라.

「아브라함이 애굽에 이르렀을 때에 애굽 사람들이 그 여인이 심히 아리따움을 보았고 바로의 고관들도 그를 보고 바로 앞에서 칭찬하므로 그 여인을 바로의 궁으로 이끌어 들인지라 이에 바로가 그로 말미암아 아브라함을 후대하므로 아브라함이 양과 소와 노비와 암수 나귀와 낙타를 얻었더라(창세기 12:11-14)」

65세나 된 할머니에게 '아리따운 여인' 이라 한 것도 웃기지만, '애굽 사람들이 그 여인이 심히 아리따움을 보았고 바로의 고관들도 그를 보고 바로 앞에서 칭찬했' 는 부분에 이르러서는 아예 배꼽을 잡게 한다.

그뿐이랴. 이집트의 파라오까지 65세 노파의 미모에 반하여 첩으로 삼기 위하여 데려갔다는 데에 이르러서는 할 말을 잃게 된다.

이 정도면 그래도 참겠는데, 이번에는 90세가 된 노파를 다른 왕에게 또다시 성상납(性上納)한다. 이 정도면 성상납 수준을 넘어 전문 성매매 수준이다. 그것도 90세의 노파를 데리고.

「아브라함이 거기서 네게브 땅으로 옮겨가 가데스와 술 사이 그 랄에 거류하며 그의 아내 사라를 자기 누이라 하였으므로 그랄 왕 아비멜렉이 사람을 보내어 사라를 데려갔더니…….」

이 때 아브라함의 아내 사라는 90세였다. 이때는 더 웃기는 사건이 이미 벌어진 다음이었다.

「아브라함과 사라는 나이가 많아 늙었고 사라에게는 여성의 생리가 끊어졌는지라 사라가 속으로 웃고 이르되 내가 노쇠하였고 내 주인도 늙었으니 내게 무슨 즐거움이 있으리요. 여호와께서 아브라함에게 이르시되 사라가 왜 웃으며 이르기를 내가 늙었거늘 어떻게 아들을 낳으리요 하느냐? 여호와께 능하지 못한 일이 있겠느냐? 기한이 이를 때에 내가 네게로 돌아오리니 사라에게 아들이 있으리라(창세기 18:11-17)」

즉, 이렇게 수태고지를 받은 상태에서 그랄 왕 아비멜렉에게 성상납되었다가 다시 돌아와 아이를 낳으니 그가 곧 이삭이었다. 이 때 사라의 나이가 90세였으니 90세의 노파가 성매매를 하고 다시 돌아와 아들까지 낳았으니 참 복도 많은 노파이다.

이러다 보니 성경학자끼리 다툼이 생기지 않을 수 없었다. 두 남자를 왔다 갔다 하는 상태에서 아이를 낳았고 특히 아비멜렉 왕에게 다녀온 직후 아들을 낳았으니 그 아들 '이삭'은 아브라함의 아들이 아니라, 아비멜렉의 아들이라는 성경해석이 나온 것이다. 무턱대고 남의 것을 베끼다가 발생한 사건치고는 참으로 포복절도 하지 않을 수 없는 구약판 희극이었다. 이건 또 어디서 베껴 온 것일까.

1929년 클로드 섀페르를 단장으로 하는 프랑스 고고학자들이 북시리아의 우가르티에서 기원전 1400년경에 기록된 점토판을 발견하였는데 여기에 나오는 〈케레트 서사시〉에 실린 케레트 왕의 이야기가 아브라함과 사라 이야기의 원전이다.

이 〈케레트의 서사시〉는 그 후 B.C. 7세기경 구약이 만들어질 때 구약편집자들에 의해 각색되어 구약 〈창세기〉에 무려 세 차례나 도용, 표절되고 있다. 연속으로 표절된 부분은 〈창세기〉 12장, 〈창세기〉 20장, 〈창세기〉 26장 6절……. 궁금하면 찾아보라. 맞나, 틀리나.

《성경》에 의하면 아담과 이브는 기원전 4004년에 창조된 것으로 되어 있다. 그러나 중국에서는 아담이 창조되기 2,000년 전에 이미 갑골문자를 사용하고 있었으며, 메소포타미아에서는 60진법이 사용되고 이를 기반으로 천문학이 발달되고 있었다.

여호와 하나님이 에덴 동산에서 열심히 아담과 이브를 창조하고 있을 때, 다른 곳에서는 천문학자들이 별의 주기를 계산하고 수많은 시민들이 분주한 도시생활을 하고 있었다는 우스꽝스러운 상황이 연출된 것이다.

그리고 현대과학이 각 민족의 유전자 지도를 완성함으로써 세계 각 인종이 독자적인 유전자 특성을 지닌 다양한 민족으로 구성되었다는 것을 밝혀냄으로써 아담으로부터 인류가 기원했다는 아담 기원설은 완전히 휴지조각이 되어버렸다(민희식 著, 《성서의 뿌리》).

〈창세기〉 1장에서는 창조순서가 식물-동물-인간 순이었다가 창세기 2장에서는 인간-식물-동물 순으로 뒤죽박죽이 되어 있다. 게다가 태양 없이는 식물이 살 수 없지만 신이 식물을 먼저 창조하고 태양을 나중에 창조했다고 말한다.

또한 빛의 근원인 태양을 창조하기도 전에 빛을 먼저 창조하였는데, 이는 지구가 우주의 중심이고 태양이 지구의 주위를 공전한다고 주장하는 유대인의 우주관 때문이었다(민희식 著, 《성서의 뿌리》).

이에 맞서 갈릴레오 갈릴레이는 지구가 태양 주위를 돈다는 진실을 밝혀내었다가 화형 선고를 받고 불에 타죽을 뻔했다. 예수의 처녀 출산을 논리적, 과학적으로 비판했다가 화형을 선고 받고 불에 타죽어 간 신학자는 부지기수이고…….

성경무오설까지 나왔던 《성경》의 실체가 대저 이러하다. 이런 모순과 허위, 기만덩어리의 《성경》을 바탕으로 하는 기독교의 본질조차 그러하다면 이런 기독교가 아직 살아 있는 것 자체가 모순이다. 진리는 어디에 있는 것일까.

제2장

예수를 넘어

여호와를 넘어

2장

예수를 넘어
여호와를 넘어

젊은 시절의 분노

 젊은 시절의 '나'는 남달리 호기심이 많았다. 그 호기심이 예수에 대한 감동에서 여호와에 대한 분노로 옮겨갔을 때, 그 둘 사이의 부조화를 파악하기 위하여 오롯이 밤을 새우는 일은 비일비재했다.

 방바닥에 전지를 몇 장 좌악 펼쳐놓고 예수의 가계도를 하나하나 일일이 빠짐없이 적고 연도를 계산하면서 아담과 이브까지 거슬러 올라가기도 했고, 구약 39권, 신약 27권을 수차례 통독하기도 했다.

젊은 시절의 '나'는 매혹적인 사람의 아들(人子) 예수에게 깊이 빠져들어 갔다. 십자가에 매달려 숨이 끊어지는 순간까지 자신을 굽히지 않고 인류구원을 외치면서 죽어갔다는 예수의 일생은 엄청난 감동으로 내 몸을 전율로 휘감았다. 내 몸의 한 구석 어딘가에 지금도 남아 있는 그 진한 감동은 당시 젊디젊은 나를 더욱 빠져들게 했다.

그러나 빠져들면 빠져들수록 젊은 시절의 '나'에게 구약의 주체인 야훼(여호와)는 혐오감을 증폭시켰고, 예수와 비교되면서 기독교가 말하는 진리에 불경스러운 의문을 품게 했다. 젊은 시절의 '나'는 예수에 감동하여 울었으며 여호와에 분노하여 절망했다.

무엇이 그토록 젊은 '나'로 하여금 그런 이상한 열정의 시대를 보내게 했는지 알 수 없지만 한 가지 분명한 것은 기독교 성서 안에서 진짜 하나님을 찾아내고 싶었다는 것이었다. 그런데, 내가 성서의 첫 부분에서 맞닥뜨린 여호와에 대한 분노는 성서를 읽을수록 모순되는 각 부분에서 확대재생산 되었고, 이렇게 확대재생산 된 모순들은 결국 나에게 성서 밖으로 뛰쳐나갈 동기를 제공하고 말았다. 나는 성서를 넘어 직접 진실을 찾기 위한 험난하고 기나긴 여정을 준비했다.

내게 불경스러운 의심을 들게 했던 첫 계기는 여호와가 자신에게 가장 충직한 아브라함의 믿음을 의심하여, 믿음의 의인 아브라함을 시험해보고 싶으셨다는 부분에서였다. 젊은 시절의 '나'에게 이는 하나님으로서의 기본적인 자질에 관한 문제로 부각되었다.

「하나님이 아브라함을 시험하시려고 그를 부르시되…….창세기 22:1)」

여호와는 자신의 의심을 풀기 위하여 아브라함에게 하나밖에 없는 아들인 이삭을 번제의 제물로 바칠 것을 요구했다. 믿음의 의인 아브라함은 자기 아들을 속여 번제 장소로 데리고 가서(창세기 22:7~10) 순전히 여호와께 믿음을 증명해 보이기 위한 목적으로 자기 아들을 죽일 살인의 칼을 들었다.

이 신이, 이러한 여호와가 진정 수십 억의 인구가 죽음의 순간까지 갈구하는 예수의 하나님이신가. 멀쩡한 자신의 남편조차 믿지 못하는 의처증, 아니 자신의 신자까지 의심하는 의신자증(疑信者症)의 여호와가 진짜 하나밖에 없다는 그 하나님이라는 말인가. 나의 불경스러운 분노는 쉽게 가라앉지 않았다.

다행히 의심이 풀린 여호와는 나무에 뿔이 걸린 숫양을 대신 번제의 제물로 제공하고는 흡족해져서 아브라함과 그 후손에게 축복을 내리지만, 이런 여호와에게서 하나님으로서의 자질은 고사하고 그 아들 예수의 사랑과 비교했을 때 둘 사이에서 어떤 비슷한 점도 발견할 수 없었다.

번제가 무엇인가. 구약에는 여호와를 기쁘게 하는 번제의 방법까지 아주 구체적으로 나온다. 제물의 목을 따서 피를 뿌리고, 그것의 각을 뜨고 그 머리와 그 기름을 베어 낼 것이요, 제사장은 그것을 다 단 윗불 위에 있는 나무에 벌여놓을 것이며, 그 내장과 정강이를 물로 씻을 것이요, 그 전부를 가져다가 단 위에 불살라 번제를 삼는다 했다. 그 구절의 끝은 이렇게 마감된다.

「이는 화제라 여호와께 향기로운 냄새니라 (레위기 1장)」

피 냄새와 뼈와 살이 타는 냄새가 진동하고 살벌하고 끔찍한 도살장의 냄새가 바로 여호와께 향기로운 냄새이다. 그런 여호와는 이제 사람의 피와 뼈와 살이 타는 향기로운 냄새까지 요구했다. 아니, 강요했다. 믿음이 없느냐. 그러면 여호와의 저주 밖에 기대할 것이 없으므로 분명한 강요였다.

세상 어느 누가 자기가 낳은 자기 자식을, 그것도 자신의 외아들을……. 목을 따서 피를 뿌리고, 그것의 각을 뜨고, 그 머리와 그 기름을 베어내고, 그것을 시뻘겋게 단 윗불 위에 있는 나무에 벌여놓고, 그 내장과 정강이를 물로 씻고, 그 전부를 가져다가 단 위에 불살라 번제를 드릴 수 있을까. 설사 아브라함이 자신의 믿음을 지키기 위해서 독한 마음을 먹고 그렇게 하고자 한다고 해도, 어찌 아들의 생명이 아비의 소유물이란 말인가.

그 불쌍한 아들 이삭은 아비의 충성심을 증명하기 위한 대가로 자신의 몸이 그토록 처절하게 찢기는 걸 용납할 수 있을까. 도대체 그 어리고 순진무구한 아이가 무슨 죄를 지었단 말인가. 이는 여호와가 교사한 명백한 살인미수이며 형법상 처벌대상이다. 여호와 자신도 10계명을 통하여 살인하지 말라고 했다. 그런데 그 아비더러 자식을 죽이라니 이건 명백한 이율배반이고 자가당착적 모순이었다.

당시 젊은 아빠였던 젊은 시절의 '나'는 이렇게 고백했고, 기록을 남겼다.

「나도 아들이 있다. 아비를 거스를 때도 있고, 순종치 않을 때도 있다. 만약 여호와가 내게 내 자식을 찢어죽여 태워 바치라는 요구를 한다면, 전지전능한 여호와가 그렇게 명령한다면……. 거역할 수 없는, 거역하는 순간 무시무시한 저주가 쏟아져 내릴 것이 뻔한 상황에 처한다면……. 나는 아니 나뿐만 아니라 이 세상의 모든 아버지들은 아마 자신의 목숨을, 자식을 살리기 위해서 자신의 목숨을 제물로 바쳤을 것이다. '여호와여 차라리 제 목을 따고 제 육신을 제물로 받으소서' 할 것이다」

치졸한 의심과 잔인한 진노의 신, 질투의 신, 저주의 신, 연약한 인간을 시험에 들게 하는 신 여호와에 대하여 현학적인 신학자들과 목사들과 바리새파 사람들은 여호와의 편에 서서 이렇게 변명했다.

「여호와 하나님은 미리 숫양을 준비해 두셨고, 이삭을 요구하신 건 아브라함을 시험해보기 위한 순수한 의도였다. 숫양을 예비하여 이삭을 살리신 여호와는 사랑의 하나님이시다. 여호와 하나님은 시험의 가장 극단을 요구했을 뿐, 이삭을 죽일 생각은 없었다. 이 세상의 어떤 아비든 제 자식이 가장 소중한, 그리고 아끼는 존재임을 아시기 때문에 가장 강한 수준의 시험을 요구하셨을 뿐」이라고 여호와를 대리하여 변호했다.

이게 무슨 말인가. 전지전능(全知全能)하다는 신이, 스스로 하나님이라는 칭호까지 사용하시는 분이 어찌 피조물에 불과한 아브라함의 믿음이 참인지 거짓인지도 모른단 말인가. 신학자들과 목사들과 바리새파 사람들의 변호는 젊은 시절의 나에게 어떤 설득력도 보여주지 못했다.

이 황당한 여호와의 아브라함 시험사건에 대하여 젊은 시절의 '나'는 〈예수님이셨더라면〉이라는 글을 남기고 있었다. 젊은 시절의 '나'는 여호와의 저주를 예수의 사랑으로 덮고 넘어가고 싶었던 것일까. 그때까지만 해도 내게 《성경》은 여호와와 예수를 연결시켜주는 강력한 고리로 작용하고 있었다.

젊은 시절의 내가 쓴 당시의 기록들을 돌이켜보면 참으로 안타까운 순수가 발견된다. 다소 거칠고 덜 익었으며 때로는 유치하기도 한 글이지만 젊었기 때문에 유치해도 부끄럽지 않았고, 유치했기 때문에 젊었던 것은 아닐까. 지금 돌아가라면 저토록 아름다운 순수로는 영원히 돌아가지 못할 것 같다.

신약에 의하면 예수님은 광야에서 40일을 금식한 후에 사탄의 유혹을 받으셨다. 그러나 이는 여호와의 시험이 아니라 사탄의 시험이었다. 사탄이 나타나 열심히 유혹하였지만 예수님은 유혹을 물리치셨다. 사탄의 유혹을 이기시는 데에는 하나님의 아들로서, 그리고 아버지 하나님에 대한 믿음, 신념이 확고히 작용하셨다. 이 사탄은 여호와처럼 네 자식을 바쳐라, 네 어미나 아비를 죽여 제물로 바쳐라 등의 치졸한 시험을 요구하지 않았다. 그보다는 훨씬 형이상학적이고 자기극복적인 유혹을 하였고, 예수님은 이러한 유혹들에 대해 아브라함보다 훨씬 더 형이상학적이고 자기극복적으로 그리고 아버지 하나님에 대한 믿음으로 물리치셨다. 또한 예수님은 신약성서에서 자신을 따르는 제자들을 한 번도 의심하여 시험치 않으셨다. 부족한 믿음을 탓하신 적은 있지만, 자신을 배반할 가롯 유다나 자신을 부인할 베드로의 행위를 사전에 예언하신 적은 있지만, 그들에게 자식을 바쳐라, 무엇을 가져다 바쳐라 시험하시지 않으셨다. 예수님은 믿음을 고백하기만 하여도 그 자리에서 즉각적으로 그 믿음을 믿으시고 신유의 은사와 천국의 열쇠를 주시는 등, 그 믿음을 의심하거나 그 믿음을 시험해보고 은사를 베푸시지 않으셨다. 불신과 의심투성이인 여호와와는 완전히 다른 모습을 보이셨다. 나중에 그 제자들도 그들의 능력을 사용할 때(권능/은사/축복을 베풀 때) '내가 거저 받았으니, 거저 주리라' 면서 어떠한 조건이나 시험의 통과를 전제하지 않았다. 그리고 오히려 제단에 제물을 드릴 때는 형제와 가족과 이웃이 먼저 화목한 후에 제물을 드리라 하셨다(마태복음 5:21~ 이하 성경 참조). 여호와는 가족의 화목은커녕, 그 아비더러 자식을 찢어 제물로 바치라 하였지만……

또한 예수님은 믿음의 댓가로 '천국'을 약속하셨다. 그러나 여호와는 아브라함의 자손 대대로 누릴 영화를 약속했다. 거의 모든 신학자들이 동의하지만, 예수님의 기독교는 본질적으로 기복신앙이 아니다. 그러나 여호와의 유대교는 자신의 민족만 챙기고, 그들에게만 복을 주고, 어떤 특정 유대인에게만 복을 내리는 차별적 기복신앙이다. 이렇게 현격한 차이를 보이는, 두 개의 서로 다른 신앙관을 가진 유대교와 기독교가 과연 같은 종교인가. 2,000년 동안이나 기독교의 등에 업혀 온갖 호사를 누린 유대교는 이제 본래의 모습으로 돌아가야 한다.

때로는 젊은 시절의 '나'는 기독교를 위하여 변명했다.

「예수님은 십자가의 형벌을 치르시고, 3일 만에 부활하셔서 승천하신 후, 자신을 대리할 성령을 이 땅에 보내셨다. 성령은 누구나 예수님을 영접한 '믿는 자'들은 영접할 수 있으며, 예수님이 보내주신 성령으로 인하여 수많은 사람들이 회개와 중생(거듭남)과 성결과 기적을 경험하였다. 이 땅의 우리를 그토록 사랑하신 것이다. 이 부족한 우리들의 믿음을 의심치 않으시고…….」

젊은 시절의 '나'는 기도했고 기록을 남겼다. 여호와에 대한 강한 실망과 질타는 곧바로 돌아서서 예수의 사랑으로 덮였다. 젊었기 때문에 가능한 일이었다.

「사랑의 예수님, 예수님께서 그토록 꾸짖으시던 독사의 자식들과 바리새파 사람들이 아직 이 세상에 가득하나이다. 예수님의 등에 여호와를 업혀놓고서 당신이 십자가에 매달리면서 설파하신 진리를 모독하고 있나이다. 주여, 저들을 용서하소서」

또한 젊은 시절의 '나'는 목사들에게 당부했고, 여호와에게 부탁했다. 그리고 그 기록을 남겼다. 그 기록들은 유치하도록 아름다운 순수였음을 지금도 기억한다.

「목사님들 제발 부탁하오니, 몽매한 성도님들께 설교할 때, 제발 구약을 인용하지 마십시오. 그들 중《성경》을 좀 읽은 이들, 예수님의 말씀을 기억하는 많은 성도님들은 이미 속으로 웃고 있을지도 모릅니다. 그리고 유대의 신, 여호와여, 이제, 거룩한 예수님의 등에서 스스로 내려오십시오」

 젊은 시절의 '나'는 절망하면서 고백했다. 어떤 덧붙임이나 덧칠 없는 순수한 결론이었다.

「저는 예수님을 믿는 기독교인이며, 성령의 감화를 입어 진리에 목말라 하였으며, 응답을 듣기 위해 틈날 때마다 기도하였습니다. 이 글을 비기독교인의 글, 이단의 글로 오해하지 말아주십시오. 그러나 성서를 읽을수록 유대의 지방신 여호와는 예수님께서 말씀하신 하나님 아버지와는 너무나 다른 존재라는 것을 알게 되었습니다. 의문이 생길 때마다 예수님께 매달려 기도했고, 응답을 들었습니다. 저는 성령님이 제게 내려주신 응답을 믿고, 신념을 가지게 되었으며, 제 작업이 거룩하신 예수님을 살리시는 길이라는 확신을 가지게 되었습니다.」

늙은 신부

그러던 중 만난 늙은 신부는 나를 예기치 않은 방향으로 인도했다. 젊은 시절의 '나'의 분노에 지나치게 과민반응을 보이던 늙은 신부는 열정으로 들뜬 젊은 시절의 '나'를 반발케 하여 성경을 초월하는 진리탐구의 세계로 내몰았던 것이다.

늙은 신부는 젊은 시절의 '나'에게 타이르듯 말했다.

"시험에 들지 말라. 너는 지금 과학과 지식이라는 사탄의 유혹을 받고 있는 것이다."

"모순을 파악해 보려는 지적 호기심이 시험이라구요? 사탄의 유혹이라구요?"

"그렇다. 종교의 본질은 믿는 것이다. 종교에서는 인간의 지식으로 해석될 수 없는 부분이 너무나 많다. 《성경》을 수차례 탐구하고서도 다시 돌아와 모순부터 느낀다면 이건 분명한 시험이고, 사탄의 유혹이다."

"그렇다면 저는 사탄의 유혹을 먼저 파악해보고 싶습니다. 피해가고 싶은 생각도 없고, 무조건적인 믿음이 구원이라는 생각에도 동의할 수 없습니다. 우리에게 동의도 구하지 않고 먼저 자유의지부터 던져주신 쪽은 하나님이십니다."

"자넨 너무 젊어. 하긴 부러운 젊음이지. 그러나 함정에 빠져들기에 너무나 쉬운 젊음이야. 많은 젊음들이 그래서 주님의 곁을 떠났지. 나는 그런 젊은이들을 너무 많이 봤어."

"저는 예수님 곁을 영원히 떠나려는 것이 아닙니다. 공의적 사랑에 반했던 처음의 감동을 잊지 못할 테니까요. 그러나 구약에는 처음부터 지나친 모순만 보입니다. 과학적으로 모순되는 부분까지 어떻게 그냥 믿을 수 있겠습니까? 차라리 억지스러운 해명이라도 있어야 믿음의 근거가 될 수 있죠."

"어설픈 해명은 너의 지적 호기심만 더욱 증폭시킬 뿐이다. 의문은 계속 추가될 것이고, 꼬리를 무는 의혹은 더욱 커질 것이다."

"경험하셨군요."

"오래 전에, 이미."

"그럼 저에게도 그런 기회가 주어져야죠."

"내가 성직의 길을 계속 갈 수 있었던 것은 모든 의문으로부터 스스로 멀어졌기 때문이다. 각종 의혹에 이어지는 강렬한 지적 호기심으로 인한 금단증상은 나도 이기기 어려웠다. 그러나 결국 믿음의 힘으로 그걸 누르고 나서야 평안을 찾을 수 있었다."

"도피하셨군요. 일신의 평안을 위해서."

"그렇게 표현할 수도 있겠군. 이 알량한 성직을 지키기 위해서라고 해도 좋아. 그러나 후회하지는 않아. 예수님의 품은 네가 생각하는 것보다 따뜻하니까."

"……."

젊은 '나'의 눈에 비친 늙은 신부는 현실도피자였고 비겁했다.

"노려보지 마라. 너에게 나의 길을 강요하지는 않을 테니까."

젊은 '나'는 내부에서 이는 강력한 반작용을 느꼈다.

"저는 저의 길을 가겠습니다. 안녕히 계십시오."

"언제가 되던 다시 돌아오길 빌겠다. 한 가지만 명심해라. 너희들의 시대에는 과학이 신의 자리를 대신하고 있다는 것을……. 중세의 우리가 맹신으로 인하여 타락의 길을 걸었다면, 새로 등장한 과학이라는 신도 너희들을 분명 타락의 세계로 이끌 것이다."

고민을 거듭하던 젊은 시절의 '나'는 언제 돌아올지 모르는 길을 떠날 것을 결심했다. 누구도 동행해 주지 않는 외로운 여정은 고달프겠지만, 기나긴 여정의 1차 목적지는 여호와가 예수의 등에 업혀 만국의 신으로 둔갑하기 이전이어야 했다. 그러자면 시공(時空)을 초월해야 했고, 젊은 시절의 '나'는 시공을 초월하여 나를 안내해 줄 안내인을 찾아 시간만 나면 수시로 거리를 헤맸다.

 그러던 어느 날 시사주간지를 보다 내 고민을 함께 나눌 적임자를 발견했다. 당시 그는 일부 종교언론에서 이단의 신학자로 지목되어 제법 떠들썩하게 지탄받고 있었는데, 그 주장이 내가 고민하던 것과 거의 일치했다. 나는 그가 사는 곳을 수소문했고 마침내 주소지를 확인했다. 시외 버스로 두 시간 내외의 거리에 그가 거주하고 있었다. 나는 망설이지 않고 시외 버스에 올랐다. 버스는 덜컹거렸고 나는 설핏 잠이 들었다. 두어 시간 후에 내린 목적지의 풍경이 이상하게 낯설었다. 잠이 덜 깬 것일까.

유대 광야의 지방신

유대지방은 황량했다. 그 황량한 광야 위를 외로이 헤매는 토착신이 있었다. 여호와였다. 여호와가 아브라함을 만나기 전에는 그를 경배하는 사람도 없었고, 그가 베풀 은혜의 대상조차 없었다.

오랜 방황 끝에 다행히 젊은 시절의 '나'는 아브라함의 이웃이자 매인 곳 없는 광야의 유목민인 베두윈족 하벨을 만나 여호와의 출신에 대하여 들을 수 있었다.

그는 옛일을 회상하기에 충분히 늙었고, 손님을 귀하게 여기는 사막의 풍습에 따라 넉넉하지도 않은 자기 몫의 양유(양의 젖)를 덜어주는 미덕도 보였다. 비록 그 역시 척박한 유대의 광야에 살았지만 그는 아브라함의 신으로 전락해버린 여호와를 경멸했다.

"비옥한 토지를 근거로 한 지방에는 각종 신이 많았지. 해와 달, 비와 물이 모두 비옥한 지역의 농경사회에 꼭 필요한 신이었지만 사막에는 사막을 관장하는 신 외에 다른 신은 존재가치가 없었어."

"유일신이라는 여호와가 외로운 이유였군요."

"그런 셈이지. 여호와는 자신의 처지를 비관하여 비옥한 지역에서 풍족하게 숭배 받는 다른 모든 신들을 질투했어. 요란했지. 외로움에 떨며 울부짖는 소리가 밤마다 광야에 울려퍼졌으니까. 여호와가 아브라함을 만나고 나서야 좀 조용해졌지."

"그래서 스스로 질투하는 신이라고 말했군요."

"여호와는 나중에라도 자신을 경배해줄 대상을 찾으면 이 점만은 분명히 해두어야겠다고 결심했다더군. '나 여호와는 질투하는 신이니, 나 이외의 다른 신을 섬기지 말라'고."

"……."

"하지만 가나안 지방에는 자신을 섬겨줄 대상이 없었어. 그래서 여호와는 자신을 경배해줄 대상을 찾기 위하여 비옥한 삼각지에 자리한 메소포타미아 지방의 '우르'로 갔지. 우르에 당도한 그의 눈에 시금은 '믿음의 의인'이 되어버린 아브라함 일속이 늘어왔고. 여호와는 아브라함에게 접근하여 달콤하게 속삭였겠지. 당시 아브라함은 우르 지방의 여러 신들을 섬기고 있었거든."

여호와는 우르에서 그리 성공한 삶이 보장되지 않은 아브라함에게 달콤하게 속삭였다.

"너의 신들을 버리고 나와 함께 가나안 땅으로 가자. 너에게 젖과 꿀이 흐르는 땅과 네 아내 사라를 통하여 많은 자손을 주겠노라."

아브라함은 여호와의 약속을 믿고 고향 우르를 떠나 유대지방으로 향했지만 여호와는 자신의 약속을 하나도 지키지 않았다.

 가나안 땅을 정복하지도 못했고, 아내 사라를 통하여 많은 자손을 얻지도 못했다. 정작 많은 자손을 본 것은 그의 다른 두 아내 하갈과 그두라를 통해서였다.

 오히려 아브라함은 아내 사라를 성매매하고 성상납하여 수입을 올리고 위기를 벗어나야 하는 곤궁한 지경에 처해지기도 하였다.

 이런 처지의 아브라함에게 좋든 싫든 신은 꼭 필요했으며 여호와는 자연스럽게 아브라함 부족의 씨족신(氏族神)이자 부족신(部族神)으로 자리 잡게 되었다. 낯선 황량한 땅에서 아브라함은 숱한 고생을 했지만 이는 아브라함을 자신에게 붙들어두고자 한 여호와의 속 시커먼 계산에 의한 것이었고, 이런 아브라함에게 여호와 외에는 선택의 여지가 없었다.

 광야의 유목민인 베두원족 하벨의 긴 설명이 끝나자 젊은 시절의 '나'는 대답했다.

 "원래부터 조금 덜 떨어진 신이었군요."

 "그게 아니라 질투라는 게 원래 무서운 것이지. 순박한 사람이 살인을 하는 경우도 질투가 원인일 때가 많지. 열등감의 경우도 마찬가지겠지. 원래 질투라는 감정이 열등의식에서 비롯되는 것이니까."

"그렇군요."

"그 열등의식을 극복하기 위한 것이 할례였나요?"

"할례라는 것도 그래. 원래 할례는 이집트의 특권층들이 자신을 다른 하층민과 구별하는 징표로 했지. 이것을 여호와가 표절했지. 지금부터 2천 수백 년전부터 이집트에서 해온 것(B.C. 4000년)을 마치 자기가 창조한 것처럼 속이면서."

"굳이 그래야 할 이유가 있을까요?"

"할례라는 게 얼마나 위험한 것인지 몰라? 표피를 생으로 잘라 내다 보면 잡균에 감염되기 쉽고, 그러다 보면 생명도 잃을 수 있지. 이집트의 특권층이야 위생관념이나 환경이 우수하니까 괜찮겠지만, 이런 광야에서 그런 짓을 하려면 어린 아이들의 경우 생명을 걸어야 하지. 어른도 위험하고."

"왜 그런 위험한 짓을?"

"여호와를 믿는 백성을 특권층처럼 느끼게 하기 위함이지. 그래야 스스로 존중받을 테니까. 그래야 다른 신들과 달라 보일 테니까."

"……."

다음날 아침, 젊은 시절의 '나'는 보기 드물게 친절한 베두원족의 하벨에게 작별인사를 고했다. 그는 대답했다.

"제법 긴 여정 같은데 안내인도 없이 무모하군. 아직 작별인사를 하기에는 이르지 않나? 수시로 시공을 넘어 다녀야 할 텐데 자네 홀로 가능한가?"

그제서야 나는 내 여행목적을 알고 있는 하벨의 정체가 궁금했다. 그가 젊은 시절의 '나'보다 오히려 더 적극적으로 여호와에게 적의를 가진 이유도 궁금했다.

"당신은 누구시죠? 여호와의 반대편에 서 있는 혹시 사탄이라 불리는 존재입니까? 이브에게 선악과를 권했던?"

"아니다. 너희들의 세계에서 '지혜'라 불리는 존재다. 너희들의 세계에서 아직도 의사들의 상징으로 남게 된 것이 나의 흔적이다."

"의사들의 상징? 두 마리의 뱀과 지팡이?"

"두 마리 뱀은 '상인의 신'이나 '연금술사의 신'인 '헤르메스'를 상징하고, 한 마리 뱀은 박애, 봉사, 평화의 의미를 가지는 의학의 신인 '아스클레피오스'를 상징하지. 그런 박애, 봉사, 평화의 상징이 여호와 때문에 졸지에 사탄의 상징으로 전락해버렸지. 하지만 너희들 중에 지혜 있는 자들의 보호로 아직까지 박애, 봉사, 평화, 지혜의 상징으로 남아 있게 되었지."

"그러면 당신은?"

"지혜의 상징!"

"다리 없는 뱀이군요."

"너희에게 뱀으로 나타난 것은 내가 아니라 내 존재의 다른 면이었다. 지혜를 배제하여 독선으로 가득 찬 여호와의 눈에 뜨이지 않는 모습으로는 안성맞춤인 현신이었다. 그리고 나는 너를 시공의 제한을 넘어 여기까지 안내한 존재이다. 나는 너에게 어떠한 감사나 경배도 요구하지 않겠지만 네가 이번 여행에서 목적한 바를 이루기를 기대한다."

"……."

"너는 네가 스스로 부인하고 거부할 때까지 시간과 공간을 넘어 다니면서 여행할 수 있는 능력을 가지게 될 것이다. 너는 전 세계 이방의 방언을 들을 수 있고 말할 수 있을 것이며, 원한다면 너는 네 자신의 모습을 보이지 않게 감추어 시공의 벽 너머에 있는 그들의 소리를 네 귀로 들을 수 있고, 네 모습을 드러내지 않고 역사적 현장을 눈으로 볼 수 있을 것이다."

순간 알 수 없는 기운이 내 가슴으로 밀려들어왔다. 마치 전기에 감전되었을 때 느끼는 전율처럼 그 기운은 내 손가락의 끝과 발가락의 끝까지, 동맥에서부터 모세혈관의 극단까지 찌릿하게 내 몸의 구석구석까지 전달되었다. 그 기운이 내 몸을 빈틈없이 누비고 다니자 마치 체중계의 바늘이 제로 상태가 되는 것처럼 내 육신이 깃털처럼 가볍게 느껴졌다. 내 귀는 먼 산 속에서 미풍에 흔들리는 나뭇잎의 소리까지 들을 수 있게 되었고, 내 눈은 밝아져 지평선 너머 나는 작은 새의 깃털까지 볼 수 있게 되었다.

이래도 되는 것일까. 내가 에덴 동산 금단의 구역에 있는, 금지된 나무에 매달린 유혹의 과일을 따먹은 것일까.

몇 초 후, 내 몸은 평상으로 돌아왔다. 등줄기에 식은땀이 위에서 아래로 비릿하게 흘렀다.

"작은 선물이지만 받아두어라. 네 험난할 여정에 꼭 필요한 지팡이가 될 것이니."

비록 그것이 금지된 선물이라 해도 내 기나길 여정에는 반드시 필요한 지팡이일 터, 나는 차마 그 선물을 거부할 수 없었다.

"용서하십시오. 아직도 여호와의 추종자들이 저술한 성서의 미망에 홀려 있는 탓인지 썩 유쾌하진 않습니다. 하지만 선물로 주신 능력은 꼭 필요한 때만 쓰고 나중에 돌려드리겠습니다. 제 기나긴 여정에 무엇보다 유용하게 쓰일 능력일 테니까요."

베두윈족 하벨은 어색한 분위기를 감지했는지 말을 잘랐다.

"너의 것이 아니므로 당연한 일이다. 그럼, 잘 가게."

자기소개와 작별인사를 동시에 마친 베두윈족 하벨은 수천 년 전의 거친 광야의 환영으로 사라졌다. 젊은 시절의 '나'는 여정을 멈추지 않았다.

애굽

젊은 시절의 '나'는 《성경》에서 '애굽'이라 하는 고대의 이집트를 찾았다. 베두윈족 하벨이 준 이상한 능력으로 젊은 시절의 '나'는 원하는 시간과 장소를 찾아가는데 그리 큰 어려움은 느끼지 않았다. 나는 파라오가 숭배하는 유일신을 찾았고, 그는 어렵지 않게 젊은 시절의 '나'에게 현신했다.

"누가 나를 찾느냐?"

그는 광선을 발산하는 햇무리의 모습으로 그 햇살의 끝은 부드러운 신의 손길로 나타났다. 이집트 벽화에서 본 모습 그대로였다.

"당신이 유일신 아톤(태양신)입니까?"

"그렇다. 나는 '스스로 존재하는 자'이니라. (눅 푸 눅: NUK PU NUK.(I am what I am.))"

"스스로 존재하는 자(I am what I am.)라면 야훼(여호와)가 아닙니까?"

"아니다. 그는 내가 세상에 현신한 지 천 년이나 지나서 나타나 나를 흉내 내고 무엄하게도 나를 참칭한 자다."

"그렇다면 스스로 존재하는 자(I am what I am.)라는 명칭까지도?"

"그렇다. 어찌 '스스로 존재하는 자'가 둘일 수 있겠으며 어찌 유일신이 둘일 수 있겠느냐. 유일신이 둘이 되는 순간, 유일신이 아니지 않겠느냐?"

"……."

"어찌 뒤에 나타난 자가 앞선 자 앞에서 스스로 존재할 수 있으며, 1,000년이나 먼저 현신한 유일신을 두고 어찌 뒤에 나타난 자가 유일하다는 주장을 할 수 있겠느냐."

광선을 발산하는 햇무리의 모습으로 나타난 태양신 아톤의 손 끝에는 앵크 십자가가 매달려 있었다. 예수가 태어나기 1,400년 전에 이미 십자가는 유일신 아톤의 손끝에 매달려 있었다.

"십자가……!"

"그렇다. 십자가 역시 그들은 차용했다. 그들이 믿고 있는 유일신의 실체는 나 태양신 아톤이고, 유대인의 애굽 유랑 당시 유대인들은 나 유일신 아톤의 이야기와 십자가를 훔쳐 들고 갔다. 거기에 여호와가 얹혀살게 된 것이다."

"그렇다면……."

"그렇다. 내가 이름을 달리하여 그들의 숭배를 받고 있는 것인지, 그들이 그들의 신으로 나를 숭배하는 것인지 불분명해졌다. 이 모든 것이 여호와의 무분별한 표절과 복제 때문에 빚어진 일이다."

그동안 가졌던 의문들이 서서히 풀리기 시작했다.

이스라엘 백성이 이집트에서 종살이를 했다. 아주 혹독하게……. 여호와가 그들의 울부짖음을 듣고 그들을 구출하기로 작정하셨다. 그들이 그 혹독한 고생 중일 때에는 도대체 어디에서 무얼 하고 계시다가, 고통이 극에 달하고 있을 때에야 나타나셨는지에 대한 언급은 보이지 않는다.

모세는 마음이 내키지 않았으나 떨기나무 불꽃 가운데 나타난 여호와를 보고는 부름에 응하여 그들의 백성을 종살이에서 구해 '젖과 꿀이 흐르는 가나안 땅'으로 인도한다. 이집트 역사상 가장 강력했던 파라오 람세스 2세가 이들을 고이 놓아 보내줄 리 없었다.

모세가 여호와에게 파라오가 여호와의 백성을 놓아주지 않는다고 일러바치면서 불평하자 여호와는 '내가 파라오에게 하는 일을 네가 보리라' 하면서 우리가 익히 알고 있는 열 가지 재앙을 내리기 시작했다.

물이 피로 바뀌고, 물고기가 떼죽음을 당하고, 악취가 천지를 진동하고, 개구리, 이, 파리, 피부병 등 온갖 지저분한 것들을 동원하고, 우박, 메뚜기, 깜깜함 등을 계속해서 보내지만 파라오는 꿈쩍도 하지 않았다.

왜 파라오가 꿈쩍도 하지 않았을까? 여호와의 설명에 따르면 여호와가 파라오의 마음을 고의로 강퍅하게 했기 때문이었다.

그래도 파라오가 거부하자 드디어 열 번째의 무시무시한 재앙을 내린다. 이집트 전역에서 모든 처음 난 것들, 사람의 장자를 비롯하여 가축, 짐승까지 모조리 살육한다. 여호와가 택한 부족 유대인만 빼고.

유대인은 어떻게 피했는지 《성경》에 기록되었으되 그 요점만 정리하면,

'양을 잡아 그 피를 문설주에 바르면' 여호와는 그 피가 칠해져 있는 집은 그대로 봐주고 지나치고 나머지만 골라서 죽였다. 하필 그 표식이 피였는지에 대해서는 설명되어 있지 않았다. 또한 여호와가 눈이 어두운지에 대해서도 나타나 있지 않다.

전지전능(全知全能)하다는 뜻은 모든 것을 할 수 있고 모든 것을 다 안다는 뜻인데, 피의 표식을 보아야 알 수 있는 신이라면 전지전능한 것이 아니라 무지무능(無知無能)한 것이 아닐까.

천사를 보내서 그 힘들고 잔혹한 일을 시켰을까? 천만에. 여호와 자신이 친히, 직접 나서서 죽였다. 무죄인지, 유죄인지 따져보지도 않았고, 젖먹이든 나이든 것이든 가리지 않았고, 이집트 백

성의 자식으로 태어났다는 이유 하나만으로 죽였다. 무고한 어머니들의 울부짖음이 이집트 전역을, 하늘에 사무쳐 메아리쳤다. 그러나 대답할 리 없는 유대인들만의 하나님 여호와. 여호와는 자신의 능력을 초월하여 과장되게 기록하면서 자신의 씻을 수 없는 악업(惡業)에 대하여 흡족했을까.

신뢰 여부를 떠나 여호와의 기록에 의하면 파라오가 마침내 두 손, 두 발 다 들고 유대인들을 내보낸다. 이 때 나온 사람이 남자 어른만 60만 명. 사막에서 굶주리면 안되므로 여호와가 택한 백성들은 이집트 사람들의 금붙이, 은붙이 등도 강탈하여 빼앗아 나온다. 가축까지 포함한 거대한 무리가 홍해 앞에 이르렀을 때, 여호와는 다시 한 번 파라오의 마음을 강퍅하게 만들었다. 이집트의 파라오 람세스 2세는 자신이 친히 직접 군대를 이끌고 나선다.

홍해는 모세의 지팡이에 의해 갈라지고, 유대인만 다 건너고 이집트 군대는 물에 빠져 몰살당한다. 그 이유는 이집트(애굽) 사람으로 하여금 '나를 여호와인 줄 알게 하기 위해서……' 라고 여호와의 기록인 《성경》에 씌어 있다. 그렇게 해서라도 그 모진 악명(惡名)을 얻는 것이 여호와가 바라던 것이었다.

그러나 이집트의 벽화에 상형문자로 기록된 사실(史實) 등 역사적 기록에 의하면 람세스 2세는 홍해의 물에 빠져 죽지 않고, 천수를 누린 후 자기 침대에서 편안히 죽었다. 모세가 탈출했다는 그때 오히려 람세스 2세는 히타이트와의 전쟁에서 일진일퇴를 거듭하고 있었다.

모세가 이집트를 탈출하고 홍해바다를 가른 것은 오히려 다른 신화의 이야기를 여호와가 몰염치하게 표절한 허위사실 유포라는 것이 역사적 기록에 의한 진실이다. 대저, 여호와를 앞세운 유대인들의 역사관, 신관이 이러했다.

지적하고자 하는 것은 이러한 것들이 아니다. 열 세 번씩이나 파라오의 마음을 강퍅하게 만들어, 그 말씀대로 마음이 강퍅해진 파라오로서는 당연히 선택의 여지가 없게 만들어놓고(즉, 여호와가 파라오로 하여금 거절하게 해놓고는) 유대인 내보내기를 거절한다고 계속 재앙을 내리시는 여호와. 이게 무슨 양심인가 공의인가. 시키는 대로 했다고 물에 빠트려 죽이는 신이 어떻게 공의적 하나님이 될 수 있다는 말인가. 뒷골목 시정잡배도 하지 않을 짓을 여호와라는 신이 스스로 했다고 떠벌이는 짓에 어찌 경배와 찬양을 올릴 수 있다는 말인가.

태양신 아톤을 만나고 나오는데, 베두원족 하벨이 예의 그 유목민 복장을 너덜거리면서 나타났다. 나는 다소 불쾌했지만 궁금했던 부분을 물어보지 않을 수 없었다.

"모세 신앙은 처음부터 끝까지 완전히 엉터리군요. 모세는 실존했습니까?"

"이제야 제대로 된 질문이 나오는군. 모세가 홍해를 가르지 않아서 실망했나?"

"홍해의 기적이 표절이라는 것은 저도 압니다. 원전 메소포타미아 바빌론의 창조신화인 〈에누마 엘리쉬〉에서 훔쳐온 것이죠?"

베두윈족 하벨은 현학적이면서도 알아듣기 쉬운 어법을 사용했다.

"그런데도 그의 실존이 궁금한가?"

"모세의 존재까지도 거짓말입니까?"

"거짓말투성이긴 하지만 《성경》에 힌트가 있지. 여호와와 대화를 나눈 것은 모세라지만, 그 대화 내용은 다른 사람의 입을 통해서 민중에 전달 되었지? 모세는 이집트인이야. 당연히 히브리어조차 할 줄 몰랐어. 이집트인인 그가 할 수 있는 언어는 오직 이집트어뿐이었어."

"모세는 유대인이고 광주리에 태워져서……."

"알면서 묻나? 2천 년 전 아카드 왕조의 강력한 왕 사르곤의 이야기에 똑같은 광주리와 아기 이야기가 나오지? 그 사르곤 왕의 이야기를 표절한 거지. 이집트인인 모세가 할 수 있는 언어는 오직 이집트어뿐이었어. 히브리인을 이끌면서 히브리어를 쓸 줄 모르니 말더듬이 흉내를 내었고, 히브리어에 능한 모세의 형, 아론이 통역을 담당했지."

"모세의 형 아론이 통역을……."

"모세는 이집트인으로서 당시 이집트에서 배척되고 있었던 유일신앙을 전파하고 싶었지. 그래서 히브리인을 포교대상으로 삼은 거야. 히브리인을 상대로 그가 할 수 있는 일은 아론을 통하여 유일신앙을 전파하는 것뿐이었어."

"출애굽은요?"

"있지도 않은 이야기지. 《성경》에서 말하는 출애굽 이후에도 유대인들이 람세스 2세의 지시에 따라 람세스 2세의 이름을 딴 람세스라는 도시를 짓는데 동원되었다는 기록이 피라미드의 벽화에도 기록되어 있어."

"……"

내가 깊은 생각에 빠져 침묵하자 베두원족 하벨은 예의 그 유목민 복장을 너덜거리면서 사라졌다.

살인마 여호와

앞에서 논한 여호와의 이집트 탈출기는 가나안 정복사로 이어진다. 이 부분은 거짓의 여호와가 《성경》을 통틀어 가장 신나게 자신의 잔혹한 본질을 과시하는 하이라이트다.

여호와의 기록에 따르면 이집트에서 무고한 어머니들의 곡성(哭聲)을 뒤로 하고 7일이면 족히 당도할 가나안 땅을 자신이 직접 택한 백성(선민)들을 40년씩이나 광야에서 유리걸식 시킨 후에 가나안 땅을 정복한다. 이때는 여호와가 친히 총사령관을 맡는다.

이 잔혹한 역사는 불과 100여 년 전의 현대 이스라엘 건국 시에도 그대로 되풀이되므로 현대를 사는 우리들은 반드시 짚고 넘어가야 할 부분이다.

모세는 죽고, 이번에는 여호수아가 여호와로부터 작전을 지시받고 행동대장의 역할을 맡는다. 앞서 지적한 대로 원시신앙의 발달과정을 보면 그리 대단한 일은 아닌 듯하지만, 이를 성경화한 유대인들의 배짱과 잔인함과 후안무치함이 놀랍다.

정복작전 개시 전, 여호와가 친히 말씀하셨다. 마음을 강하게 하고, 담대히 하라. 두려워 말며 놀라지 말라. 네가 어디로 가든지 네 하나님 여호와가 너와 함께 하느니라. 맨 먼저 여리고 성을 쳤다.

 다 죽였다. 모조리. 남자, 여자, 아이, 어른, 노인, 젖먹이 아기, 소와 양과, 나귀. 모조리 잔인하게 살육했다. 총은 없었던 시대다. 칼날로 다 죽였다. 싹 다 죽였다. 차라리 총이나 대포라면 한 방에 가지. 칼날로 치면 즉시 안 죽는다. 생명이 끊어지는 순간까지 참혹한 아픔에 떨며 죽어야 한다. 유대인이 아니란 죄 하나 때문에.

 성 안에 있던 생명이란 생명은 모조리 죽여 여호와께 희생 제물로 바쳤다. 첩자역할을 한 라합이라는 창녀만 살려두고 모조리 죽였다. 여호와께 잘 보이려면 첩자질이라도 해야 하나, 창녀짓이라도 해야 하나.

 다음은 아이 성. 또 다 죽였다. 모조리. 완벽하게 죽였다. 도망 가면 살까? 아니, 천만에! 여호와가 누구신데! 그럴 때는 여호와가 직접 나서신다. 친히 우박으로 퍼부어서 죽이신다. 여호와가 기록한 《성경》에 분명히 나온다.

「우박으로 죽은 자가 이스라엘 자손의 칼에 찔려 죽은 자보다 더 많았다.」

 밤중에 도망 가면? 어림없지. 여호수아가 '태양아, 너는 기브온 위에 머물러라. 달아, 너도 아얄론 골짜기에 그러할지어다.' 하니 여호와가 해와 달도 멈추게 하신다. 그러면 더 죽이기 쉽거든. 《성경》에 다 나오는 이야기지 한 마디도 보탠 거 없다.

젊은 시절의 '나'는 이보다 더 잔인한 전쟁사를 본 적이 없었다. 사람끼리 싸우는 것도 아니고, 친히 여호와가 나서서……. 이 끔찍한 장면에서 젊은 시절의 '나'는 절규했다 나는 사랑의 예수를 찾았다.

"아아……. 주여……. 사랑의 주님……. 나의 예수님……. 저들을 용서하소서. 저들은 저들이 하는 일이 무엇인지 모르고 그랬나이다."

지금은 추억 속의 젊은 시절의 '나'가 되었지만 어리석도록 순진했던 젊음이었다.

이 기도의 응답은 전혀 예기치 않은 곳으로부터 왔다. 기도에 심취하여 주변을 미처 신경 쓰지 못하고 있을 때 예의 그 베두윈족 하벨이 나타나 대답했다.

"엉뚱한 기도로군. 응답이 있을 리 없지."

"?"

"애초 여호와는 여리고 성을 점령하지 않았어. 그럴 능력도 없었고."

"그럼……?"

"성서 편집자들의 완전한 창작이지. 소위 여리고 성의 이야기가 나오기 훨씬 전에 지진이 있었고 여리고 성은 폐허가 되었지. 이미 너희 시대의 고고학자들이 다 밝혀낸 이야기지. 영국의 여류 고고학자 '캐슬린 케니언'이라든가?"

"……."

"이미 수세기 전에 지진이 나고 화재가 나서 폐허가 되어 수백 년 동안 주민이 거주하지 않던 곳에 유대인들이 들어가 정착한 거야. 빈 땅이었으니까."

"그럼 왜 이렇게 잔혹한 이야기를 지어냈을까요?"

"유대인과 여호와의 욕심이지. 용기의 반대말이 비겁이라던가? 나약하고 비겁한 자가 저지르는 범죄일수록 끔찍한 법이지. 맨날 남의 종살이만 해야 했던 나약하고 비겁했던 유대인과 여호와가 그랬지."

"그러나 그 뒷날……."

"그래. 그 이후 이런 기록들 때문에 유대인은 약자일 때는 한 없이 비굴하고, 조금만 강해졌다 싶으면 끔찍하게 잔인한 민족으로 변했지. 이 모든 게 여호와 때문이야. 여호와의 역사는 살인의 역사, 살육의 역사였지."

"……."

"노아의 홍수로 전 지구상의 생축을 다 죽였고, 애굽의 처음 난 아들(長子)을 남김없이 살해했으며, 여호와의 영광을 위하여 애굽의 병사들을 남김없이 바다에 빠뜨려 죽였다(출애굽기 14:27-28). 헤스본왕 시혼을 공격하여 그 백성을 남김없이 다 죽였으며(신명기 2:32-35), 아모리인에게 우박을 내려 백성을 살해하였는데 '칼에 죽은 자보다 우박에 죽은 자가 더 많더라' 하였으며(여호수아 10:11), 유대인을 시켜서 립나를 쳐서 그 성읍과 백성을 남김없이 진멸하여 살해하였고(여호수아 10:30), 하솔을 쳐서 그 성읍에 호흡이 있는 자는 다 죽이고 재산은 노략하도록 하였는데 얼마가 죽었는지 숫자는 명시되지 않았고(여호수아 12:13-15), 미디안을 시켜 자기들끼리 서로 죽이게 하였으며(사사기 7:22), 암몬과 모압을 격살하여 남김없이 다 죽이고 하나도 남기지 아니하였으며(역대하 20:22-24), 여호와가 분노하여 갈대아를 시켜서 죽이게 하니 그들이 청년 남녀와 노인을 쳐죽이되 칼에 살아남은 자들은 노예가 되게 하였고(역대하 36:17-20), 불레셋이 하나님의 궤를 옮기자 분노하여 그 자리에서 쳐 죽이고 아직 죽지 않은 사람들에게는 독종으로 쳐서 그 울부짖음이 하늘에 사무치게 하였다(사무엘상 5:8-12). 배고프면 먹으려고 여호와가 내린 메추라기를 모으자 여호와가 진노하여 재앙으로 쳐 죽였고(민수기 11:32-33), 백성들이 불평하자 불뱀을 보내 물어죽이게 하였고(민수기 21:5-6), 길르앗 사람이 여호와의 총회에 불참하자 진노하여 모든 사람과 어린 아이를 칼로 진멸하여 남김없이 살해하였다(사사기 21:8-11). 부족한가, 더 할까?"

"……"

"처녀들은 강간의 즐거움을 위하여 살려두고 남자만 죽이는 경우도 있었고."

베두원족 하벨이 슬프게 읊조렸다.

"아이들 가운데서도 사내녀석들은 당장 죽여라. 남자를 안 일이 있는 여자도 다 죽여라. 다만 남자를 안 일이 없는 처녀들은 너희를 위하여 살려두어라(민수기 31장), 그 일이 참되어 그 처녀에게 처녀인 표적이 없거든, 처녀를 그 아비 집 문에서 끌어내고 그 성읍 사람들이 그를 돌로 쳐 죽일지니 이는 그가 그 아비 집에서 창기의 행동을 하여 이스라엘 중에서 악을 행하였음이라 너는 이와 같이 하여 너의 중에 악을 제할지니라(신명기 22:20-21)."

"구체적으로 살인한 자의 숫자까지 명시한 경우도 하나 둘이 아니지."

"……"

"아이 성을 점령시키고 1만 2천명을 살해하였고(여호수아 8:24) 가나안과 브리스 사람을 넘겨주어 1만명(사사기 1:4) 베냐멘 사람 2만 5천 100명이 살해되었고(사사기 20:35) 유대인을 시켜 이스라엘의 정예병 50만 명을 살육한 후 아수영에서 18만 5천명을 죽이고, 살육 유대인들이 자신을 섬기지 않고 신상을 만들자 형제와 형제가 서로 쳐 죽이라고 명령하여 3천명이 살해되었다(출애굽기 32:27-28). 나답과 아비후가 여호와에게 올리는 불을 잘못 올리자 산 채로 태워죽이고(레위기 10:1-3), 한 여인의 아들이 여호와를 저주하자 돌로 쳐 죽이게 하였다(레위기 24:10-15). 안식일에 일하는 남자를 여호와가 명령으로 돌로 쳐 죽이라 하여 때려죽였고(민수기 15:32-35), 백성들이 불평하자 전염병을 내려 1만 4천 700명을 죽이고(민수기 16:49), 유대인이 모압 여자와 자고 그들의 신에게 제사하자 질투심으로 염병을 퍼트려 2만 4천명을 죽였으며(민수기 25:9), 다윗이 인구조사를 하자 분노하여 전염병으로 7만 명을 죽이고(사무엘하 24:15), 삼손을 시켜 블레셋 사람 1천 30명을 쳐 죽였는데 숫자가 확인 안된 것은 얼만지 모른다(사사기 15:15). 고라(korah)가 모세와 불화하자 진노하여 땅의 입을 벌려 고라의 모든 백성을 삼켜죽이고(민수기 16:31), 여호와에게 분향하는 사람 250명을 태워죽였다(민수기 16:34-35). 벧세미스 사람이 여호와의 궤를 들여다보자 분노하여 5만 70명을 살해하였으며(사무엘상 6:19) 하나님(jehovah)의 궤를 싣고 가던 소가 뛰자 궤가 떨어질까 봐 붙잡아준 웃사를 상(償) 대신 쳐 죽였다(사무엘하 6:1-7)."

"……."

"파렴치한 부분도 부지기수지."

"……."

"롯의 두 딸이 아비로 말미암아 잉태하고(창세기 19:36), 내(하나님) 백성은 제비 뽑아서 소년들은 화대로 팔아먹고 소녀들은 술값으로 팔아먹었고(요엘 4:3), 화대로 번 돈은 쌓아두거나 저축하지 아니하고 야훼께 드려 거룩한 돈이 되리라 했으며(이사야

23:18), 하나님을 배반하였으므로 형벌을 당하여 칼에 엎드러질 것이요, 그 어린 아이는 부쉬뜨리우며 그 아이 밴 여인은 배가 갈리우리라 했고(호세아 13:16), 잡아죽이려고 달려드는 외적에게 포위되어 아들딸들을 잡아먹다 못하여 나중에는 저희끼리 잡아먹게 되리라는 것을 비롯하여(예레미야 19:9), 남자나 여자가 신접하거나 박수가 되거든 반드시 죽일지니 곧 돌로 그를 치라 그 피가 자기에게로 돌아가리라(레위기 20:27). 그 사람을 반드시 죽일지니 온 회중이 진 밖에서 돌로 그를 칠지니라(민수기 15:35). 여호와께서 너희를 망하게 하시며 멸하시기를 기뻐하시리니(신명기 28:63) 지금 가서 아말렉을 쳐서 그들의 모든 소유를 남기지 말고 진멸하되, 남녀와 소아와, 젖 먹는 아이와 우양과 약대와, 나귀를 죽이라 하셨나이다(사무엘상 15:3)……."

베두원족 하벨은 하늘을 보며 한숨을 내쉬었다.

"신화나 다름없는 《성경》의 이야기로 그쳤으면 좋았겠지. 그런데 그게 아니었어. 여호와에게 세뇌된 너희들은 이런 신화 같은 이야기를 진실로 믿은 거야. 이로 인하여 엄청난 비극이 시작되었지."

그랬다. 구약의 이야기가 기독교를 타고 전파되자 이번에는 기독교인이 그랬다. 베두원족 하벨이 말을 이었다.

"지금부터는 너희들이 일으킨 역사적 사실이니까, 믿고 안 믿고의 문제가 아니다. 너희들이 일으키고 너희들이 너희들의 언어로 기록한 일이니까."

"……."

"유럽에서의 전쟁, 신대륙에서의 원주민 인디언 살육, 남아메리카 원주민의 살육, 아프리카 흑인노예 장사. 너희들은 이교도는 죽여도 괜찮다는 구약을 인용해서 대량살인을 정당화시켰다."

"그래서 여호와의 구약은 《성경》에서 사라져야 한다. 기독교의 신약만 존재했었다면 너희들의 역사가, 너희들의 세상이 절대로 이럴 리 없지."

"……."

"못 믿겠다고? 역사적 사실을 못 믿겠다고? 그럼 너희들의 역사를 보라. 참인가, 거짓인가."

베두원족 하벨의 추궁에 젊은 시절의 '나'는 대꾸조차 할 수 없었다. 그가 말하는 모든 것이 진실이었으므로. 젊은 시절의 '나'는 머리를 무릎에 묻고 흐르는 눈물을 감출 수밖에 없었다.

역사의 기록

프랑스 출신 기사 보에몽이 이끄는 1차 십자군 부대는 마라 성에서 구약의 여리고 성의 잔인한 신화를 한번 더 창조했다. 목숨이 아까운 자는 궁전 안으로 피신하라, 그럼 살려 주겠다, 그런 다음 성 안으로 진입했다. 사라센 인이면 남자, 여자, 늙은이, 젖먹이를 가리지 않고 죽였다. 시체는 곧 산을 이루었다.

궁전에 피신한 자는 그냥 두었냐고? 그럴 리가 있나. 구약의 전통이 있는데. 대신 죽이지는 않고 모조리 노예로 팔아먹어 버렸다. 죽는 것은 당대지만 노예는 세습이다. 대대손손 노예이다. 물론 소지품은 모조리 강탈하고 나서.

보에몽의 군대가 마라에 머문 지 1개월. 식량이 떨어지자 사라센 인들의 인육을 요리해 먹었다. 여호와의 군병들을 자처하는 자들의 속삭임이 내 밝아진 귀에 그대로 전달되었다.

'왜? 잔인하냐고?'

'아니, 그럴 리가 있나, 어차피 이교도는 사람이 아니잖아.'

'배고픈데 이교도의 고기 좀 먹으면 어때.'

이상한 소문도 돌았다.

'사라센 인들이 금은보화를 삼켜 뱃속에 간직한다더라.'

'그래? 그거 괜찮은 장사다. 사라센 인들의 배를 갈라보자.'

내 밝아진 눈에 톱을 들고 달려드는 여호와의 군병들이 보였다.

이교도의 뱃속에서 금은보화는 나오지 않았다. 눈이 벌겋게 충혈 되어 이교도의 내장을 헤집고 뒤지던 그들은 시체의 배를 떠나 포승줄에 묶여 살아 있는 이교도들의 생배를 째기도 했다. 금은보화에 눈 먼 그들은 부유해 보이는 이교도들이 보이는 대로 생배를 찢어 내장을 뒤졌다. 이교도들의 고달픈 비명소리가 예루살렘의 하늘을 찢었다. 이는 역사에 고스란히 기록되었다.

일부 부랑자 같은 병사들의 이야기가 아니다. 예루살렘 전투에 종군했던 참전 성직자의 기록을 보라. 이것은 부랑자의 진술이 아니라 기독교 성직자의 기록이다.

「거기엔 너무도 처참한 광경이 벌어져 있었다. 큰 거리와 광장엔 사람의 머리며 팔다리가 산더미처럼 쌓여 있었다. 십자군은 시체를 아랑곳하지 않고 전진했다. 신전과 벽돌은 물론, 기사가 잡고 있던 말고삐까지 피로 물들었다. 그렇지만 오랫동안 성지순례를 방해했던 이교도들의 피로 더럽혀졌던 이곳이 그들의 피로 씻겨져야 한다는 여호와 하나님의 심판은 정당할 뿐 아니라 찬양되어야 한다.《세계사》/가람기획)」

베두윈족 하벨이 덧붙였다.

"너희들의 기록, 너희 역사가들의 기록이야. 오히려 너희들의 기록에는 거짓이 없지. 너희들에게는 최소한 여호와가 버린 양심과 정의와 도덕이 살아 있으니까."

젊은 시절의 '나'는 예수의 예를 들면서 우리들의 역사를 변호하고 싶었다. 그리고 유대의 지방신 여호와만을 집요하게 공격하면서 베두윈족 하벨의 주장에 동조했다.

"왼쪽 뺨을 맞으면 오른쪽 뺨도 내어놓으라 하시고, 칼로 일어선 자는 칼로 망한다고 하셨습니다. 고귀한 예수 자신도 십자가에 달리셔서 직접 모범을 보이셨습니다. 예수님을 따랐던 초기 기독교도들은 콜로세움에서 사자의 밥이 되면서도 폭력적 대응은 피했습니다."

"그런데 기독교도들이라 자처하는 사람들이 어떻게 그런 무자비한 만행을 저질렀지?"

대답은 간단했다. 우리는 말하지 않아도 서로 알고 있었다. 예수의 등에 업힌 여호와 때문인 것은 이제 누가 봐도 명백했다.

잠시 침묵이 흐르자 베두윈족 하벨이 물었다.

"그럼, 사라센이라 불리는 이슬람 교도들은 너희들에게 어떻게 복수했을까?"

이슬람의 영웅 살라딘의 반격이 시작되었고, 돈에 눈 먼 십자군은 허망하게 패했다.

이제는 반대로 이슬람이 기독교도들의 목숨을 좌지우지하게 되었다. 그들은 어떻게 복수했을까? 기독교인 같은 학살과 약탈은 전혀 없었다. 몸값만 치르면 모조리 풀어주었다.

몸값을 치르지 못한 수천 명의 빈민병사들이 남았다. 그러자 살라딘의 동생이 그 가운데 1천 명만 자기에게 달라고 했다. 살라딘은 동생의 눈을 가만히 응시했다. 혹시 동생이 기독교도들의 학살에 대한 복수심에 눈이 멀어 알라의 가르침을 벗어날 수도 있었으므로. 형 살라딘이 물었다.

"뭐하려고?"

살라딘의 동생이 대답했다.

"형님, 우리는 잔인한 그리스도 교도들처럼 함부로 사람을 죽여서는 안됩니다. 사랑의 알라신께 바치는 의미에서 그들 중 1,000명이라도 제 손으로 모두 풀어주고 싶습니다."

그들은 풀려났고 자유의 몸이 되었다. 이 사실도 역사에 고스란히 기록되었다. 이쯤 되면 공의적(公義的) 사랑을 외쳐온 기독교인에게는 망신도 이만저만한 망신이 아니었다. 젊은 시절의 '나'는 당시의 심경을 일기장에 기록했다.

「여호와는 결코 예수님께서 찾으시던 그 하나님이 아니다. 제발 달라도 너무나 다른 둘을 하나로 생각하는 우를 범하지 말자. 어떻게 고양이와 까치가 교미하여 새끼를 잉태할 수 있나. 2천 년 동안이나 시달렸으면, 이제 그만할 때도 되지 않았나. 여호와여, 바라건대 제발, 이제 우리의 예수님을 돌려주시오.」

신약성서 전체를 통하여 예수는 단 한 번도 여호와를 찾지 않았다고 젊은 시절의 '나'는 예수를 비호했다. 그런 나를 보면서 베두원족 하벨은 허공에 손을 뻗어 몇 번 휘젓더니 다시 홀연히 사라졌다.

베두원족 하벨이 사라지자 우리 시대의 역사가 영화의 파노라마 장면처럼 눈앞에 펼쳐졌다. 여리고 성의 이야기가 우리 인간의 역사에서 되풀이 되었다.

천 년을 떠돌던 유대인들, 시오니스트들이 또 젖과 꿀이 흐르는 땅에 눈독을 들였다.

「성서의 기록에도 이교도가 살고 있던 땅 여리고에 들어가 모조리 다 죽이고 탈취했는데, 팔레스타인인이 2천 년 동안 살고 있다고 해서 여호와 하나님의 백성인 우리가 못할 일은 없다. 우리 주 여호와의 말씀처럼 어른, 아이, 젖먹이, 나귀와 노새까지 하나도 남기지 않고 다 죽여버리고 빼앗으면 된다. 이는 성서에 기록된 바, 여호와 하나님의 뜻이다. 우리는 이 영광을 여호와 하나님께 돌리면 된다. 아멘!(그대로 될 지어다!)」

파노라마 속에 펼쳐지는 우리 시대의 역사를 보면서 나는 절망했다. 살육. 사람의 목숨이 파리 목숨처럼 가벼웠다. 아아, 정녕 여호와의 잔인한 역사가 우리 인간의 역사 속에서 되풀이 되는 것인가.

이스라엘 총리 에나헴 베긴의 이력서

'에나헴 베긴' 하면 아는 사람은 다 알 것이다. 전 이스라엘 수상. 당시에는 시오니스트로서 1948년 9월 독립을 앞두고 예루살렘 서쪽 데이르 야신 지역에 살고 있던 야신 마을을 습격하여 254명의 남자, 여자, 늙은이, 젖먹이까지 모조리 죽여버렸다.

그 후 유대인들은 예루살렘 전역을 돌면서 외쳤다. 확성기를 통하여 흘러나오는 방송을 들은 팔레스타인 사람들은 자신들의 귀를 의심했다. 이것은 20세기 문명의 시대에 팔레스타인 지역에 울려퍼졌던 팔레스타인인들의 비극의 시작이었다. 무려 2천 년 동안 조상 대대로 살던 고향땅에서 나가라니. 왜? 어디로?

"여리고 성의 이야기를 모르느냐. 남자, 여자, 노인, 젖먹이, 소와 양과 나귀와 노새까지 모조리 싸악 죽인다. 나가라."

'이런 살인마 같은 사람이 어떻게 이스라엘이라는 국가의 총리가 될 수 있지?' 라고 묻는다면 당신은 철부지이거나 어리석은 사람이다.

유대교나 구약을 믿는 사람들에게는 이는 오히려 당연한 이야기고, 그것이 상식으로 통하는 세계에서는 그러지 못하는 게 더 비성서적이다. 그들에게는 오히려 현대의 여호수아로 칭찬해줘야 더 맞는 이야기다.

마치 봉은사를 돌면서, 땅 밟기 기도를 올리면서 '무너져라, 무너져라'를 외친 한국의 신자들이 그들의 교회에서 칭송을 받는 것처럼. 그리고 여호와가 기록한 성서에 나오는 바, 유대인이 아닌 사람의 종자는 죄의식을 느끼지 않고 죽여도 무방한 벌레 비슷한 것이므로.

베두원족 하벨의 이야기가 귀에서 맴돌았다.

"오늘도 너희들의 세계에서, 너희들이 말하는 중동지역에서는 잔인한 살육이 계속되고 있지."

"……"

베두원족 하벨의 목소리는 계속되었다.

"참 더 있군. 장애인, 사생아, 외국인도 마찬가지지. 이는 선택 받은 민족이라는 유대인의 세계에서 그렇다는 이야기지."

베두원족 하벨의 목소리는 메아리처럼 몇 번 귓가에 맴돌다 사라졌지만 상념은 사라지지 않았다.

'장애인은 여호와께 화제도 드리지 못하고, 일단 장애인이라

하면 본인의 잘못이나 책임도 아닌데, 신체적 결함을 가지고 있다는 그 단순한 이유 하나 때문에 하나님께 헌금이나 예물도 바칠 자격이 없는 것은 고사하고, 아예 교회에 발을 들여놓을 자격도 없다.'

　장애인을 사람 취급하지 아니하는 여호와, 외국인을 사람 취급하지 않는 여호와, 사생아는 자손대대 10대에 걸쳐 여호와의 총회에 얼씬도 하지 못하게 하는 여호와의 법. 젊은 시절의 '나'는 더욱 절망하고 있다.

　'왜 그랬을까. 왜 그랬을까. 여호와는 예수와 왜 이렇게 달라야 했을까.'

　'그 사람들이 무슨 잘못이 있어서, 장애인(구약의 용어로는 병신)으로 태어난 것만도 억울한데 하나님이라는 여호와까지 감싸주시지 못하고 이렇게 저주스러운 차별대우를 해야 하나. 외국인은 유대인이 아니라서 차별하고, 자신의 잘못도 아닌데 사생아는 왜 10대(代)씩이나 저주를 받아야 하나. 자신의 선택으로 부모를 골라서 태어난 것도 아닌데 어미, 아비가 지은 죄 때문에 저런 치욕스런 저주를 받아야 하나. 그것도 사람이 아닌 하나님이라고 자처하는 여호와로부터.'

　'이런 여호와를 향하여 오늘도 우리는 기도하고 있는가.'

양심 없는 구약

《성경》을 살폈다. 구약 39권 전체를 다 뒤져도 양심이라는 단어는 하나도 나오지 않는다. 아예 없다. 이상해서 《성경》 사전을 뒤졌더니, 거기에도 역시 구약에는 양심이라는 단어가 없고, 신약에서부터 쓰여지기 시작한 단어라는 해설이 나온다. 왜일까.

궁금해서 다른 신학서적을 좀 뒤졌더니, 거기에는 구약에서는 양심이라는 단어는 안 나오지만, 아담과 이브가 선악과를 따먹고 하나님이 아실까봐 숨으려고 피한 것이 인류 최초의 양심의 가책이라고 되어 있다. 또 다른 예는 사무엘상 24장 5절에서 '다윗의 마음이 찔려'라는 구절에서 양심의 가책을 도입한다. 그런데, 중요한 것은 그 두 구절이 전부라는 사실이다. 진짜 양심 없는 구약이다.

두 가지 예가 전부인데, 선악과를 따먹고 하나님을 피하게 된 것이 양심의 가책이라는 해설이 논리적으로 맞는 말인가? 좀 유치하지만 따져 보면 완전히 억지이다. 〈창세기〉에 분명히 나오지만, 그들이 숨은 것은 발가벗은 몸(누드 상태)이 부끄러워서(두려워서) 숨은 것이다(창세기 3:6). 양심의 가책이라기보다는 여호와의 진노가 두려워서 그런 것 아닌가? 얼핏 보면 양심의 가책이 맞는 것도 같지만, 처벌에 대한 두려움이 더 맞을 것 같다.

구약에는 양심이라는 단어는 없다. 구약성경에 나오지도 않는 말을 사건 하나를 빗대어 이런 게 양심에 관한 기록이다라고 둘러댈 수야 있겠지만, 구약에 비해 신약에는 양심(Conscience, 헬; 쉬네이데시스)이 너무 많이(?) 나온다. 모든 인간들의 내면에 도덕적인 분별력으로서의 양심의 존재를 기술한 것이라든지(로마서 2:14-16), 그리스도인들은 선하고 깨끗한 양심을 가져야 한다고 믿었고(고린도후서 1:12, 디모데전서 1:5,19, 3:9, 고린도전서 8:12, 10:25, 디모데전서 4:2, 디도서 1:15, 히브리서 9:14, 로마서 13:3, 고린도전서 10:25……).

왜 그럴까? 왜 구약에는 한 단어도 없고, 신약에는 양심이 저토록 중요하게 취급되고 그 양 또한 풍성할까? 다른 이유가 있나. 여호와가 원체 양심이 없기 때문이다.

《성경》을 뒤지면서 상념에 빠져 있는데, 베두원족 하벨이 커피를 뽑아와 젊은 시절의 내 옆자리에 앉았다. 손님에게 커피를 대접하는 것은 베두원 족의 오랜 전통이었다.

"커피나 한 잔 하지."

"언제 오셨습니까?"

"방금, 여호와의 양심을 두고 고민하고 있었군."

"신약에는 풍부한 단어가 구약에서는 한 마디도 나오지 않는군요."

"당연하지. 엘로힘의 자리를 빼앗은 아브라함의 부족신 여호와가 양심이 있을 리 없지."

"그래도 만유의 하나님, 만민의 하나님이라고 교회마다 칭송이 자자하잖아요?"

"그런 거 보면 변신술 하나는 뛰어난 놈이야."

"놈?"

"왜? 부담스러운가? 여호와는 유대인들만의 신(神)이야. 행여라도 여호와가 '만민의 하나님' 또는 '여호와 하나님'으로 믿고 있다면 이보다 더 멍청하고 불행한 일이 없겠지."

"그렇지만 교회에서는……."

"여호와 자신이 누누이 강조해서 스스로를 밝히지만, 그는 아브라함의 신(神), 이삭의 신, 야곱의 신 일뿐이야(출애굽기 3:6, 6:3……). 즉, 이스라엘 민족의 부족신임을 스스로 자부했지. 이것은 나의 주관적인 주장이 아니고, 여호와가 스스로의 정체성을 《성경》을 통하여 당당히 밝히고 있는, 여호와 스스로의 주장이야."

사실이 그랬다. 여호와는 스스로의 성경기록을 통하여 아브라함의 신, 이삭의 신, 야곱의 신임을 자랑스러워했다. 이것이 여호와의 아이덴티티였다.

"그렇긴 하죠."

여호와는 구약성경 어디를 뒤져보아도 만민의 하나님으로 불려질 만한 구절이나 단어가 없다. 유독 한국에서만 여호와 하나님으로 불리워지며 호강을 누리는 이유가 무엇일까.

"게다가 너희 민족이 지닌 한글의 우수성은 가나안 지방의 잡신 여호와를 엘로힘의 자리로 올려놓는 데 손색이 없었지."

"하긴 전 세계에서 유독 우리나라에서만 하늘에도 준하고, 하나뿐이라는 뜻의 하나와도 어감이 통하는 단어가 선택된 나라는 없죠. 하나님이라……. 그런 의미에서 우리가 선택한 하나님이라는 단어는 기독교인의 입장에서 보면 최상의 선택이었죠."

원래 우리말에는 하느님은 있어도 하나님은 없었다. 애국가에 나오는 그 하느님은 기독교에서 말하는 하나님과는 다르다. 하지만 그 차이를 지적하는 사람은 드물다. 하나님의 유일성을 강조하기 위해서 '하나'라는 단어와, 하느님의 원전인 '하늘'과도 어감이 통하는 하나님으로 번역되었다. 이는 전 세계에서 한국에서만 통용되는 유일한 번역이다.

한. 이 말은 크다, 밝다, 환하다는 것을 의미하는 순수한 우리말이다. 큰 밭을 상징하는 대전(大田)의 옛 이름이 한밭인 것만 봐도 알 수 있다.

우리말에서 가장 의미 있는 음운이 한, 검, 단 세 글자인데, 그중에서도 '한'은 세 글자 중에서도 가장 의미 깊은 말로 제일(the First)의 의미와 하나라는 의미도 가지고 있다.

우리 민족의 하느님은 원래 한님이었고, 한님은 환인이었으며, 고대 환국은 한울님의 나라 즉 하느님의 나라였다. 그런 의미에서 하나님이라는 단어를 차용해간 기독교는 우리의 민족혼을 상징하는 부분까지 훔쳐간 셈이었다.

"너희 민족의 언어는 하늘의 언어나 마찬가지야. 전 세계 어떤 문자나 언어도 세계 각국의 발음을 그대로 옮겨 문자로 표현할 수 없으니까. 여호와가 유독 너희 나라에서 호사를 누리는 이유가 그것이지. 물론 다른 이유도 많겠지만."

"때문에 희생 당하는 무지몽매한 광신도가 가장 많은 나라이기도 하죠. 도대체 어떻게 해서 유대인의 지방신에 불과한 여호와가 그 거룩한 여호와 하나님으로 둔갑할 수 있단 말입니까."

구약을 보면 여호와라는 단어와 엘 또는 엘로힘이라는 단어가 교차사용되고 있다. 엘로힘이면 엘로힘, 여호와라면 여호와로 사용되는 일관성을 보여주지 못하고 있는 이유는 무엇일까.

"너희 나라에서 대통령 친인척을 빙자한 사기꾼들이 사기행각을 벌일 때, 흔히 '우리 삼촌이……' 하다가 꼭 필요한 부분에서는 '대통령께서……' 하고 중언부언 하는 행태를 보면, 그 구약 기자의 기술과정이나 편집과정이 이해되지 않나? 구약을 보면 어떤 때는 여호와라는 본명을 사용하다가 어떤 때는 느닷없이 하나님을 빙자하는 것을 볼 수 있지. 구약 편집자들의 횡설수설인 셈이지."

구약에서 창조주인 신(神, 하나님)을 나타낼 때 처음 쓰인 이름은 히브리어로 엘로힘이었다(영어에서는 God으로 번역). 엘로힘은 구약의 여러 군데에서 나오는데, 한글 성경사전이나 영어 성경사전에도 엘로힘은 신(神, 하나님)을 지칭하는 일반 명사라고 되어 있다.

이에 반해 여호와(Yahweh)는 떨기나무에서 모세에게 현신하였을 때, 처음으로 자신의 이름을 밝힌다. 물론, 〈창세기〉 2장에서 느닷없이 끼여들 때 처음 언급되지만, 인간인 모세에게 현신함으로서 처음 이름을 밝혀, 모세가 〈창세기〉를 기술할 때 자신의 이름이 사용되도록 하였다(출애굽기 3:15).

"구약을 자세히 보면 여호와는 몰염치하게도 하나님(엘로힘)의 자리에 교묘히 끼여들고 있음을 알게 되는데, 맨 처음 〈창세기〉 1장에서 원래의 하나님이 창조해 놓은 세상을, 〈창세기〉 2장 4절에서 다시 한 번 창조하는 것을 기점으로 하여, 출애굽기 5:1, 출애굽기 15:2, 사무엘상 5:7-11 등에서는 여호와라는 이름이 엘로힘의 이름과 교체되면서 사용되는 추태를 보여주지."

"……"

"물론 가나안의 지방신 위치에서 한 단계 더 높은 위치로 도약하고 싶은 심정이거나, 아니면 일부 역사신학자들의 주장처럼 모세가 중동의 산간지방에서 떠돌던 중동의 지방신을 하나 차용해 오면서 일으킨 착각일 수도 있겠지만, 분명 여호와는 스스로의 주장처럼 유대인들만의 신이라는 사실에는 틀림이 없어."

"이제 아주 인간 신학자의 말투를 흉내 내시는군요. 지혜의 상징께서."

지혜의 상징인 베두원족 하벨은 빙그레 웃으며 답했다.

"그래야 인간인 자네가 쉽게 알아들으니까. 커피 다 마셨나?"

베두원족 하벨은 자리를 털고 일어나 연기처럼 사라졌다.

엘로힘과 여호와

　이는 글을 읽을 수 있는 사람이면 누구나 쉽게 알 수 있는 성경적 진실이 있다. 그들이 눈 가리고, 귀 가리면서 2천 년을 속여 왔지만, 구약이란 여호와가 유대민족만을 상대로 맺은 약속일뿐이다. 구약 전체를 이 잡듯이 뒤져봐도, 전 인류를 위한 약속이라는 말은 한 마디도, 한 줄도 나오지 않는다. 쓸데없는 짝사랑은 이제 끝내야 한다.

　여호와가 전 인류(이방인)를 사랑한다고 주장하는 사람이 있다면 이는 여호와에 대한 정면도전이다. 아니면 기독교인인 체하면서 《성경》을 일독(一讀)도 하지 않은, 《성경》을 한 번도 제대로 읽지 않는 사이비 신자임에 틀림이 없다.

　여호와에게 유대인을 제외한 전 인류(이방인)는 진멸, 즉 젖먹이까지 모조리 죽여 없애야 할 대상일 뿐이다. 제발 《성경》 좀 읽어 보라.

　여호와의 실존은 구약에서 글로 보여지는 것 외에는 고고학적으로든 무엇으로든 증명되지 않는 역사적 비실존의 신이다. 여호와의 실존을 추론하느니, 오히려 우리 역사의 단군왕검이 훨씬 더 실존에 가깝다.

반면 예수는 고등종교의 이론적, 실천적 기초를 모두 갖추었다. 예수는 《성경》을 통하여 전인적(全人的)인 사랑을 설파했지만 여호와는 전 인류는 진멸, 즉 모조리 죽여 씨를 말려버려야 할 대상으로 본다.

예수는 스스로를 진리라 했고, 그 진리를 위하여 십자가에 달렸다. 반면에 여호와는 자기희생적인 면은 추호도 보여주지 않고 피에 굶주린 모습, 제사 받아먹을 욕심만 가득한 모습만 보여 주었다. 오죽하면 양(羊)의 피로도 모자라, 살아 있는 사람(예수님)의 피까지 요구했겠는가. 이게 무슨 하나님인가, 중동지방 유목민의 잡신이지.

신약에 들어서면서 신기하리만치 여호와의 이름이 나오지 않는다. 물론, 그 실종사유가 성경기록 언어가 히브리어에서 헬라어로 바뀌었다는 데에도 있겠지만, 구약에서 그렇게 강조되어 오던 구체적 여호와 하나님에서 일반명사 하나님으로 완전히 바뀐 것은 틀림이 없다. 물론 여호와가 직접 언급하던 '나는 여호와 하나님이니라' 도 완전히 사라진다. 신약의 처음부터 끝까지 한 번도 나오지 않는다. 이는 대단한 변화이다.

하나님 자체의 정체성도 완전히 바뀐다. 질투하는, 분노하는, 진멸하는 하나님에서 사랑과 구원의 하나님으로 커다란 성격변화를 이루어낸다. 이는 유대인의 시각에서 보면 탈민족적이고 반역적인, 한 마디로 혁명적인 사건이다.

실존 여부를 떠나 예수의 등장 자체가 인류사에서 거대한 족적을 긋는 혁명적 사건이지만, 하나님도 여호와의 특성으로부터 완전히 벗어나 만유의 하나님, 만민의 하나님으로, 〈창세기〉 1장에서 전 인류에게 생육하고 번성하라는 축복을 내려주시던 원래의 하나님 모습으로 돌아갔다. 어쩌면 이는 예수의 등장보다 더 큰 사건일지도 모른다. 이는 또한 유대인들이 예수의 기독교를 수긍하지 못하고 원래의 유대 유목민의 신이었던 여호와 하나님만을 찾아 예수를 떠나버린 커다란 이유이기도 하다.

진짜 하나님에 대한 자세한 설명이 〈요한복음〉 1장 1절에 나온다. 이 하나님은 태초부터 말씀으로 계셨고, 이 말씀의 육화(肉化)가 예수라 한다. 이 부분은 구약의 〈창세기〉 1장의 진짜 하나님의 모습과 일치한다. 〈창세기〉 2장 4절에 슬며시 끼여드는 여호와의 정체와는 완전히 다르다. 〈요한복음〉 1장 10절의 설명에 세상은 그로 말미암아 지은 바 되었으되, 세상이 그를 알지 못하였고……라는 구절은 시사하는 바가 아주 크다.

즉, 구약의 시대 수백 년 동안 참 하나님을 알지 못했다고 분명히 가르친다. 여호와가 그렇게 누누이 나는 여호와니라……하고 강조하여 떠든 것은 헛소리이다 하고 분명히 가르친다.

또한 〈요한복음〉 1장 14절에 말씀이 육신이 되어 우리 가운데 거하시매 우리가 그 영광을 보니 아버지의 독생자의 영광이요 은혜와 진리가 충만하더라는 것을 보면 하나님의 말씀이 육신이 되어 예수 그리스도가 존재한 바 되었으니, 예수님의 말씀이 곧 참 하나님의 정체성을 분명히 밝히는 논리적 근거가 된다.

결론적으로 〈요한복음〉 1장 5절에 빛(하나님이 주신 사람의 생명)이 어두움에 비취되 어두움이 깨닫지 못하더라는 말씀은 곧 빛(하나님)이 어두움(여호와와 그를 숭배하는 무리들 또는 무지몽매한 인류들)에 비추어도 어두움의 세력들은 그 빛(하나님)을 깨닫지 못했다는 것은 의미한다. 신학자들은 인간의 무지몽매함을 말하지만 이는 분명히 하나님을 바로 알지 못한 여호와의 추종자들을 의미하는 것임은 《성경》을 조금만 읽어 본 사람이면 누구나 알 수 있다.

이것으로 〈창세기〉 1장 1절을 제외한 구약의 모든 말씀 또는 율법은 별로 중요치 않은 잡소리가 되어버린다. 이 부분은 유대적 기독교인 신학자들도 동의하는 부분이다(즉, 신학자들도 예수님의 초림으로 인하여 구약 율법의 많은 부분이 사문화 되는 것에는 큰 이의를 달지 않는다). 여호와가 철저히 소외 되면서 여호와는 유대인들만의 유대교의 신으로 전락하여 원래의 위치로 돌아갔다. 그럼에도 불구하고 교회에서 여호와 하나님을 찾는 것은 앞뒤가 맞지 않는 넌센스이다.

언어학적으로 고찰해보자. 원래 〈창세기〉 1장에서 하나님을 칭하던 용어인 엘, 엘로힘과 여호와는 구분되어야 함은 앞에서 논한 바와 같다. 예수의 승천 후, 신약시대에 접어들면서 이 엘, 엘로힘은 헬라어인 테오스로 통칭된다. 테오스는 하나님을 가리키는 일반명사이면서 예수의 신격을 나타낼 때 사용하는 큐리오스와 같이 사용된다.

신약에 접어들면서 여호와는 완전히 자취를 감추어버린다.

구약의 모든 성경 번역(70인역)에서 여호와를 비롯한 실명이 그대로 사용되는데, 신약에서는 단 한 번도 사용되지 않음은, 더 이상 여호와가 참 하나님이 아님을 단적으로 증명한다.

　예수 자신도 전 생애를 통하여 단 한 번도 여호와의 이름을 부르거나 비슷한 이름으로도 찾은 적이 없다. 하나님(헬라어: 테오스)이나 아버지(헬라어: 파테르)만을 찾았다.

《성경》 전체를 통하여 여호와의 이름이 실종되고, 예수조차 여호와 하나님을 찾은 적이 없다. 그럼에도 불구하고 오늘날의 교회들이 여호와 하나님을 찾는 이유는 참 하나님과 예수의 사랑만으로는 성도들에게 십일조나 성전건축 헌금을 강요할 수 없거나, 여호와의 진노를 빙자하는 공갈과 협박이 먹혀들지 않음을 두려워하기 때문이다. 이는 세계 교회사(史)적으로 증명이 된다.

혁명가 예수

신약을 한번이라도 제대로 읽어보면 예수의 일생은 율법적 유대교도(바리새인, 유대인)와의 처절한 혁명적 투쟁이었음을 누구나 알 수 있다. 예수 자신, 스스로 성전을 헐라고 했고(요한복음 2:19 예수께서 대답하여 가라사대 너희가 이 성전을 헐라, 내가 사흘 동안에 일으키리라.), 안식일을 범했으며, 율법을 개혁(완전케)했고, 스스로 참 하나님의 아들이라 했고, 사람이 먼저 강한 자를 결박하지 않고야 어떻게 그 강한 자의 집에 들어가 그 세간을 늑탈하겠느냐, 결박한 후에야 그 집을 늑탈하리라(마태복음 12:29) 하면서 기득권과 싸웠다.

그는 하나님의 아들로서 율법적 유대인의 여호와와는 다른 개혁적인, 혁명적인 가르침과 주장을 하다, 마침내 육적 이스라엘의 부흥을 꿈꾸는 전투적 혁명가이자 열심당의 당원인 가룟 유다에게 팔려 제사장들에게 붙잡히고, 빌라도의 법정에 넘겨져 빌라도의 구명노력에도 불구하고 유대인들의 외침으로 마침내 십자가를 지게 된다.

교회에서 우리는 늘 이렇게 들었다. 여호와 하나님이 인류를 사랑하여 그의 하나뿐인 독생자를 보내주시고, 그 독생자의 깨끗한

피만이 인류의 원죄를 사할 수 있기 때문에 십자가에 달리게 되셨다. 즉 구약에서 나오는 양의 피 대신에 예수님의 피가 여호와의 제단에 바쳐졌다. 그 이후 인류는 원죄에서 해방되었다라고. 그래서 찬송가도 있다. 예수의 피 밖에 없네. 그리고 감동을 강요당했다. 세상에서 자기 자식을 사랑하지 않는 사람이 어디 있냐고. 그렇게 아끼는, 하나뿐인 아들을 희생의 제물로 내어주신 여호와 하나님께 감동의 헌납을 강요당했다.

그런데 한번 다시 생각해보자. 자기 자식을 죽여 제물로 내어준다? 그것도 아버지 자신에게 바쳐지는 제물로? 하긴 중국 고사에 자기 친자식을 삶아 요리를 해서 황제에게 진상한 요리사 이야기는 들어봤다. 그 황제 왈. '별로 특별한 맛은 없네'였다. 인류사를 통틀어 자기 자식을 삶아 음식을 만들어 바친 미친 요리사는 중국 고사에 나오는 이야기가 전부인 걸로 안다. 자식을 삶아서 남에게 주는 것은 그렇다 치고, 자기가 먹으려고 자기 자식을 제물로 내줘? 이게 정상적인 말인가? 진짜일까? 진실은 어디에 있을까. 그리고 그 사실을 찬송가로 불러도 되나? 지금이 구약시대도 아닌데, 예수의 피 밖에 없다? 하나님에 대한 모독 아닌가?

이 대목에서 우리가 주목해야 하는 질문이 있다. 필자가 이 장에서 말하는 '여호와'는 누구일까?

예수가 지적한 바와 같이 그것은 여호와로 포장된 종교 기득권(바리새인들과 랍비)들을 의미한다. 그리고 지금도 신/구약을 짬뽕시킨 신학으로 포장하여 구약의 십일조를 강요하는 현대 기독교의 기득권들이 바로 그들이다.

예수는 그들을 혁명하기 위해 지상에 내려온 혁명가인 것으로 기독교만이 유일한 진리인 것으로 믿었던 젊은 '나'는 이렇게, 이런 논리를 빌어 스스로 자위했다.

　제자들의 생존 시에 반드시 재림하겠다는 혁명가 예수는 2,000년이 넘도록 재림하지 않았지만, 이 가짜 하나님 여호와의 속임수에 지친 젊은 '나'는 이 파렴치한 존재를 물리칠 수 있는 유일한 혁명가인 예수의 재림을 눈이 빠지게 기다렸다.

여호와의 성공한 사기극 – 삼위일체

신약에서 예수가 승리하자 패배를 직감한 여호와는 절치부심, 와신상담하면서 호시탐탐 재기를 노렸다. 마침내 여호와는 콘스탄티누스라는 이방인 왕에게 접신(接神)하는데 성공하여 화려하게 재기했다.

접신에 성공한 여호와는 예수와 같은 동격이되 예수보다 한 차원 높아 보이는 성부(聖父)의 감투까지 뒤집어썼다. 졸지에 예수는 성자(聖子)가 되어 잔인한 지방신 여호와의 아들로 격하되어버렸다. 이게 어찌된 일인가.

삼위일체(Trinity, 트라니타스)론은 《성경》에는 단 한 줄도 언급되어 있지 않다. 인간이 지어낸 것이다. 수많은 선각자들이 모순을 지적했지만 그러나 그 오류를 지적하는 것은 목숨을 건 용기가 필요했다. 진리의 발견과 진리 그 자체에 대한 용기. 그것은 죽음을 전제로 해야 했다. 진리인가 아닌가 여부에 불구하고, 종교개혁 시대에 《삼위일체론의 오류》라는 책을 저술한 미겔 세르비토는 칼뱅의 교리를 위한 제물로, 산 채로 화형에 처해졌다. 구교인 교황이나 종교재판에 의해서가 아니라 신교인 칼뱅의 교리에 의해서 산 채로 불태워졌다.

삼위일체론은 '성부(The Holy Father), 성자(The Holy Son), 성령(The Holy Spirit)'이라는 세 위격들(Persons)이 하나의 본체(하나님; 테오스, 본질; Essence)에서 출발한 구별(Distinction)이라는 이론에서 출발한다. 원래 하나였지만, 서로 다른 모습으로 임재한 성경적 역사적 사실과, 예수 그리스도의 영(성령)이 시공을 초월하여 임재함을 설명하기 위하여 도입된 이론이다. 사랑과 구원의 대명사인 예수와 저주와 피의 대명사인 여호와가 원래 하나였다니, 도대체 누가 이런 말도 안되는 논리를 만들어내었을까.

2세기를 전후해 나타난 삼위일체론은 니케아 종교회의(A.D. 325년), 콘스탄티노플 종교회의(A.D. 381년)의 신조에서 확립 되어, 그 이후 교부시대와 교황시대에 들어 확고한 교리로 자리 잡았다. 물론 힙포의 어그서틴, 터툴리안, 그레고리 등에 의해서 발전 되었지만, 그 이론적 기초는 니케아 종교회의에서 완성 되었다고 보는 것이 정설이다.

문제는 이 삼위일체의 이론을 교리로 승인한 자가 신학자도 아니고, 기독교인도 아닌 콘스탄티누스 황제라는 데에 있다.

당시 세 위격들의 통합, 분리론으로 격론을 벌일 때, 삼위일체론의 손을 들어준 사람이 바로 성경책을 한 번도 읽지 않고, 기독교인도 아닌, 세속적 정치가인 '황제'였다. 황제 위주로 정치적 세력을 통합해야 하는 입장에 선 정치가로서 분리론은 도저히 받아들일 수 없었던 것이다.

반대자는 무자비하게 처형 되었다. 그 처형을 주도한 세력은 황제의 편에 서서 떡고물을 얻어먹던 추악한 유대적 기독교도과 그 배후에 숨어 재기의 기회를 노리던 여호와임에는 틀림이 없다.

  화형식이 열리는 날에는 구경꾼들이 모여들고 그 구경꾼들에게 술을 팔고 몸을 파는 장사치들과 창녀들이 모여들었다. 그렇게 진리는 교회를 떠났다.

랍 비

그는 정통파 유대인들이 머리를 감추기 위해서 쓰는 모자인 키파(kipa)를 쓰고 머리에서 귀를 지나 턱까지 치렁치렁 기다란 수염을 늘어뜨리고 있었다. 상의는 엉덩이를 가리고 남을 정도로 내려왔으며 상의 아래로는 하얀색 실을 몇 가닥 꼬아 주렁주렁 매달고 있었다.

저들은 태어나서 죽을 때까지 저 복장을 하고 있을 것이며 매일 수차례씩 예배를 드리고 묵상하며 통곡의 벽에 가서 통곡하면서 기도하는 것이 생활의 전부다. 보통 자녀를 10명 이상 낳고 기르지만 생활에 어려움은 없다. 시험을 치르거나 공직에 선출되지도 않았지만 이스라엘 정부에서 생활비를 몽땅 대어주니 생활고 걱정 없이 매일 통곡의 벽에서 통곡할 수 있는 것이다.

통곡의 벽에서 통곡을 끝내고 돌아서는 그를 만나 커피숍에 마주앉은 젊은 시절의 '나'는 예의를 차리거나 비스듬히 돌아갈 필요를 느끼지 않았다. 단도직입적으로 물었다.

"당신들 유대교도들에게 예수는 무엇인가?"

"예수가 일반 민중을 상대로 한 종교적 인격자라는 사실은 인정하지만, 정통 유대교의 입장에서 나에게 직설적으로 이야기하라면 나는 자신 있게 예수를 희대의 종교사기꾼이라 하겠다."

"어째서 그런가?"

"우리 유대교는 여호와 하나님을 유일신으로 믿는다. 그런데 만약 예수가 같은 신이라면 유일신앙인 유대교가 설 땅이 어디겠는가. 그것을 알면서도 야훼 하나님을 아버지라 부르면서 동격으로 마치 신인 양 활동했으니 예수는 사기꾼인 것이다. 만약 예수가 사기꾼이 아니라면 삼위일체론을 조작한 성직자나 신학자들이 사기꾼이다. 《성경》 전체를 통하여 삼위일체라는 단어가 하나라도 나오면 내가 직접 예수를 믿겠다."

"모세 같은 선지자나 예언자, 메시아는 아닌가?"

"아니다. 모세는 우리에게 토라를 주었고 10계명과 율법을 주었다. 예수가 우리에게 준 것이 무엇인가."

"예수의 부활은? 당신 같은 독실한 유대교도였던 바울도 부활한 예수를 보고 개종했다던데?"

"있을 수 없는 일이다. 만약 예수가 부활하여 바울에게 보였다면 왜 다른 유대인들, 공공의 장소에서 전도하지 않았는가. 만약 부활한 예수가 대중 앞에서 자신을 증거했더라면 당시의 유대인들은 모두 예수를 믿었을 것이다. 그러나 바울을 제외한 어느 유대인도 부활한 예수를 만나지 못했다. 왜 예수는 자신의 제자들과 바울 앞에만 나타났다 사라졌는가. 예수에게 물어봐라."

"그러면 당신들에게 아직 메시아는 오지 않았는가?"

"그렇다. 우리 유대인들이 지난 2,000년 동안 얼마나 많은 박해를 받았는가. 생각하기도 끔찍하지만 히틀러에게, 아우슈비츠 감옥에 당한 유대인만 600만 명이라 한다. 메시아가 오셨다면 우리 아브라함의 자손이 왜 그런 고초를 겪겠는가? 그래서 우리는 아직도 통곡하고 있는 것이다."

"그렇다면 당신들이 아우슈비츠 감옥에서 600만 명이나 희생당할 때 당신들의 야훼는 어디서 무엇을 하고 있었는가."

"우리의 야훼 하나님을 함부로 말하지 말라. 우리가 모르는 신의 섭리다. 그 대신 우리는 예루살렘과 이스라엘을 얻었다."

"자신을 믿고 따르는 생명을 600만 명씩이나 죽인 이후에 그 상으로 돌아온 것이 이스라엘이더냐? 좋다. 더 이상 묻지 않겠다. 돌아올 답도 뻔히 보이므로. 대신 다른 것을 묻겠다. 예수는 실존했는가?

"믿지 않는다. 그들이 만들어낸 신화, 이방인의 신화로 너무 많이 각색 되어 진짜 예수가 존재했었는지조차도 의문이 드는 것이 사실이다. 심지어는 히틀러까지도 자신만의 성경을 만들었다. 거기에는 10계명에 두 개를 더 넣어 12계명이 있었다. 그 중 하나는 '히틀러를 찬미하라' 였다. 예수라고 조작되지 말라는 법은 없다."

"그건 구약도 마찬가지 아닌가. 거의 전부가 남의 신화들을 도용하지 않았는가."

"그러나 우리는 (구약)《성경》의 모든 것을 믿는다. 너희들의 눈으로 보면 모순도 있겠지. 하지만 우리가 태어나서 제일 먼저 배우는 것은 《성경》뿐만은 아니다. 《성경》은 오히려 조금 성장한 후에 본격적으로 배운다."

"그러면?"

"《탈무드》! 지혜를 가장 중요시하는 것이 유대인이다."

"《탈무드》. 지혜. 당신들은 600만 명의 희생을 말하지만 너희로 인해서, 당신들의 야훼로 인해서 죽어간 여리고 성과 이삭 성의 사람들, 현대 이스라엘 건국 당시 무자비하게 죽인 팔레스타인 원주민들, 오늘도 힘없는 팔레스타인에 대하여 무자비하게 살육을 계속하면서 당신들은 유대인들의 희생만 강조할 수 있는가?"

"……."

"오히려 당신들이 조롱하는 예수는 당신들의 야훼, 여호와처럼 잔인하지 않았다. 예수는 편협한 여호와와는 달리 만민의 구원을 설파했다."

이 대화를 통하여 내가 확인한 것은 내 가슴 속에 잠재해 있던 여호와에 대한 실망과 예수에 대한 공의적 사랑이었다. 만민 사랑의 예수 그 자체는 아직 나에게서 떠나지 않았다. 2천 년의 중세가 끝나고 근/현대가 시작될 때, 마침내 예수의 실존이 태산이 쓰러지는 소리를 내며 무너져내리기 전까지는.

사라진 예수

갑자기 예수가 사라졌다. 아니 없었다. 예수는 원래부터 없었던 것일까, 만들어진 것일까. 내가 허깨비를 본 것일까.

나에게 예수는 절대 사라지면 안되는 중요한 존재였다. 예수가 있어야 저 후안무치한, 유대지방 골짜기나 헤매던 유대인의 부족신, 예수의 등에 업힌 비겁하고 잔인하고 편협한 신인 여호와를 지상에서 몰아낼 수 있었기 때문이었다. 예수가 살아 있어야 여호와를 죽일 수 있기 때문이었다.

젊은 '나'는 절망했다. 예수가 사라지다니, 예수가 없었다니……. 그럴 리가 없다고 생각한 젊은 '나'는 미친 듯 예수를 찾아나섰다.

베두원족 하벨이 준 능력을 최대한 사용해 보았지만 예수는 찾을 수 없었다. 기원후, A.D. 0년부터 50년까지 전 가나안 지방과 갈릴리 호수를 비롯하여 전 유대지방을 뒤져보았지만 예수는 없었다. 나는 하벨을 부르지 않을 수 없었다.

"도와주시오, 하벨!"

베두원족 하벨이 나타났다. 그는 내 고민을 아는지 침울한 표정이었다.

"이제 예수를 만날 차례지만 예수가 보이지 않습니다. 부디 나의 예수를 찾을 수 있도록 그가 계신 곳으로 나를 인도해주십시오. 부탁드립니다."

다급한 나는 베두원족 하벨에게 애원했다. 그러나 베두원족 하벨은 먼 산만 쳐다보고 있었다.

"마침내 올 게 왔군."

베두원족 하벨이 침통한 어조로 말했다.

"결국 올 게 왔어."

"부디 도와주시오. 하벨."

"미안하지만 이번에는 나도 도울 수 없네."

"왜죠? 아브라함까지 만나게 해준 당신이 왜?"

"알았네. 일단 나를 따라오게."

그는 나를 1947년의 사해 서안(西岸)의 쿰란 동굴 어귀로 시작하여 이스라엘의 비밀연구소까지 다니면서 사해 두루마리의 존재를 보여주었다.

"자네가 찾는 예수는 아니지만,"

그는 두루마리 하나를 가리켰다.

"여기에 그에 관한 기록이 남아 있네."

"예수에 관한 기록입니까?"

"기원전 150년경에 쓰여진 것이라네. 직접 읽어보시게나."

　의로운 스승. 인간의 죄를 대속하여 짊어지고 괴로운 죽음을 맞을 운명에 처했고, 모진 고문을 받았으며, 흉악한 제사장들에 의해 십자가에 못 박혀 죽었다가 다시 부활하여 세계를 구원하고 최후의 심판을 기다린다.

"이 분이 예수군요."

"그렇게도 볼 수 있겠군. 하지만 예수가 태어나기 150년 전에 이미 십자가에 못 박히고 부활까지 마쳤지."

"그렇다면?"

"자네가 찾는 성서 속의 그 완벽한 예수는 없네. 시공을 초월하여 그 어디에도."

나는 급격하게 무너져내렸다. 예수가 없다니, 아예 존재했던 사실조차 없었다니. 예수가 없으면, 그렇게 크고 환한 공의적 사랑의 예수가 없으면, 저 간악한 여호와의 무리는 누가 없앨 수 있을 것인가.

모든 것이 허상이었다. 젊은 시절의 '나'는 더욱 깊은 절망으로 빠져들어갔다.

동정녀 마리아는 동정녀 이시스의 복제품이었고, 천사 가브리엘의 수태고지는 이집트 쏘어의 수태고지였으며, 예수의 출생 때 나타난 동방의 별은 이미 3천 년 전의 호루스의 별이었으며, 3인의 동방박사 역시 이집트 신화의 그것이었다. 서른 살이 되어 아넘으로부터 세례를 받고 가르침을 시작한 호루스가 12명의 제자를 데리고 다니며, 병자를 치료하고, 물 위를 걷는 기적을 행했다.

진리, 빛, 하나님이 기름 부으신 아들, 선한 목자, 하나님의 어린 양 등 여러 이름으로 불렸고, 타이폰에 의해 배신당한 후에 십자가에 못 박히고, 죽은 지 3일 만에 부활한 것도 이집트의 호루스였고, 예수에 얽힌 이야기는 모조리 표절이었다.

"이럴 수는 없다. 이럴 수는 없어! 내가 뭔가에 홀린 거야."

나는 미친 듯이 《성경》 속의 인물들을 찾아 나섰다. 베두원족 하벨이 나름대로 나를 진정시키려 했지만 젊은 시절의 '나'는 통제력을 잃기 일쑤였다.

"자네는 믿지 않겠지만……."

"무슨 말을 하시려는 겁니까?"

"예수는 실존했지만 그의 행적은 철저한 기획으로 만들어졌다네. 그래서 자네는 실존의 예수를 만나고도 알아보지 못하는 거지."

"기획? 누가? 왜? 그런 짓을?"

"사해문서에 나오는 의로운 스승으로부터 깨달음을 얻은 자지."

"그 사람이 누구죠?"

"그건 그 당시 예수와 함께 했던 사람들이 알겠지."

 그렇군. 나는 예수와 함께 했던 인물을 통하여 예수를 실증하고 싶었다. 나의 시공을 초월한 여행은 밤낮을 가리지 않고 계속되었다. 지속되는 여행의 피곤에 지친 나는 잠시 잠이 들었다.

사도 바울

그때였다. 베두원족 하벨이 급히 나를 깨웠다. 나는 비몽사몽의 상태에서 젊고 부유해 보이는 유대인 하나가 다가오는 것을 느꼈다. 그를 알아 본 젊은 시절의 '나'는 벌떡 일어나 따지듯 물었다.

"사도 바울. 당신이군요! 믿을 수 없는 예수, 있지도 않은 예수를 만든 사람!"

"그렇다. 내가 너희들이 사도로 부르는 바울이다. 너는 왜 나의 주 예수 그리스도를 핍박하려느냐?"

사도 바울의 반말에 대하여 내가 경어를 쓰는 것에 젊은 '나'는 부담을 느끼지 않았다. 그는 젊은 시절의 '나'보다 2천 년 가까이 나이가 많았으므로.

"나는 예수를 핍박한 사실이 없소. 그럴 의도는 더욱 없소. 오히려 당신들이 보여주는 은막 위의 예수가 아닌, 진짜 예수를 찾아 나선 이방의 순례자요. 내가 알던 예수는 처음부터 끝까지 표절과 왜곡으로 짜깁기 되어 원래의 형체를 알아볼 수 없었소. 당신들은 왜 왜곡 된 예수를 만들었소?"

"사실이 아니다. 수태고지나 성령잉태, 동정녀의 크리스마스 출생 등 네가 의문을 가지고 있는 일들의 일부에 대하여 나는 한 번도 언급한 사실이 없다."

젊은 시절의 '나'는 열정적이었으며 저돌적이었다. 지나치게 예의를 차리지도 않았고, 애둘러 할 말을 피하는 일도 없었다.

"하지만 '누가'라는 의사를 비롯한 《성경》기자들과 가장 자주 동행한 사람이 바로 당신, 사도 바울이 아니오? 저는 그들에게 가장 큰 영향을 미친 사람이 바로 당신이라고 믿고 있소."

"나의 주 예수 그리스도에 대한 너의 개인적 호불호(好不好)까지 내가 관여할 수는 없다. 하나님이 네게 준 자유의지를 따르는 것이 하나님의 섭리다. 상과 벌도 너의 자유의지에 따라 달라질 것이다."

"개인적 호불호를 말씀하시는 것이라면 분명히 말씀 드리건데, 저는 누구보다도 더 열정적으로 예수에게, 아니 바로 당신 사도 바울이 설파한 공의적(公義的) 사랑에 반해 있던 자요. 그러나 움직일 수 없는 각종 증거들로 인하여, 그리고 당신들이 화려하게 꾸민 부분들 때문에 내 열정은 무뎌졌고, 믿음은 약해지고 의심은 높아졌소. 하지만 나는 진리를 찾으려는 내 열정을 포기한 적은 없소. 당신이 바로 이방인의 전도사니, 예수에게 명받았다는 당신의 고백대로 나에게 진짜 예수를 보여주시오. 사도께서 말씀하시는 하나님은 여호와 하나님을 일컫는 것입니까?"

"나를 포함하여 우리는 신약 전체를 통하여 단 한 번도 여호와가 우리들의 하나님이라고 설파한 사실이 없다. 너희들이 성서라 부르는 서간들 전체를 다시 보라. 여호와라는 이름조차 기록되지 않았을 것이다."

"그건 저도 알고 있습니다. 그럼 당신들의 신약은 구약의 여호와를 거부하는 것입니까?"

"우리는 구약의 시대, 율법의 시대를 극복했다. 내가 구약을 극복한 것에 대하여 '개종했다'라고 표현한 것을 너는 읽지 아니하였느냐? 율법의 시대는 나 역시 극복했으므로 구약의 시대를 내게 묻지 말라. 율법의 시대를 버린 대신, 우리는 크고 환한 공의적 사랑의 세계를 열었다."

 공의적 사랑? 만들어진 예수로 공의적 사랑? 이 말에 흥분한 나는 속사포처럼 쏘아댔다. 젊은 시절의 '나'는 상대의 입장을 충분히 고려하여 대화를 나눌 만큼 성숙하지 못했었다.

"좋습니다. 율법의 구약을 버렸다는 점에는 동의하겠습니다. 그 뜻도 이해하겠습니다. 그러면 예수탄생 설화에 이집트의 신화나 동방의 신화를 끼워넣은 행위, 낯 뜨겁도록 무분별한 표절의 이유는 무엇입니까?"

"……"

"그렇게 분칠하고 화장하지 않으면 공의적 사랑을 구현할 자신이 없었던 겁니까? 분칠한 예수, 변장한 예수, 샛길로 온 예수, 사생아 예수, 성서라는 소설책 속의 예수, 만들어진 예수라는 비난이 지겹지도 않습니까? 왜 그것을 자초하였습니까? 왜 있지도 않은 예수를 만들어낸 겁니까?"

"나도 너처럼 율법에만 매달려 그것만이 진리인 줄 알고 경직된 삶을 살았던 경험이 있다. 그래서 나는 스테판을 돌로 쳐서 죽이는 일에 가담한 일도 있었지. 다만 그때의 내가 율법에 대한 확신으로 경직되어 있었다면 너는 최근 네가 발견한 증거들로 인하여 지나친 의심으로 경직 되어 있고 분노하고 있다. 이런 상태에서 대화가 가능하겠느냐?"

"……."

"나에게도 때가 차지 않았을 때가 있었던 것처럼, 너에게도 때가 차야 할 때가 오리라. 그 때가 되면 내가 다시 너에게 보이리라."

이 말을 남기고 사도 바울은 연기처럼 사라졌다. 할 말이 없으니까 비겁하게 도망을 간 것일까. 불과 몇 분, 스쳐 지나가듯 일어난 일이었지만 이 일은 내게 잊을 수 없는 사건이 되었다.

젊은 시절의 '나'는 끝없이 펼쳐진 유대의 광야를 떠나 진리를 향한 지적 방랑의 길을 걷기 시작했다. 나는 예수를 포기할 수 없었고, 베두원족 하벨을 만나면 호의적인 분위기는 사라지고 사소한 일로도 다투기 일쑤였다.

예수의 실존에 대한 의문을 해소하기 위한 노력들은 시대를 가리지 않고 시도되었다. 젊은 시절의 '나'는 이런 흔적이 나오면 아무리 작고 사소한 흔적이라도 무시하지 않고 추적하기 시작했다.

14세기 프랑스의 트로아(Troyes) 근처, 리레이(Lirey)의 노트르담 성당에서 성의(聖衣)로 보이는 폭 1.10m, 길이 4.36m의 천이 발견되었을 때, 세계는 흥분했다. 예수가 십자가에서 절명했을 때 그의 몸을 감싼 수의가 발견되었다고 교계는 떠들썩했다. 이로써 예수의 실존 논쟁은 의미를 잃었다고 성직자들은 입에 거품을 물었다.

그러나 이 성의는 진짜 같은 가짜임이 현대과학에 의해서 밝혀졌다. 실낱같은 희망이 하나 사라졌다.

「1988년에 스위스, 영국, 미국의 실험실들은, 방사선탄소연대측정법(C-14)을 사용하여 수의를 분석한 결과, 그 천이 중세시대(1260-1390년)의 것이라고 결론 내렸다. '탄소-14 측정법의 결과에 대해서는 논란의 여지가 있을 수 없다.'고 작업에 참여했던 자크 에뱅(Jacques Evin)은 확인했다(르 피가로).」

다음에는 '롱기누스의 창'이라는 것이 예수 실존의 증거로 제시되었다. 롱기누스는 예수가 십자가에 매달렸을 때, 그의 죽음을 재촉하기 위하여 긴 창으로 예수의 옆구리를 찔러 찢어 예수에게 직접적인 사인(死因)을 제공했다는 그 로마 병사의 이름이라고 전해졌다. 〈요한복음〉에서는 예수가 창에 찔렸을 때 피와 물이 흘러나왔다고 적었다. 모든 것이 그럴싸해 보였다.

수많은 이야기가 전승 되었다. 롱기누스가 창으로 예수를 찌른 순간 눈이 멀었는데, 창에 흐르는 예수의 피로 눈을 씻으니 회복되어 예수의 열렬한 추종자가 되었다고 전해지기도 했다. 만약 《성경》기자가 이 사실을 놓쳤다면 그는 용서 받지 못할 직무유기를 한 셈인데, 《성경》에는 그런 구절이 하나도 없다. 어쨌든 이 창은 신의 아들을 찌른 창이라 하여 힘의 상징처럼 되어버렸고 이 사실은 수많은 야심가들의 욕망을 불러일으키기에 충분했다.

이 창을 제일 먼저 소유했다는 사람은 기독교를 공인한 최초의 황제인 콘스탄티누스 대제였다. 롱기누스의 창은 한동안 그의 수중에 있다가, 분열 직전의 프랑크 왕국을 재건한 중세 서유럽 왕조의 시조 칼 마르텔의 손에 넘어갔다. 그 후 칼 마르텔 왕의 손자로 수많은 전투로 서유럽 최강의 제국을 세우고 황제로 등극한 샤를마뉴 대제에게 전수 되었고, 그는 이 창으로 47번에 걸친 각종 전투에서 승리를 거두었으나 우연히 이 창을 떨어트린 직후 사망했다고 한다. 그 후 로마 교황 요한 12세가 이 창을 소지하고 있다가 오토 대제에게 세례를 주면서 이 창을 사용했고, 오토 대제는 이 창을 지니고 렉 전투(The Battle of Leck)에서 몽고족을 격파했다 한다(몽골 측 기록에는 보이지 않음).

그 후 오스트리아 학자 발터 슈타인으로부터 '이 신성한 창을 소유하는 사람은 이 세계의 통치자가 된다'는 이야기를 들은 히틀러가 1938년 4월 비엔나로 입성하여 이 창을 손에 넣었고, 이후 45년까지 파죽지세로 몰아쳐 유럽 전역을 지배했다.

히틀러의 사망 이후 이 창은 연합군의 손에 들어갔다가 다시 돌아가 오스트리아 합스부르크 왕가의 호프브르크 박물관에 실물이 전시돼 있다고 한다. 이 정도면 누구도 의심할 수 없는 진실처럼 보인다.

그러나 과학자들이 연대를 측정해본 결과, 이 창은 고대의 역사적 유물이 아님이 밝혀졌고, 결정적으로 이 금속이 만들어진 시기는 7세기경으로, 예수의 몸을 찌른 창이 될 수 없음이 밝혀졌다.

적어도 7세기경 이전의 수많은 이야기는 모조리 거짓말이 된 것이다. 이로 인하여 실낱같은 희망이 또 하나 사라졌다.

이렇게 서서히 진실이 밝혀지는 가운데도 나는 남들이 분칠한 예수, 표절의 예수에 대하여 물을 때는 마치 가족이 자기 집안의 수치를 감추는 것처럼……. 내가 하면 로맨스고, 남이 하면 불륜인 것처럼……. 오히려 남들이 예수에 대하여 지적하는 것에 이유도 없이 못마땅했고, 스스로 나서서 예수를 변호하기에 바빴다. 그럴 리가 없다고. 그때까지만 해도 내 가슴 속의 예수는 죽지 않고 살아 있었던 것이다.

알라 후 아크바르! Allahu Akbar!
(신은 위대하다)

 예수를 기다리고 찾아다니며 때로는 그를 변호하느라 거듭된 자위로 지친 젊은 시절의 '나'는 종로의 어느 서점에서 신(神)의 사자(使者:메신저) 무함마드을 만났다. 무함마드은 젊은 시절의 '나'를 초승달 걸린 사막의 밤으로 인도했다.

 나는 짙은 어둠 위로 외롭게 매달린 초승달 아래에서 휘익 휘파람을 부는 외로운 사막의 베두위이 되었고, 때로는 흑두건 속으로 눈빛을 빛내는 사막의 전사가 되었다.

 나는 초승달 모양으로 날 선 칼을 빼어들고 '알라 후 아크바르!'를 외치면서 백마의 등에 올랐다. 젊은 '나'의 목소리는 메아리 없는 사막의 어두운 공간 속으로 사라졌다. 그래도 나는 개의치 않고 사막 위에 모래바람을 일으키며 말 달리는 이슬람의 전사처럼 《코란》을 탐독하기 시작했다. 불과 몇 개월에 지나지 않았지만 새로운 지적 호기심을 충족시킬 수 있었던 이색적인 경험이었다.

 사막에는 때로 무서운 폭풍이 인다. 그 폭풍은 내 손에 들린 《코란》에서도 무섭게 일어났다. 《코란》의 폭풍 속에서 만난 무함마드은

근엄했다. 마침내 그를 찾아낸 젊은 시절의 '나'에게 강한 지적 호기심이 발동했다. 그는 한 손에는 《코란》을, 다른 한 손에는 칼을 들고 있었지만 그의 칼은 기독교도들의 그것에 비하여 잔인하지 않고 《코란》은 젊은 '나'의 호기심을 불러일으키기에 충분했다.

"당신은 누구십니까? 당신이 하나님이십니까?"

그는 겸손하되 강렬했다. 오사마 빈 라덴처럼 헝클어진 수염 위에서 두 눈을 빛내던 무함맏은 대답했다.

"나는 내 일생을 통하여 단 한 번도 나 자신을 신의 반열에 올려놓지 않았다. 나는 신의 메신저일 뿐이다. 나는 알라의 말씀을 전하는 내 임무를 게을리하지 않았다. 이 세상의 그 누구도 신이 될 수 없다. 신은 하나다. 신은 위대하다."

"신이 '하나'라구요? 그럼 기독교의 《성경》이나 이슬람의 《코란》에서 '우리'라는 복수로 표현된 신은 누구입니까? 바까라 34절을 보면 '우리(하나님)가 천사들에게 명하여 아담에게 엎드려 절을 하라 하니'라고 표현되어 있습니다. 신이 하나라면 단수로 표현해야지 '우리'라는 복수로 표현해놓고는 하나라니 이게 어떻게 된 겁니까?"

"신은 하나이되 그 형체를 달리하기도 하고 세계와 우주 여러 곳에서 동시에 발현하기도 한다. 그래서 복수로 표현 되는 것이다. 신은 본질적으로 하나이다. 신은 위대하다."

"그럼 이스라엘의 산골짜기나 헤매던 여호와가 당신이 말씀하시는 하나님과 본질적으로 동격입니까?"

"거룩한 신의 이름을 함부로 가볍게 입 밖에 내지 말라. 그의 위대한 이름을 굳이 인간의 언어로 표현하면 그는 위대하신 '알라' 다."

"알라? 구약에 나오는 하나님의 다른 이름인 '엘로힘' 또는 '엘' 이라는 발음이 지방화 된 것이겠군요."

"너는 신을 둘로 보는 우를 범하고 있다. 인간이 어떤 이름으로 부르든 또는 그 분께서 어디에서 어떻게 발현하여 너희에게 보이셨든 위대하신 그 분은 하나다. 신은 하나며 위대하다. 그 분의 이름은 '알라' 이니라."

《코란》이 펼친 사막의 폭풍 한 가운데서 알라의 말씀을 근엄하게 설파하는 무함맏은 우직한 충성의 남자였다. 같은 남자로서 무함맏의 우직함과 충직함은 매력적으로 다가왔다.

신은 둘이 아니라는 것. 이렇게 되면 기독교의 삼위일체론은 완전히 엉터리가 되어버린다. 삼위일체로 변장한 여호와의 교활함에 지쳐 있던 젊은 '나' 는 무함맏의 간단명료한 이 메시지에 매료(?) 되었다.

"예수마저도 하나님과 하나가 아니군요. 무슬림에게 삼위일체는 없군요."

"삼위일체론은 이교도인 콘스탄티누스 황제가 제 마음대로 만들어 지어낸 요설(妖說)이다. 진리는 그렇지 않다. 예수는 예수일 뿐, 예수 역시 알라의 피조물일 뿐이다. 피조물이 어떻게 창조주와 한 반열에 올라설 수 있다는 말인가."

"예수가 알라의 피조물이었다구요?"

"그렇다. 너도 내가 예언한 《코란》의 이므란 6-59절을 읽어보지 않았느냐? 하나님께서 아담에게 그랬듯이 예수에게도 다를 바가 없다. 하나님은 흙으로 그를 빚어 그에게 말씀하셨다. '있으라. 그리하여 그가 있었느니라'."

"읽었습니다. 아담처럼 예수도 하나님이 흙으로 빚어 기운을 불어넣어 주셨다는 글은 읽었습니다. 그런데……."

"그 다음 구절은 읽어보지 아니하였느냐?"

"이므란 6-60절이군요. '이것은 너의 주님으로부터의 진리이거늘 의심하는 자가 되어서는 아니 되느니라.' 조금 외람되지만……."

"두려워하지 말고 말하라. 알라는 관용과 사랑의 알라시니라."

"관용을 베풀어주셔서 감사합니다. 그럼 제 생각을 솔직히 말씀드리겠습니다. 외람된 표현을 솔직하게 말씀드려도 정말 괜찮겠는지요?"

"알라의 예언자에게 두 번 말하게 하지 말라. 솔직하게 말하라."

"무슬림의 하나님, 아니 위대하신 알라는 이 사실을 결코 의심하지 말라고 못을 박아두셨습니다. 사실, 이 부분은 친절한 건지, 사람들의 의심을 살 만한 문구라고 스스로 생각하여 쓴 건지 구분이 되지 않는 코미디 같은 문장이 이슬람의 성서 《코란》에 들어가 있다니……. 마치 여호와가 나 이외의 다른 신을 섬기지 말라. 나는 질투하는 신이니라 했을 때 느꼈던 이율배반적인 감정이 되살아났습니다."

"어려워하지 말라. 너는 비록 이방인이나, 내가 드물게 허용한 관용의 대상이니라."

"솔직히 말씀드려서 '나 이외의 다른 신을 섬기지 말라'는 것은 여호와 외에도 다른 신들이 있다는 것을 자백하는 것이고, 유대인들이 다른 신을 섬길까봐 노심초사하는 불쌍한 입장이 그대로 드러난 것입니다. 거기에 더하여 전지전능하다는 하나님이 질투까지 하다니? 질투라는 감정은 대저 내가 남보다 못하다는 것을 인식할 때 느끼게 되는 아주 못난 감정이 아니겠습니까. 자기가 여호와 하나님이라고 하면서 남보다……. 다른 신들보다 못난 것을 자인하고 질투의 감정까지 품다니? 이게 신이 할 소린가 하는 생각이 들었는데, 이제 유일신이라는 위대하신 알라까지 의심하지 말라니? 의심받을 말을 안하면 될 일 아닙니까."

"오늘 네가 내 관용의 범위 안에서 보호받고 있다는 것은 커다란 행운이었다. 만약 네가 관용의 범위 내에서 보호받지 못하는 상태였다면 교만한 너의 목은 참수되어 사막에 버려졌을 것이다."

"감사합니다. 무함맏."

"이르노니, 잘 들어라. 그리고 이방인인 네 주변에 전하라."

"……."

"너희 인간의 짧은 세치 혀로 표현된 것에 매달리지 말라. 여호와가 질투하는 신이라는 것은 나보다 앞서 창조된 예언자 예수에 의해서 교정되었고, 그리고 내가 전한 의심하지 말라는 것은 알라께서 주신 인간의 자유의지 때문에 너희들이 끊임없이 의심하는 것을 방지하기 위함이었다."

무함맏은 인내심을 발휘하고 있었다. 하나라도 더 많은 대답을 얻어내기 위하여 젊은 '나'는 무함맏과의 격심한 논쟁은 피해야 했다.

"그러나 그것을 교정했던 예수도 결국 동족인 유대인의 배신으로 십자가에 매달려 죽어야 했습니다."

"호도된 진실이다. 너는 알라의 말씀을 읽지 않았느냐. 유대인들이 선지자인 예수를 살해하려 하자 하나님은 그들의 음모로부터 예수를 구하여 하늘로 승천시키고 대신 유대인 음모자를 예수와 흡사하게 하여 십자가를 지게 했다고 나와 있지 않느냐.(사프

알라 후 아크바르! Allahu Akbar!

와트 타파–씨르) 이는 내가 직접 알라로부터 받은 계시니라."

"십자가는요?"

"예수에게 그런 가혹한 형벌을 짐 지우실 알라가 아니시다. 그릇된 믿음에 매달리지 말라. 알라는 유대인의 음모로부터 예수를 구하여 하늘로 승천시키고 대신 유대인 음모자를 예수와 흡사하게 하여 십자가를 지게 했다고 내가 이미 《코란》을 통하여 너에게 이르지 않았느냐?"

그랬다. 그리고 예수를 삼위일체화하여 하나님과 동열에 올려 놓은 논리에 대해서 《코란》은 이를 거부했고, 또한 예수가 동정녀 마리아에게서 태어났다는 설 역시 《코란》은 강하게 거부했다. 이 점은 무함맏과 다시 논쟁을 벌일 필요가 없는 부분이었지만 젊은 시절의 '나'는 그동안 궁금했던 점을 폭포처럼 쏟아냈다.

"동정녀 마리아는요?"

"말 지어내기 좋아하는 작자들이 지어낸 거짓말이다. 이는 큰 죄니 반드시 응분의 보상을 받았을 것이다. 어찌 알라의 위대한 예언자인 예수를 유일신 알라가 처녀를 간음하여 잉태케 하여 사생아로 낳는다는 말이냐? 너희들도 모순이라고 판단하는 일을 알라께서 하시겠느냐?"

"그렇군요."

"담대한 믿음을 가져라. 신은 위대하다. 알라는 하나뿐인 위대한 하나님이시다."

"……. 아담과 이브의 선악과는 어떻게 되었습니까. 그로 인한 여호와의 저주와 인류 대대로 내려오는 인간의 원죄는요? 그리고 낙원에서 추방된 아담은 그 이후 어떻게 되었습니까?"

"아담과 이브가 사탄의 꼬임에 넘어가 선악과를 취하였으나 아담 부부가 회개하였고, 하나님의 관용과 자비에 의하여 천국을 떠나 세상으로 내려가는 처분을 받았다. 사랑과 관용의 알라께서 내리신 축복과 함께……."

기독교의 구약은 알라의 예언자 무함맏에 의하여 새로 쓰여진 것이 분명해지고 있었다. 이는 또 다른 독선이고 패러독스일 가능성도 있었다. 우리의 대화는 끝을 향하여 달리고 있었다.

"알라께서 우리에게는 어떤 축복을 내리셨습니까?"

"위대한 성전 《코란》에 쓰여져 있는 그대로니라."

"기독교에는 없는 내세, 즉 천국의 약속이군요."

"그렇다. 알라께서 보여주신 바, 내세는 분명히 존재하며 그것은 천국과 지옥으로 나누어지느니라."

"천국……."

"다시 일러 네게 보여주겠노라. 너희들에 대한 보상으로 천국에 간 그들은 그 천국의 높은 안락의자에 기대어 작열하는 태양의 열사와 추위도 맛보지 아니하며(제76장 인쎈 13), 천국의 그늘이 그들 위로 내려져 있으며 과일들은 그들의 손이 닿기에 가까운 곳에 있으며(인쎈 14), 은과 수정으로 된 잔이 그들 사이에 오가고(인쎈 15), 그들은 초록색 명주와 두꺼운 금실로 짠 명주를 걸치고 은팔찌로 장식을 하고 있으며 그들의 주님께서는 그들로 하여금 성스러운 음료수를 마시게 하더라(인쎈 21). 실로 이것이 너희를 위한 보상으로 너희의 노력은 이처럼 보상되리라(인쎈 22)."

"……"

아아……. 그러나 초기 무슬림의 근거지가 사막에 내리쬐는 열사의 괴로움에 찌들리는 지방에 위치하고 거기에 사는 사람들에게는 시원한 음료수 한 잔이 엄청난 보상이 될 수 있겠지만……. 예컨대 햇빛이 부족한 북반구 사람에게는 뜨거운 열사의 햇빛은 오히려 축복이 될 수 있고, 명주천이 널리고 널린 현대를 사는 사람들에게는 그리 엄청난 보상은 아닌 것 같았다. 하긴 은유적 표현을 그대로 직역하는 것은 또 다른 어리석음이 될 수 있으므로 이런 문장에 대한 지나친 비판은 무의미했다.

다만 젊은 시절의 '나'에게 무함맏의 이슬람교는 호기심의 대상은 될 수 있었으되 정답을 제시하거나 새로운 도피처를 제공해주지는 못했다.

"무함맏, 알라의 예언자여."

"말하라. 이방의 순례자여."

"저는 알라의 품이 낯설게 느껴집니다. 저에게 너무 낯선 말씀들인 것 같습니다."

"이방의 순례자여. 너는 인간의 자유의지에서 파생된 의문에 지나치게 매몰되어 있느니라. 하나님은 그런 답에 응답하지 않으시는 법. 그래서 종교란 때로는 무조건 믿어야 하는 것이니라. 그런 가운데 기적이 일어나지 않았더냐. 믿음 가운데서 답을 찾아야 하느니라."

"……."

"너는 네 시대에 새로운 종교로 등장한 과학에 너무 젖어 사고방식 또한 수학적으로 굳어버렸지 않았느냐. 그러나 신은 수학적으로 해석되지 않는다. 신은 네 마음 속에 있는 것. 믿으라. 신은 하나이다. 신은 위대하다."

"……."

그러면 인간의 이성은 무엇이라는 말인가. 우리가 창조주의 피조물이라면 지성과 이성 또한 창조주의 작품일진대 생각하지도, 분석하지도, 이해를 구하지도 말아야 한다는 것인가.

내 손에 쥐어진 반월도는 힘없이 허공만 그었으며 내 머리의 흑두건은 초승달 아래 별빛처럼 쏟아지는 사막의 폭풍 속으로 날아갔다. 나는 한때 내 가슴을 뛰게 했던 반월도를 사막의 짙은 어둠 속으로 던져버렸다.

 이렇게 무함만은 젊은 '나'에게 정열적으로 다가왔다가 추억처럼 떠나갔다. 나는 다시 나를 전율케 했던 예수의 감동으로부터 멀어지는 젊은 외로움에 떨어야 했다.

 그런 '나'에게 오쇼 라즈니쉬가 멋진 회색 수염을 날리면서, 그 매력적인 눈웃음을 지으면서 다가왔을 때, 꿈에 그리던 청년을 만난 수줍은 소녀처럼 '나'의 젊은 가슴이 다시 콩닥거리는 것은 어쩌면 지극히 당연한 일이었다.

인 도

「그들은 붓다나 크리슈나를 아름답게 그려놓아 그대 안에 붓다나 예수, 크리슈나가 되고 싶은 커다란 열망이 일어나도록 만든다. 이 열망이 그대 고통의 근원이다(오쇼 라즈니쉬).」

나는 그가 진정으로 깨달은 자인 줄 알았고 그렇게 믿었다. 도인도 부처도 예수도 사라진 현대에 '깨달은 자'를 자처하는 오쇼 라즈니쉬를 만나는 것은 첫날밤을 앞둔 새색시의 마음처럼 흥분 되는 일이었다.

그러나 능란한 플레이보이처럼 오쇼 라즈니쉬는 세계인을 정신적으로 간음했을 뿐이라는 것을 뒤늦게 알았을 때, 나는 인도에서 발원한 모든 명상법을 경계할 수밖에 없었다.

그는 '가난한 사람들은 먹고 사는 일에 사로잡혀 있기에 오직 부자만이 영적인 생활을 할 수 있다'고 말하여 청빈한 구도자들을 절망케 했고, 90여대의 롤스로이스 자동차와 비행기와 그의 세치 혀에 놀아 난 여인들에게 탄트라 섹스를 가르치면서 자신의 부를 과시했다.

예수도 부처도 경계했던 부를 그는 속물처럼 즐겼다. 평생 불쌍한 사람들을 위하여 정작 자신은 무소유를 실천하면서 사리 세 벌과 쇠로 된 쟁반 하나, 샌들 하나만 소유하면서 살다 간 21세기의 성녀로 추앙받는 마더 데레사의 인생은 무엇이라는 말인가.

또한 그는 고대의 탄트라 밀교를 재현하여 추종자들에게 프리섹스를 시도했다. 라즈니쉬는 '아무도 죄인이 아니다. 당신이 삶의 가장 음침한 골짜기에 있다 하더라도 당신은 여전히 하나님이다. 당신은 당신의 신성(神性)을 잃을 수 없다'는 말로 음침한 골짜기에 빠진 추종자들을 최면하여 그들이 양심의 소리를 들을 때 그것을 차단하고 왜곡을 합리화시켰다.

오쇼 라즈니쉬가 사기꾼이냐 아니냐를 떠나서 그가 인도인이고 그의 가르침이 대부분 깨달음에 관한 것이어서인지 오쇼 라즈니쉬는 젊은 '나'를 자연스럽게 힌두이즘의 세계로 이끌었다. 한번 빠지면 헤어나오기 힘들다는 인도의 종교와 철학에 나의 한쪽 발은 이미 빠져 있었던 것이다.

오쇼 라즈니쉬가 탄트라 섹스까지 끌어들여 타락한 명상을 전파할 때, 다른 한쪽에서는 아예 발가벗고 알몸으로 수행에 정진하는 구도자도 있었다. 그들이 발가벗는 이유는 오쇼 라즈니쉬의 경우와 완전히 달랐다.

그들의 정신세계는 청정하고 맑아 발가벗고 다녀도 창피하지 않을 정도의 수준에 가 있었다. 우리 영혼을 둘러싸고 있는 육신에 대해 부끄러움을 느끼는 것은 우리 안에 스스로 정화하지 못하고 있는 욕망과 집착이 있기 때문인 것. 남자가 발가벗었을 때 가장 두려운 것은 자신의 그것이 언제라도 발기할지 모른다는 것인데, 그들의 그것은 이미 그 상태를 초월해 있었다. 음심(淫心)이 없다는 것은 그 분들의 그것을 보면 즉시 알 수 있다. 그렇기 때문에 남자든 여자든 그들 앞에서 부끄럽지 않을 수 있고, 그 벌거벗은 알몸의 수행자 앞에서 두 손을 모으고 합장하여 예를 표할 수 있었다.

자이나교 수행자는 우리나라 스님처럼 머리를 깎지 않는다. 3개월에 한 번씩 머리털과 수염을 모조리 뽑는다. 혹시라도 머리카락 속에 있을지도 모르는 작은 생명이라도 다치는 것을 피하기 위해서다. 그들은 부채 같기도 하고 먼지털이 같기도 한 손잡이가 달린 깃털덩어리 붓 같은 털채를 가지고 다니는데 이를 들고 움직일 때마다 주변을 부드럽게 쓴다. 빗자루의 용도가 아니다. 혹시라도 본의 아니게 살아 있는 벌레 등 미물을 해칠까봐 그들을 보호하기 위해서다. 눈에 보이지 않는 작은 생물을 삼킬까봐 마스크를 쓰는 것은 기본이고, 어두운 곳에서는 물도 마시지 않는다. 심지어는 밭을 갈면서 쟁기를 사용하지 않고 두 손으로 한 줌 한 줌 흙을 털어가면서 경작하는 사람들도 있다. 불살생(不殺生)의 계를 지키는 것이다.

자이나교의 성지 사르나트의 사원을 방문한 젊은 시절의 '나'는 하얀 천으로 아래를 가린 관리인을 만났다. 그는 사원의 마당을 부드럽게 쓸고 있었다.

"당신은 왜 아래를 가리고 있습니까?"

"아직 수행이 부족하여 그러합니다. 부끄러운 일이지요. 항상 부끄럽게 생각하고 수행에 정진하려 합니다. 이 음욕 가리개 같은 천을 떼는 일이 저에게는 당면한 과제지요."

나는 사원의 비어 있는 공간을 찾아 시공을 초월하기 시작했다. B.C. 650년대쯤인가. 한눈에 보아도 깨달음을 얻은 듯한 인도의 구루가 보였다.

"혹시 바르다마나(B.C. 599-727년)이십니까?"

"그렇다. 누가 나를 찾느냐?"

젊은 시절의 '나'는 간단한 자기소개와 아울러 내 여행의 목적을 알렸다.

"그렇다. 내가 바로 너희가 부처라 하는 고타마 싯다르타와 동시대를 살았으며, 그와는 다르지만 본질적으로는 다르지 않은 깨달음을 얻은 사람이다. 나와 비슷한 시기에 고타마 싯다르타는 카필라 국에서 왕자로 태어났고, 나는 마가다 국에서 왕족으로 태어났다. 우리는 평생 경쟁자의 관계였으며 한편으로는 같은 길을 가는 동료였다."

"어떤 깨달음을 얻으셨습니까."

"브라만이 지배하는 힌두교와 베다의 모순을 발견했다. 어떻게 한쪽은 평생을 지배자 또는 상류층으로 살아야 하고 왜 다른 쪽은 죽는 날까지 하층민으로 살아야 하는가. 또한 정신(正信)·정지(正知)·정행(正行)의 삼보(三寶)를 깨쳤다. 이를 위해서는 뼈를 깎는 고행과 불살생, 엄격한 계율을 지켜 스스로 깨쳐야 한다."

"……"

"또한 동물은 3개, 나무는 2개의 영혼 즉 지바(Jiva)를 가지고 있는 것을 보았다. 그래서 인간은 한 개의 영혼을 가지고 있는 쌀과 채소, 콩, 과일, 우유, 물만 먹어야 한다는 것을 발견했다. 모든 영혼 있는 것들은 인간의 생명과 마찬가지로 보호되어야 하며 이를 어길 때는 또 다른 업(業)을 짓는 것을 발견했다. 그러므로 너희는 눈에 보이지 않는 미물도 살생해서는 안된다."

"……"

"음욕(淫慾)을 버려야 한다는 것을 발견했다. 음욕은 모든 번뇌와 갈등의 원인이 되며 깨달음을 얻기 위한 수행자는 남을 속여서는 안되므로 옷을 벗어야 한다. 옷을 벗는 것은 가장 순수한 자연으로 돌아가는 것이므로. 너희들은 음욕으로 인한 업을 짓지 말아야 한다."

"……"

"결혼한 이는 완전한 정절을 지켜야 한다. 정절을 잃는 것은 정직을 버리고 거짓을 입에서 뱉어야 할 터, 어찌 거짓 된 삶이 거짓되지 아니한 행복을 꿈꿀 수 있겠느냐. 또한 이는 가장 큰 업을 짓는 행위이므로 인과응보의 가책이 따른다. 그리고 생을 마감할 때는 살아 있는 동안 가진 모든 소유물을 버려야 한다. 죽어서 가지고 가는 것이 무엇이 있으며 가지고 간들 쓰일 데가 어디에 있겠느냐. 물욕으로 인한 번뇌가 저지른 죄는 너무나 많으니, 남을 속이고 거짓 증언하게 되며 도둑질과 살인이 이런 욕심과 번뇌에서 비롯되는 것이니 너희 살아 있는 것들은 마땅히 경계할진저."

"신의 이름으로나 하나님의 이름으로 이방인을 징치하고 신의 노여움을 일으키게 하는 이교도를 진멸케 하는 가르침은 없습니까?"

이 질문을 받은 자이나교를 창시한 바르다마나의 목소리에는 불쾌한 음색이 완연했다. 자존심이 상한 것처럼 보였다.

"신이 어찌 인간을 징벌한다는 말이냐? 사람이 자기가 지은 업으로 인과응보(因果應報) 당하는 것은 자연의 섭리일 뿐, 신이 인간을 벌 주고 더구나 살인까지 한다는 것은 있을 수 없는 일이다. 신은 오히려 너희를 가엾게 여겨 인과응보의 무서운 자연의 질서로부터 너희를 구원케 할 것이니라. 신은 오로지 구원을 위하여 존재하는 것. 자기 말을 듣지 않는다고 사람을 상하게 하다니, 어찌 그런 일이 있을 수 있다는 말이냐."

"여호와라는 신은 들어보지 못했습니까?"

"들어보았다. 너는 그 자가 진정한 신이라고 생각하느냐? 내 후대에 너희들이 예수라고도 칭하는 '의로운 스승'이 여기 인도를 다녀간 것은 들었다. 그 잔혹한 자의 잔인한 가르침은 '의로운 스승'으로 인하여 깨어지지 않았느냐? 너는 여호와가 진정한 신이라고 생각하느냐?"

"아직은 잘 모르겠습니다. 저도 그래서 방황하고 있습니다."

"가련하구나. 순례자여. 너희들의 마음 속에 자리한 못난 것이 만들어낸 허상을 가려보는 눈을 먼저 가져야 할 것이니라."

나는 말을 멈출 수밖에 없었다. 달리 할 말이 떠오르지 않았다. 그들의 방식에 따라 두 손을 모아 합장하고 인사를 드렸다. 젊은 시절의 내가 두 손을 모아 합장하여 인사하는 것은 상상도 할 수 없었던 일이었다.

"큰 가르침을 얻었습니다. 바르다마나님."

"동방의 순례자여. 한 순간에 어찌 모든 것을 깨달을 수 있겠느냐. 너의 고행에 언제나 밝은 빛이 함께 하길 빌겠다. 고행을 두려워하지 말되, 그 고행이 너에게 깨달음이 되도록 항상 정진하도록 하라."

브라마

다행히 싯다르타 부처와 동시대의 인물을 만났으니 이제 본격적으로 부처를 찾아나서야 할 차례. 젊은 시절의 '나'는 브라마를 찾아나선 이름 없는 수행자처럼 샤카족의 왕국인 카필라 왕국으로 향했다. 그리고 고타마 싯다르타를 만나기 위하여 젊디젊은 '나'는 2,600년 전부터 시작하여 시공을 초월하여 인도 전역을 헤맸다.

인도의 거리 곳곳에서 신은 흘러넘쳤다. 자칭, 타칭의 구루(스승)들이 거지꼴로 거리 구석구석을 누비고 있었다. 힌두이즘의 종교의 차원을 넘어 수천 년 동안 인도인들의 일상을 지배하고 있었다.

수천 년 동안 인도인을 지배해온 힌두교의 카스트 제도는 인간을 계급으로 구속했지만 인도인은 이를 숙명처럼 당연하게 받아들였다. 고해의 바다인 현생이 끝나면 내생에서는 보다 나은 계급으로 다시 태어나면 되니까. 그들에게 주어진 현생은 내생을 대비하는 의미 외에는 없었다.

인도인의 상층 세 계급의 자제들은 누구나 8-11세가 되면 힌두교의 성서인 베다를 학습하고 지적·도덕적인 훈련을 쌓는다. 조금 더 성장하면 가주기에 진입하는데 이때는 결혼하여 자식을 낳고 경제활동을 하며, 조상과 신에게 제사 드리고 이웃에게 봉사하는 시기이다.

나이가 들어 임주기가 된 인도인은 세속적인 임무를 마친 후 부인과 함께 삼림에 은퇴하여 명상 등의 수행을 통해 궁극적 가치를 추구한다. 마지막 유행기에는 일체의 집착을 버리고 탁발수행하며, 성지를 순례하고 죽음을 맞이할 준비를 하도록 되어 있다.

지금도 힌두교도에게 있어 가정은 생활의 기반일 뿐만 아니라 종교생활의 단위이다. 힌두 가정은 모두 특정한 카스트에 속하며, 그 카스트에 맞는 종교생활을 영위하고, 또 지연적 관계에 따른 종교행사에 참여한다.

지금은 많이 변하고 있지만 힌두이즘은 인도인에게 있어서 종교가 아니라 일상적 생활이고, 이렇게 누적된 일상은 인도인의 잠재의식을 지배했다. 이 일상적 생활이 그들에게는 깨달음의 과정일 수도 있었다.

젊은 '나'는 수많은 서적에 녹아 흩어져 있는 베다를 통하여 단편적이고 간헐적으로 힌두 최고의 신인 브라마를 찾아다녔다.

어느 날, 인도의 뒷골목에서 우연히 만난 힌두교 최고의 신, 브라마는 자애롭게 자신을 소개했다.

"신은 많지만 우리는 본질에 있어 단일한 존재이며, 최고의 신격을 가진 창조의 신은 나 '브라마'이지."

"당신이 신 중의 신, 하느님이십니까? 브라마."

"그렇지만 내가 창조한 모든 것을, 이를 유지하는 신은 유지의 신인 비슈누의 임무야."

"그러면 비슈누가 지구상 최고의 신이시겠군요."

"그렇지만 영원불변하는 것은 없지. 반드시 파괴 되고 소멸 되거든. 그것을 주재하는 신은 파괴의 신, 시바지."

"그러면 시바에게 잘 보여야겠군요. 파괴 당하지 않으려면."

"아냐. 파괴 뒤에는 새로운 창조가 있어야 하잖아? 그걸 맡은 것이 결국 나이지. 나, 브라마."

한 바퀴를 돌아 결국 다시 제자리에 온 느낌이 들었다.

"결국 브라마, 당신에게만 잘 보이면 되겠군요. 당신이 하느님이시군요."

"아니지. 아까 말했잖아. 우리는 본질에 있어 단일한 존재라고. 브라마, 비슈누, 시바는 단일한 실재의 세 측면(Trimurti 三神一體說)이지. 삼위일체보다는 한 단계 위지."

"……?"

나는 현란한 브라마의 장난스러운 혀 놀림에 넘어간 것 같은 생각이 들었다. 그러나 브라마는 여호와보다 음흉하지 않았다. 나는 여호와의 존재를 브라마에게 물어보았다.

"그럼, 힌두이즘의 삼신일체는 기독교의 삼위일체론과 같은 것이군요."

"그렇지. 정확하게 같은 개념은 아니지만 비슷한 논리를 그들이 훔쳐갔지. 삼위일체의 탄생연도를 살펴볼 필요가 있어. 기독교의 삼위일체는 콘수탄티누스 때니까 예수가 태어나고 300년이나 지난 시점이었지?"

"그렇죠."

"그러나 우리의 삼신일체설은 이 지구상에서 가장 오래된 역사를 가지고 있지. 누가 먼저인지는 자명하지? 여호와는 표절에 능한 대표적인 신이지. 약아빠졌어."

원조 간판에 자부심을 느낀 브라마는 부드럽게 미소 지었다.

"우리 브라마, 비슈누, 시바……. 이렇게 삼신이 원조 중의 원조, 정통 원조지. 예수가 태어나기 1,500년 전에 간판을 내걸었으니까."

"와!"

"출토된 유물로 보여줄까? 숫소와 결합된 여성상은 풍요의 여신이지. 의례적인 목욕, 수목신의 신앙, 시바신의 원형, 남근 신앙의 근거도 발견되었지? 너희들이 '인더스 문명'이라 부르는 게 그것이지.

성스러운 동물과 나무, 의식을 위한 소상(小像)의 사용은 현재 인도의 민속적·원시적 종교 가운데 여전히 살아 있지? 그것도 우리가 만든 거지. 이건 기원전 3000년 시대니까 확실하게 원조 맞지?"

"우와."

"이집트의 신앙이나 로마, 그리스의 신앙, 기독교 구약의 신앙도 사실상 우리가 원조이지. 우리 것을 허락도 없이 무단으로 도용해갔거든. 여호와는 그들이 베껴간 것을 다시 베끼기도 했지."

"우와."

브라마의 친절한 설명에 나는 입을 다물 수가 없었다.

"입 닫아. 턱 빠지겠다."

브라마는 감동에 겨워 벌어진 내 젊은 입의 아래턱을 톡 쳐서 닫아주고는 악취와 소음이 진동하는 인도의 뒷골목으로 허우적허우적 발길을 돌렸다.

잠시 멍한 상태로 있던 나는 퍼뜩 정신이 들어 브라마를 불렀다.

"잠깐만요."

저만치 멀어져가던 브라마가 발걸음을 멈추었다.

"왜?"

"주소 좀 가르쳐주세요."

"누구 주소?"

"고타마 싯다르타(부처)요. 지금도 카필라 왕국에 가면 만날 수 있나요?"

"고타마 싯다르타? 이사 갔어."

"어디로요?"

"너희 나라로. 중국을 거쳐 일본으로도 가고. 태국으로도 가고 히말라야 산 속으로도 갔지. 요즘은 비행기 타고 미국이나 유럽에도 출몰한다던데?"

"인도에는 없구요?"

"흔적은 남아 있겠지."

"흔적만?"

"그는 자기 갈 길을 간 거야. 그는 완벽하게 깨쳤잖아. 여기에 더 머무를 이유가 없어졌지. 깨달은 자는 중생을 제도해야 하거든. 여기에는 제자만 몇 남겨 놓았지. 고타마는 너희 나라에 더 많아. 너희 나라로 돌아가."

예수에 심취하여 제대로 고타마 싯다르타를 찾은 적도 없었던 젊은 시절의 '나'였지만 운 좋으면 고타마를 찾을 수도 있을 것 같아 일부러 능청을 떨었다.

"우리나라에 없던데요?"

"제대로 찾지 못해서 그런 거야. 고타마 싯다르타는 저자거리에도 있고 산 속에도 있어. 동토의 땅 북한에도 있지. 눈을 뜨고 잘 찾아봐. 부처의 형상을 찾지 말고 부처의 본질을 찾아봐. 그럼 보일 거야."

"……."

"가. 찾아 봐. 여기서 어영부영 시간 보내지 말고."

알 듯했다. 브라마를 만나 창조, 유지, 소멸, 창조로 이어지는 윤회의 대강을 이해하게 된 것만으로도 내게는 큰 소득이었다. 그러나 이렇게 세 개로 나누어진 커다란 실체가 결국은 하나라는 배움은 더 큰 소득이었다. 젊은 '나'는 브라마에게 감사의 인사를 보냈다.

"고맙습니다. 브라마."

"그래. 잘 가. 또 봐."

"그래요. 꼭 다시 만나고 싶어요. 안녕히 계세요. 브라마."

손을 흔들어 인사했을 때, 악취와 소음이 진동하는 인도의 뒷골목으로 휘적휘적 사라진 브라마는 더 이상 보이지 않았다.

예수의 등에 올라탄 여호와의 굿거리

 브라마의 권고로 서울에 돌아온 나는 오랜만에 다시 예수를 찾았다. 젊은 내가 여행을 떠나 있는 동안 예수의 말씀을 전하는 목사들은 여호와의 성령에 취하여 무당이 되어 있었다.

 교회에서 기도원에서 수많은 무당들이 두 손을 위로 흔들며 잡신에 접신된 듯, 날 무딘 모조 작두 위에 올라선 무당처럼 광란의 춤을 추며 주 예수를 찾으며 울부짖고 있었다. 선무당이 사람 잡고 미친 여인이 널뛰기 하는 것처럼 알아듣지도, 해석할 수도 없는 방언을 쏟아내면서 춤을 추고 있었다. 그들의 방언은 지구상에 존재하는 어느 지방의 사투리도 언어도 아니었다.

 신도를 바른 길로 인도해야 할 목사가 먼저 솔선수범하여 이런 알아듣지도 해석할 수도 없는 방언을 여호와가 보낸 성령에 취하여 쏟아내고 있었다. 방언이라면 특정 지방의 말이어야 하지만, 이런 알아듣지 못하는 방언은 '천사의 방언'이라 하여 한 단계 업그레이드 된 방언인 것처럼 여겨졌고, 심지어는 대학생 선배가 고교생 후배에게 혓바닥을 꼬아 아무도 알아듣지 못하게 발음하는 법까지 가르치는 경우도 있었다. 여호와가 아니고서는 있을 수 없는 광란 그것이었다.

"룰룰룰루루루루루 랄랄랄랄 아구르르르르"

젊은 '나'는 목사를 찾아가 따졌다. 그에게 예수님이 임재하여 계시기를 진심으로 바라면서.

"싸구려 무당처럼 장단도 맞지 않는 춤을 추며 울부짖는 저런 통성기도가 과연 성경적입니까? 제가 알기로는 예수님은 '골방에서 기도하라.(마태복음 6:6)'고 가르치셨습니다. 저런 여호와의 굿거리 광란은 교회에서 사라져야 합니다."

목사는 성경의 구절을 찾아 내밀었다.

"보십시오. '너는 내게 부르짖으라. 내가 네게 응답하겠고 네가 알지 못하는 크고 은밀한 일을 네게 보이리라(예레미야 33:3)'고 되어 있지 않습니까? '부르짖으라'는 말은 '절규하다'라는 뜻입니다. 당신은 하나님께 부르짖어야 합니다. 간절히 부르짖어야 합니다. 하나님은 우리가 하나님께 간절히 부르짖기를 원하십니다. 당신의 모든 문제를 놓고 부르짖으며 통성으로 기도하시기 바랍니다. 하나님은 우리에게 주시고 싶지만, 우리가 부르짖지 않기에 주실 수 없습니다. 여호와는 베풀 준비를 하고 계시지만, 금방 주시지 않는 것은 우리가 부르짖을 때까지 기다리는 것입니다. 여호와는 간절히 부르짖는 자에게 응답하십니다."

구약이었다. 목사가 내민 《성경》 구절은 구약의 그것이었고 그 목소리는 여호와의 것이었다. 예수의 등에 올라탄 유대지방의 잡신이 세력을 넓히고 있었다. 나는 여호와를 용서할 수 없었다.

"예수님은 외식하는 기도에 대하여 경고하셨습니다. 이 교회에서 하는 통성기도는 다른 사람에게 드러내기 위한 기도로 보입니다. 자신의 의로움을 드러내기 위하여 하는 기도에 다름 아닙니다. 자신의 공로를 나팔 불기 위하여 하는 기도 아닙니까? 이미 예수님은 이러한 기도는 받으실 수 없다고 하셨습니다."

"……."

"여기 예수님이 직접 말씀하셨군요. 보십시오. '또 너희는 기도할 때에 외식하는 자와 같이 하지 말라 그들은 사람에게 보이려고 회당과 큰 거리 어귀에 서서 기도하기를 좋아하느니라. 내가 진실로 너희에게 이르노니 그들은 자기 상을 이미 받았느니라(마태복음 6:5)'."

"……."

"예수님과 여호와가 이렇게 다르다는 것도 모르셨습니까? 신학대학에서는 그런 것도 가르치지 않습디까? 언제까지 여호와라는 이스라엘의 잡신에게 끌려다니실 겁니까? 이제 제발 예수님의 등에 업힌 여호와를 떨쳐버리시고 예수를 놓아주십시오."

그러나 여호와의 잡신에 신들린 목사는 끝까지 여호와를 포기하지 않고 구약을 내밀었다.

"일을 행하시는 여호와, 그것을 만들며 성취하시는 여호와, 그의 이름을 여호와라 하는 이가 이와 같이 이르시도다. 너는 내게 부르짖으라. 내가 네게 응답하겠고 네가 알지 못하는 크고 은밀한 일을 네게 보이리라(예레미야 33:2-3).”

여호와에 빙의된 목사는 오히려 나를 설득하려 했다. 젊은 '나'는 예수를 버린 목사에게 말했다.

"여호와가 나이가 들어 귀가 어두워진 겁니까? 저렇게 소리 치고 미친 듯이 부르짖어야 들릴 정도로 귀가 먹은 겁니까? 여호와에게 보청기라도 선물해 드릴까요? 여호와가 진짜 하나님이라면 마음 속으로 드리는 조용한 기도까지 듣고 응답하셔야 되는 것 아닙니까? 예수님이 왜 골방에서 홀로 조용히 기도하라 하셨는지 모른단 말입니까? 《성경》 공부 좀 하세요."

목사는 내가 자기가 드리운 낚시의 미끼를 물지 않을 것임을 직감한 듯 유쾌하지 못한 표정을 지었다.

"말씀이 지나치신 것 같군요."

목사의 불쾌한 반응을 무시하면서 젊은 시절의 '나'는 말을 이었다.

"당신 같은 류의 아집이 어떤 결과를 낳는지 모르시겠습니까. 혹시 당신도 그럴 목적으로 이런 성령 굿거리 판을 벌이고 있습니까?"

"……?"

"예수는 부자가 천국에 들어가는 것은 낙타가 바늘귀를 통과하는 것만큼 어렵다고 가르쳤습니다. 그러나 당신들의 자화상을 보십시오. 세계에서 가장 큰 교회가 대한민국에 있습니다. 그 교회가 부흥한 것은 바로 당신이 벌이고 있는 성령잔치였습니다. 한때는 이단으로 취급되었지만 조금 성공하자 오히려 기존의 교회가 그를 부러워하면서 그 성령잔치를 따라하게 되었습니다. 물론 교회가 큰 것을 나무랄 수는 없습니다. 그러나 그 교회의 부를 왜 목사가 누려야 합니까. 재벌 부럽지 않은 부를 왜 목사가 축적해야 합니까. 이 부분은 여호와의 가르침과 예수의 가르침이 극명하게 배치되는 부분입니다. 예수의 가르침을 따르는 목사가 왜 하늘에 부를 쌓지 않고 지상에 부를 쌓습니까."

"……."

"마더 데레사의 재산이 얼마인지 아십니까? 그녀가 평생 가졌던 재산은 인도의 불가촉 천민이 입는 사리 두 벌과 쇠로 된 접시 하나, 그리고 발에 걸친 샌들……. 이것이 전부였습니다. 교황이 인도를 방문하여 그가 타던 차 롤스로이스를 선물했을 때, 마더 데레사가 어떻게 했는지 아십니까?"

"……?"

"마더 데레사는 그 롤스로이스를 즉시 경매에 붙였습니다. 그 차는 46만 루피에 팔렸고, 그녀는 이 돈을 몽땅 어려운 이웃을 위해 써버렸습니다. 그러나 여호와를 팔아 거부가 된 목사는 그 어마어마한 재산을 자식에게 세습까지 하고 있습니다. 그가 자식에게 물려주는 돈이 과연 그의 재산입니까. 그것은 한 푼, 한 푼 어렵게 바친 신도들의 돈입니다. 그것은 교회의 재산입니다. 그러나 목사들은 남의 돈이나 다름없는 재산을 자식에게 세습하고 있습니다. 북한이 권력을 세습하는 것과 다를 것이 뭐가 있습니까?"

"……"

"아예 국제적인 인물도 있더군요. 미국에서 부흥한 그는 여호와를 팔아 세계적인 재벌이 되었습니다. 그는 그것을 기반으로 돈 되는 것은 가리지 않고 재산을 불렸습니다. 각종 사업을 벌이고 엄청난 규모의 성전도 지었습니다. 그 성전이 여호와의 것입니까, 예수의 것입니까, 그 사람의 것입니까? 그 역시 자신의 부를 자식에게 세습하고 있습니다. 심지어는 그 아들이 미모의 아내를 내세워 광고를 찍었는데, 그 광고는 사람을 죽이는 총기를 판매하는 광고였습니다. 그의 재산은 그 자신도 잘 모른다고 하더군요. 지금도 시시각각 불어나고 있으므로."

"……"

"21세기의 성녀라고 하는 마더 데레사가 한국에 왔을 때, 공항에서 시내로 들어오다 차창 밖으로 보이는 수많은 교회 십자가를 보며 이렇게 말했다고 합니다. '교회가 많은 것을 보니 한국에는 굶주리는 사람들이 없겠군요.' 그랬다고 합니다. 과연 그렇습니까? 작년인 것 같습니다. 우리나라에서 내로라는 목사들이 원로 목사님이신 H목사님께 신년인사를 드리러 갔습니다. 그 자리에서 연로하신 H목사님이 자기를 찾아 온 후배목사들에게 뭐라고 하셨는지 아십니까?"

"……."

"H목사님은 자기를 찾아 온 목사들에게 '예수 잘 믿으세요.' 라고 말했고, 그 말씀을 들은 목사님들은 한 마디도 대답을 못했다고 합니다."

내게 여호와를 강매하던 목사는 한국 교계의 정신적 기둥이신 원로 목사님의 말씀을 전하자 한 마디도 대답하지 못했다.

"……."

"안녕히 계십시오. 참. 저도 한 말씀 드릴게요."

"……?"

"예수 잘 믿으세요."

그 다음에 반드시 붙여야 할 – 비록 예수는 존재하지도 않았지만 – 이라는 부분은 말하지 않았다. 목사는 대답하지 못했다.

젊은 시절의 '나' 는 다시 하느님을 찾아, 예수를 찾으러 밤이면 공동묘지처럼 온통 십자가 천지를 이루는 서울의 교회를 떠났다.

번뇌망상(煩惱妄想)일까. 여정을 멈추고 좀 쉬고 싶었다. 번잡한 도심을 벗어나 가장 편히 쉴 수 있는 곳을 찾으려니 마땅히 떠오르는 곳이 없었다. 나는 베두원족 하벨이 준 능력을 사용했다. 시공을 거슬러 올라 내가 평소에 점찍어 둔 쉴 곳으로 이동했다.

무위자연(無爲自然)

내가 도착한 곳은 중국 춘추시대 말기의 주나라였다. 허연 수염을 늘어뜨린 고뇌에 가득 찬 얼굴, 일생을 고행하여 통도(通道)한 듯 깊은 눈빛. 대충 봐도 이 분이 노자(老子)라는 것은 알 수 있었다. 인류 최초로 무위자연(無爲自然)을 설파하셨던 바로 그 분. 공자(孔子)까지 찾아와 예에 대한 가르침을 받았다고 하는 바로 그 분. 이 분의 곁에서라면 더운 머리를 식히면서 충분히 쉴 수 있을 것 같았다.

노자는 열심히 붓을 놀려 죽간 위에 뭔가 심각하게 쓰고 있었다. 두 권 째의 마지막 부분인 것 같았다. 대략 5,000자쯤 되었을까. 그는 마침내 붓을 놓았다.

"대충 됐군."

"이게 뭐죠?"

그는 나를 흘낏 보더니 안심해도 되는 사람으로 판단한 모양이었다.

"이 책이 왕에게 전달되면 나는 죽은 목숨이지."

"왜요?"

"나는 이곳 주나라 사람이야. 나는 이곳 수장실(守藏室)의 사관(史官)으로서 수많은 글을 통하여 역사적 사실을 고찰했고, 인간의 삶이 지니는 근본을 성찰할 수 있었다. 그리고 마침내 큰 깨달음을 얻을 수 있었다. 나는 주나라가 이제 쇠할 것임을 안다. 다 못난 왕 때문이다. 그래서 나는 입산(入山)을 결심하고 서쪽으로 왔는데, 여기 함곡관(函谷關) 관령 윤희(尹喜)의 신세를 졌고, 그의 간청으로 이 글을 썼다. 좋은 뜻으로 썼지만 왕이 이 글을 보면 필시 나를 죽일 것이다."

"제가 잠시 봐도 되겠습니까?"

"책 내용이야 차차 알게 되겠지. 모두 내 머리 속에 있으니까 도적질 당할 염려도 없고. 자, 가면서 이야기하지. 이 함곡관만 벗어나면 범의 아가리를 벗어나는 것이니까."

그는 주섬주섬 책을 챙기고는 일어섰다. 잠시 후 윤희를 만난 그는 책을 전달하고 바쁜 걸음으로 내게 왔다.

"됐다. 튀자!"

"?"

됐다? 튀자? 뭐가 되었고 왜 튀어야 하는지 모르지만, 그 심오한 노장사상 창시자의 입에서 나오는 말이 '튀자!'라니. 그는 나의 애매한 반응에도 불구하고 휘청취청 양반걸음으로 함곡관의 관문을 나서더니, 이내 뛰는 듯 걷기 시작했고, 함곡관의 관문이 조금 멀어지자 나는 듯 뛰기 시작했다.

"?"

나는 영문도 모르면서 따라 뛰기 시작했다. 여독을 풀고 쉬러 온 나에게 이는 예기치 않은 기습이었다. 웬 늙은이의 걸음이 그리 빠른지, 그를 쫓아가는 내 숨이 턱에 닿았다. 그는 속도를 늦추지 않았다. 속칭 눈썹이 휘날리도록 뛰었고, 이빨에서 땀이 나도록 뛰었으며, 허벅지 사이에 매달린 두 개의 구슬에서 방울소리가 요란하도록 뛰었다. 두어 시간쯤 달리자 그는 속도를 늦추었다. 그 역시 힘이 들긴 들었던 모양이다.

"에고."

"무슨 연유로 이렇게 뛰어야 했습니까?"

"시간을 조금 벌어 놓아야지. 자 이제 산길로 가자."

"누가 잡으러 옵니까?"

"당장은 아니지만 잡으러 오겠지."

"왜요? 그 책에 '나 잡아봐라, 용용 죽겠지?' 라고 쓰기라도 하셨습니까?"

"아니. 그 책의 1권을 자세히 읽어보면 무위자연, 모든 것을 간섭하지 말고 물 흐르는 것처럼 그냥 두어라고 썼지. 이것이 내가 하고 싶은 말의 정수이기도 하고."

무위자연……. 이것은 엄청난 사상의 출발 아닌가. 그런데 왜?

"그런데 왜 왕이 노할 것이라고 생각하십니까?"

"무엇이든 인위적으로 하려 하지 마라. 공을 탐내고 억지로 밀어붙이다 보면 더 큰 화를 부른다. 백성은 그대로 두어도 당신이 다스리는 것보다 훨씬 더 잘할 수 있다. 그것이 자연(自然)이다. 인위(人爲)를 배제하고 자연에 맡기다 보면 마침내 원하는 것을 모두 얻을 수 있다. 농담처럼 이야기하면 임금은 백성이 주는 밥이나 처먹고 잠이나 자빠져 자라, 그게 백성을 돕는 것이다. 이런 뜻이지. 1권 속에 대충 이런 내용을 넣었다. 왕이 알아볼지 못 알아볼지도 모르지만."

"왕이 그 정도도, 무위자연의 심오한 가르침마저 관용하지 못할 정도로 그렇게 어리석을까요?"

"현재 주나라의 왕은 그렇다. 공을 탐내어 백성을 무리하게 동원하고 있다. 무리한 뜻을 세우고 억지로 밀어붙이고 있다. 모든 것은 백성의 피와 땀이지만 그는 왕의 명령으로 그것이 필요한 곳에 사용되어야 한다고 생각하고 있다. 나는 그것이 결국은 백성과 왕을 동시에 죽이는 일임을 깨우쳐주고 싶었다. 그러나 그는 내 고언을 받아들일 위인이 아니다. 이제 곧 주나라는 쇠하고 망할 것이다. 그러나 내가 함곡관 관령 윤희에게 써준 글은 왕뿐만 아니라 만백성들도 두루 읽어야 할 것이다. 내가 깨달은 천지우주의 진리를 모두 써두었기 때문이다."

미래에서 온 나에게 주나라의 역사는 과거의 일이었기 때문에 노자보다 더 정확하게 알고 있었다. 역사에 나오는 바, 그의 예견은 적중했던 것이다. 나는 진지해졌다. 예를 갖추었다.

"가르침을 받고 싶습니다."

"네가 산중생활을 할 수 있겠느냐?"

"적응하도록 노력하겠습니다. 당분간 어르신의 수발을 들겠습니다. 짧은 시간이겠지만 가까이 두어 심부름이라도 시켜주십시오."

그는 가만히 나를 응시하더니 잠시 후 결정을 내렸다.

"그러자꾸나. 자, 가자."

그의 가르침은 결코 쉽지 않았다. 이렇게도 해석할 수 있고 저렇게도 해석할 수 있었다. 그러나 다소 둘러가더라도 전체의 맥은 이해할 수 있었다.

「도가도비상도(道可道非常道) 명가명비상명(名可名非常名)」 도를 도라고 할 수는 있겠지만, 도라고 하는 순간 이미 그 도의 본질은 도가 아니다. 이름을 붙일 수는 있겠지만 그 이름을 부르는 순간 이미 그 본질은 그 이름이 아닌 것과 마찬가지이다)

 이 문장을 이렇게 해석하는 사람도 있다. '도를 도라고 불러도 좋지만 꼭 도라고 해야만 하는 것은 아니다', (어떤)이름으로 이름을 삼을 수는 있지만, 반드시(꼭) 그 이름이어야 할 필요는 없지 않느냐' 는 뜻이다. 이경숙 著,《노자를 웃긴 남자》)

 해석은 다양했지만 무슨 뜻인지 대강 짐작할 수는 있었다. 이 문장은 어디에나 적용될 수 있었다.

「여호와를 유일신인 여호와 하나님이라고 할 수는 있겠지만, 여호와 하나님이라고 하는 순간 이미 그 여호와의 본질은 유일신인 여호와 하나님이 아니다. 그에게 여호와라는 이름을 붙일 수는 있겠지만 그 이름을 부르는 순간 이미 그 본질은 그 이름의 여호와가 아닌 것이다」

「예수를 하나님의 아들 예수라고 할 수는 있겠지만, 하나님의 아들 예수라고 하는 순간 이미 그 예수의 본질은 하나님의 아들 예수가 아니다. 그에게 예수라는 이름을 붙일 수는 있겠지만 그 이름을 부르는 순간 이미 그 본질은 그 이름의 예수가 아닌 것이다……」

 그는 생식을 했다. 솔잎을 생으로 자근자근 씹어 먹었다. 가끔 물에 불린 생쌀이 섞일 때도 있지만, 그것은 제자들이 마을에 다녀올 때나 즐길 수 있는 호사였다. 나는 솔잎만 드시는 스승에게 걱정이 되어 물었다.

"그렇게 곡기를 끊으시면……."

"아니다. 솔잎은 모든 영양소를 다 갖춘 훌륭한 음식이다. 송충이를 보라. 솔잎만 먹고도 토실토실 살이 찌고, 마침내 나방이 되지 않느냐. 그것도 아주 적게 먹어라. 배가 부르면 온갖 잡념망상이 다 들어온다. 아주 적게 먹거나 아예 곡기를 끊으면 네 머리 속이 수정처럼 맑아질 것이다."

나중에는 옷도 벗었다. 어떤 인위적인 것도 먹지 않고, 어떤 인위적인 것도 걸치지 않았다. 그러던 어느 날이었다. 그는 마치 이웃집에 마실이라도 가는 것처럼 말했다.

"이제 가야겠다."

"어디로요?"

"신선계(神仙界)에서 날 부르는구나."

이제 가시는구나. 때가 되셨구나.

"이제 가시면……."

아무런 미련도 의심도 들지 않았다. 마지막으로 물어보아야 할 것들을 물었다. 그가 떠날 때가 되었다면 나는 이제 마지막 가르침을 받아두어야 할 때가 되었다.

"사실 저는 풀지 못할 짐이 있습니다. 내려놓긴 내려놓아야겠는데 도저히 내려놓을 수 없습니다. 여호와라고 하는 이율배반적이고 잔인하며 몰염치한 신이 있습니다. 저는 이 신의 본질을 파악하고 폭로하여 인간계를 좀 더 평화롭고 정의롭게 하고 싶습니다. 그의 모든 것이 거짓이라는 것을 밝히고 폭로하여 그를 몰아내고 싶습니다."

"신은 많다. 자세히 보라. 원시천존(元始天尊), 옥황상제(玉皇上帝), 무형천존(無形天尊), 무시천존(無始天尊), 범형천존(梵形天尊), 현천상제(玄天上帝:北極星), 문창제군(文昌帝君), 후토(后土), 서낭신(城隍神), 조군(竈君), 화합신(和合神), 삼관(三官), 재신(財神), 개격신(開格神), 동악대제(東嶽大帝:泰山神)……. 어느 것 하나 완벽한 신이 있느냐. 하늘의 신과 달의 신, 별의 신, 산의 신, 물의 신, 재물의 신, 인격의 신, 신격의 신……. 어느 것 하나 완벽한 신이 있느냐. 처음부터 없는 완벽을 찾는다고 구하겠느냐."

"……"

"신들의 이야기를 기록한 경전도 많다. 너희를 편안케 하기 위한 방편도 많다. 너희를 구원하기 위한 주문도 많다. 신부(神符:부적), 옥결(玉訣:秘試), 영도(靈圖:鬼神像), 보록(譜錄:敎法의 연혁), 계율(戒律), 위의(威儀:齋戒), 방법(方法:), 중술(衆術), 기전(紀傳), 찬송(讚頌), 표주(表奏), 금주(禁呪), 부록(符籙) 등 다양하다. 그러나 어느 것 하나 완벽한 것이 있느냐. 스스로 구하고 찾고 수련하고 연단하지 않는데 거저 주어질 것이 있느냐."

"그러나 자신의 이기심을 위하여 하나님을 팔고 사람을 속이고 그것을 합리화시키는 신은 사라져야 합니다."

"내가 다시 이르노니, 무위자연을 잊지 말라. 네가 의도적으로 모든 일을 하려한들 세상의 모든 일을 네 혼자 다 할 수 없고, 네가 작위(作爲)로 균형을 잃으면 구하려던 것이 오히려 멀어지느니라. 아무 것도 하지 말고 그대로 두어라. 썩어야 할 것을 품에 안아 가둔다고 썩지 않겠느냐. 피어나는 새싹에 썩은 것을 준다고 자라나지 않겠느냐. 오히려 썩은 것이 자라는 새싹에 거름이 되어 마침내 조화는 이루느니, 그대로 두어라. 썩어야 할 것은 반드시 썩어야 한다. 그래야 새싹이 나지 않겠느냐. 인위(人爲)를 멀리하고 그대로 두면 네가 하고자 하는 모든 것이 저절로 이루어지느니라. 너에게 간곡히 이르노니 무위자연의 도(道)를 잊지 말라."

그러나 당시의 나는 너무 젊었다. 끓어오르는 혈기를 주체할 수 없었다.

"저는 그럴 수 없습니다. 그동안 너무나 많은 사람이 당했고 앞으로도 당할 것입니다. 제 자신이 방황하고 헤매야 했습니다. 저는 그럴 수 없습니다."

"아니다. 넌 할 수 있다. 할 수 있고 말고. 내가 가더라도 명심해라. 무위자연의 도야말로 진리인 것을."

"……."

그리고 며칠이 지나, 그는 새털처럼 가벼운 몸으로 사라졌다. 그리고 두 번 다시 나타나지 않았다.

그가 떠나고 나서야 내가 왜 그를 따라 선계(仙界)로 들어가지 않았을까 하는 후회가 밀려왔다. 지금도 가끔 선계에서 도를 꿈꾸고 자연을 논하고 싶은 유혹을 받는다. 세상에 대한 욕심도 미련도 없는 세계, 무념무상 무욕무탐의 세계…….

노자가 중국 전역에서 뿌리를 내린 후, 수백 년이 지나 중국에 인도의 싯다르타 불교가 들어왔다. 서양의 관점에서 보면, 특히 여호와의 관점에서 보면 중국 전역을 장악하여 이미 기득권을 확보하고 있던 도교와 새로 들어온 신흥종교나 다름없는 싯다르타 불교 사이에 엄청난 종교갈등이 빚어져야 했겠지만 그런 일은 일어나지 않았다.

중국에서 노자와 부처는 서로 절묘한 하모니를 이루었다. 서로 미워하지도 않았고, 질투하지도 않았다. 오히려 서로의 부족한 부분을 보완해주면서 보기 드문 화합을 이루어냈다. 갓 중국에 상륙한 싯다르타 부처가 이방의 낯설음을 타개하고 정착하는데 노자와 장자는 먼저 차지한 자리를 양보하면서까지 인도에서 건너온 싯다르타 부처를 살갑게 대했다.

불교의 공(空) 사상은 노자의 무(無) 사상과 조화를 이루었고, 불교의 해탈(깨달음)은 도교의 득도(得道)와 통했다. 불교는 그 원래의 본질을 잃지 않으면서도 중국 실정에 맞게 진화했고 화려한 중국풍 옷으로 갈아입은 고타마 싯다르타는 고구려, 백제, 신라로 넘어왔다.

 중국에서 일차 진화하여 한국 땅으로 넘어 온 고타마 싯다르타는 한국의 유교와 선도와 샤먼과 화합했다. 이렇게 완성된 불교는 다시 일본으로 넘어갔다. 일본에서는 새로 건너간 불교와 일본 고유의 샤머니즘인 신토(神道)가 만나 일본에서만 볼 수 있는 독특한 신불(神佛)의 세계를 이루었다. 이런 화합의 정신은 동양의 평화를 불렀다. 동양에서는 단 한 번도 종교전쟁이 일어나지 않았다. 서로 다른 종교가, 서로 다른 신이 이렇게 절묘하게 화합을 이룬 경우는 적어도 서양에서는 없었다.

 이런 동방 신들의 화합을 스스로 질투의 신이라 칭하는 여호와가 그냥 두고 볼 수 있을까. 중국 대륙을 상대로 여호와는 아편을 들고 나타났다. 모르핀이 함유된 아편은 중독성이 강하여 사람을 황폐화시키고 결국은 죽음에 이르게 하는 무서운 마약이다.

 아편은 중국인을 강렬하게 유혹했다. 엄청난 인구가 아편에 중독 되기 시작했다. 농민층의 아편중독은 농촌경제의 파탄과 구매력의 상실을 가져왔고, 관료와 병사의 아편중독은 국가의 기능을 마비시킬 지경이었다. 아무리 관대한 나라이고 아무리 관대한 신이라고 하더라도 이런 무서운 마약의 수입과 유통을 그냥 둘 수 없었다.

중국조정은 임칙서(林則徐)를 흠차대신(欽差大臣)으로 광동에 파견하여 아편문제를 처리하도록 했고, 1839년 임칙서는 아편에 대하여 단호한 조치를 취했다. 중국인 아편 관련자의 처벌은 물론이고 외국인 아편 소지자에게도 아편과 서약서의 제출을 요구했으며 하역된 아편을 압수하여 모조리 불살라버렸다. 이로 인하여 중국과 영국은 전쟁에 돌입했고, 신식 무기에 밀려 패전한 중국은 홍콩을 외국에 할양해야 했다.

당시 영국 등 유럽 대부분은 기독교를 국교로 삼고 있었다. 예수 사랑의 기독교를 국교로 하던 나라가 사람을 홀리는 마약을 강요하여 침략전쟁을 일으키고 남의 땅까지 강제로 빼앗은 것은 아무리 미화해도 변명할 수 없는 수치스러운 일이었지만 여호와가 어디 그 정도로 눈썹이나 움직일 신인가.

국선도(國仙道)

중국에 도교가 있었다면 우리에게는 국선도(國仙道)가 있었다.

살수대첩. 수양제의 113만 대군이 고구려로 쳐들어왔을 때, 을지문덕은 거짓 패하는 척하면서 수양제를 평양성까지 유인했다. 수나라군은 군량이 부족했음에도 불구하고 을지문덕의 유도작전에 말려 평양성 30리 밖까지 접근했다. 이때 을지문덕은 그 유명한 5언시(五言詩)를 지어 우중문을 조롱했다.

「신묘한 계책은 천문을 꿰뚫고, 기묘한 방략은 지리를 통달했도다. 싸워서 이긴 공이 이미 높으니, 족함을 알고 돌아감이 어떠리.」

「神策究天文 妙算窮地理 戰勝功旣高 知足願云止」

이와 아울러 을지문덕이 거짓으로 영양왕 조회를 약속하자 이를 명분으로 수나라군은 철수하기 시작했다. 군량이 떨어져 굶주리고 있던 그들에게 을지문덕의 작전이 그대로 먹혀든 것이다. 수나라 군대가 철수를 시작하자 을지문덕은 대격전을 각오하고 추격전을 명령했다.

철수하던 수나라 군대가 살수(지금의 청천강)에 이르렀다. 뒤에서는 을지문덕의 고구려군이 추격해오고 있고, 앞에는 시퍼런 강물밖에 없으니 그야말로 진퇴양난이었다. 이때 만약 수나라의 30만 대군이 방향을 돌려 사생결단의 각오로 을지문덕과 크게 한판 벌였다면 을지문덕조차도 승리를 장담할 수 없었을 것이다. 비록 굶주렸다고는 하나 군대의 숫자에서 비교가 되지 않았다.

당시 수나라군은 살수의 수심(水深)을 알지 못했다. 수심이 얕으면 대군을 몰아 강을 건널 것이고, 수심이 깊으면 돌아서서 사즉생의 각오로 결전을 벌여야 했다.

그때였다. 홀연히 일곱 명의 스님이 나타나 살수를 건너기 시작했다. 수나라 군사들이 자세히 지켜보니 수심은 스님들의 무릎깊이 밖에 되지 않았다. 그래도 의심이 든 수나라 지휘자는 스님들을 불러 재확인했다. 스님들은 순순히 수나라 군사들의 부름에 응했다.

"청천강의 수심이 어느 정도냐?"

"이 강은 수심이 얕아 저희들은 늘 걸어서 건너다니고 있습니다."

30만 대군의 생명이 걸린 일이라, 그래도 신중을 기하지 않을 수 없었다. 공손히 요청했다.

"스님들을 믿겠습니다. 그러나 다시 한번 강을 건너주시지요."

"그러지요."

　스님들은 다시 청천강을 여유롭게 걸어서 건넜다. 사실 을지문덕이 상류에 가마니로 둑을 쌓아두었다고는 하지만 옛날의 둑이 현대의 댐이 될 수는 없다. 그래도 명색이 강인지라 청천강의 수심은 사람의 키 높이보다는 훨씬 깊었다. 누구나 빠지면 익사할 정도의 깊이였다. 하지만 스님들은 겨우 무릎 정도만 적시면서 청천강을 여유롭게 걸어서 건넜다. 예수의 기적이나 다름없는 신묘할 술법이었다. 이는 역사에 고스란히 기록되어 있다.

　그 모습을 지켜보던 수나라 군대는 마침내 도하명령을 내렸다. 때를 맞추어 을지문덕은 청천강의 상류에 미리 가마니를 쌓아 만들어둔 둑을 터트렸다. 30만 대군이 청천강에 수장되었다. 몰살이었다. 30만 중에서 살아 돌아간 자가 2,700명뿐이었으되, 이때 스님들의 유인계가 없었더라면 불가능했을 일이었다. 사실, 그 스님들은 불가(佛家)의 중이 아니라 을지문덕 예하의 군사들이었다. 그들은 작전의 성공을 위하여 머리를 깎고 승복으로 갈아입은 후 이 작전에 투입되었다. 고구려는 칠불사(七佛寺)를 세워 이 일곱 분의 스님(군사)들을 기렸다.

　이때 이 일곱 분의 스님들, 즉 을지문덕 예하의 군사들이 닦았던 술법이 국선도라 전해져 내려온다. 예수가 물 위를 걸었던 기적을 일곱 분의 스님이 그대로 행했으니, 예수의 기적 정도는 우리의 옛 국선도에서는 그리 어려운 일은 아니었던 것 같다. 국선도는 말한다.

「인류문명의 첫 시발점은 환인시대였다. 중국에서는 동이족이라 하지만, 정확한 우리 민족의 명칭은 배달민족이다. 배달민족은 '밝은 한(바이칼)' 호수 주변의 하늘나라 환국(桓國)에서 발원하였다. 배달민족은 널리 펴져 그 중 한 갈래가 동쪽으로 내려와 배달(밝달, 밝은 땅)의 나라를 세웠고, 수도를 아사달(아침의 땅, 에스도, 에덴, 이스탄)이라 했다. 첫 번째 환웅천왕인 거발환(커발한)은 백성에게 선도(仙道)를 지도하고 국가적인 인재등용을 위하여 '국선소'라는 학교를 세웠다. 14대 치우천황 때는 중원을 평정하고 고대 환국의 영토를 '다물' 리면서 배달국 최고의 전성기를 누렸다. 치우천황은 무(武)의 신으로서 힘과 권위를 상징했는데 오늘날 월드컵 응원에서 붉은 악마들이 사용하는 마스코트가 바로 치우천황의 얼굴이다.

국선도는 고조선을 거쳐 고구려 때는 조의선인, 백의선인, 을지문덕, 양만춘 같은 역사적 위인을, 백제에서는 계백장군을 배출했다. 신라에서는 화랑도(花郞道)로 이어졌고 화랑의 최고지도자를 국선이라고 했다.

「배달민족의 선도는 인도로 전해져서 요가가 되었고, 중국에는 소림사 무술과 쿵후, 그리고 태극기공으로 전달되었다. 신라 때는 중국 도교와의 차별을 두기 위하여 풍류도(風流道)라 하기도 했다.」

한국에 나타난 예수

"도(道)를 아십니까?"

눈과 피부가 맑은 여대생이었다. 나는 솔직히 대답했다.

"도라……. 관심은 많았지만 잘 모릅니다."

"그러시군요. 꼭 아셔야 할 세계를 모르시는군요. 도의 세계로 안내해 드리죠."

"대순진리회? 증산도? 도도 좋지만, 저는 예수를 찾아다니고 있습니다."

젊은 시절의 '나'는 이 똘망똘망한 여학생이 귀여워 장난처럼 되물었다.

"혹시……. 예수를 아십니까?"

"예수요? 예수는 가장 뛰어난 도인 중의 한 분이셨습니다. 예수를 찾으신다면 저를 따라오시죠."

호기심 많은 젊은 시절의 '나'는 무작정 그 여대생의 뒤를 따랐다. 조그마한 포덕소에 이르러 그녀가 권하는 자리에 앉으니 그녀는 대화를 이끌었다. 그녀의 목소리는 맑았다.

"예수 사후, 초기 기독교인들의 징표가 무엇이었는지 아십니까?"

"물고기 그림이었던 것은 알고 있습니다."

"그렇습니다. 그 물고기가 의미하는 것이 무엇이었는지는 아십니까?"

젊은 시절의 내 눈에도 어리게 비친 맑은 눈빛의 여학생은 신나게 대화를 이끌었다.

"익투스(물고기)라는 것은 알겠는데, 그냥 스치듯 지나가서 깊은 뜻은 잘 모릅니다."

"아시겠지만 헬라어로 예수를 나타내는 예수스($I\eta\sigma ous$), 그리스도를 나타내는 크리스토스($X\chi\rho\iota\sigma\tau os$), 하나님을 나타내는 데오스($\Theta\varepsilon os$), 아들을 나타내는 휘오스($\Upsilon\iota os$), 구세주를 나타내는 소테리아스($\Sigma\omega\tau\eta\rho\iota as$)의 첫 글자를 모두 조합하면 익투스($I X \Theta \Upsilon \Sigma$), 즉 물고기라는 단어가 됩니다."

내심 이 조그만 여학생이 '나이에 비해 참 많은 것을 아는구나'라는 생각이 들어 그녀가 이끄는 대화에 편안하게 맞장구를 쳐주었다.

"그렇군요."

"기독교인들은 박해 당시 자신의 신분을 나타낼 때 땅바닥에 물고기를 그렸습니다. 한 사람이 반을 그리면 다른 사람이 나머지 반을 그리는 식으로. 물고기 그림은 기독교인들이 자신의 신분을 다른 기독교인들에게 알리는 일종의 암호였지요."

"그건 알고 있습니다."

"또한 그것은 쌍어궁(雙魚宮)의 시대를 의미하기도 했습니다. 물고기좌 시대죠. 즉, 고대의 천문학에서는 태양이 또 다른 태양과 같은 행성 주위를 도는데 걸리는 시간을 25,920년으로 잡았고, 이를 12궁으로 구분하여 한 궁좌에 2,160년이 걸리는 것으로 보았습니다."

"복잡하군요."

"이런 시대 구분에 따르면 지금으로부터 약 6,000년 전 아담이 살던 시대는 태양이 금우궁(金牛宮)에 들어갔을 때이며, 약 4천여 년 전 아브라함의 시대는 백양궁(白羊宮)이었고, 예수가 탄생 한 시기로부터 100~150년을 거슬러 올라가면 쌍어궁의 시대입니다."

"잠깐, 예수 탄생 이전 100년? 150년?"

이것은 과외의 소득이었다.

'이런 발견을 하다니. 그렇다면 사해문서에 나타난 '의로운 스

승'이 활동하던 시대 아닌가. 실존에 가까운 인물!'

그녀는 말을 이었다.

"이 쌍어궁의 시대가 지나면 보병궁(寶甁宮:물병좌) 시대고 지금이 바로 보병궁 시대가 열리는 초입입니다."

"네……."

"예수의 시대가 지나고 새로운 시대, 즉 과학의 시대가 열린 것이죠."

"그렇군요."

"새로운 시대를 맞아 예수를 대체하실 증산상제님이 지상에 강림한 시기이기도 하죠."

"강증산을 말씀하시는군요. 강증산님을 설명하는 방법으로는 처음 듣는 방식 같습니다."

여학생은 살짝 웃었다.

"선생님께서 철 지난 예수를 찾아다니셨으니까요. 그런데 예수의 쌍어궁 시대가 예수 이전 100년 전에 열렸다는 것은……."

젊은 시절의 '나'는 그녀의 말을 잘랐다.

"혹시 의로운 스승?"

"네. 예수 이전의 예수, 사해의 두루마리에 적혀 있는 '의로운 스승'에 대한 이야기는 저도 들어보았거든요. 저는 예수 이전에 존재했던 그 분, 사해의 두루마리에 적혀 있는 의로운 스승이 진짜 예수라고 생각합니다."

"하지만 그렇게 되면 우리가 알고 있던 예수의 모든 것이 무너져버리죠. 현재의 기독교 역시 존재 기반을 잃게 되고……."

"그게 무슨 상관이 있나요? 꼭 성경책 속의 예수가 실존해야 하는 건가요? 역사에 존재하지 않는 예수보다 역사상 존재했던 인물이 더 설득력이 있지 않나요? 사라진 예수에 집착하실 필요가 있나요?"

젊은 시절의 '나'는 갑자기 말을 더듬었다.

"나, 나에게는 아주 중요한 일이라서……."

"그렇군요. 선생님도 여호와나 예수에게 제사를 지내시나요? 예배드리는 것. 기도라 부르는 것, 그런 것이 기독교식의 제사이죠."

"한때는……."

"정말 잘못된 이야기입니다. 다른 민족도 그렇지만 우리민족에게 제사란 대단히 큰 의미가 있습니다. 여호와도 이 제사를 받아먹는 재미에 푹 빠져 있었죠. 오죽하면 번제니, 화목제니, 종류도 참 다양했죠."

"……."

내가 가만히 귀를 기울이자 여학생은 더욱 신이 났다.

"기독교에서는 여호와와의 언약이 깨어짐으로 자신의 생명을 내어놓아야 하는 문제를 해결해 주시려고 주신 제도가 제사제도라고 합니다. 여호와는 순수한 제사제도에도 겁을 주어 이스라엘 백성을 자신에게 복속시키려고 무진 애를 썼죠. 사람의 죄 때문에 동물이 사람을 대신해서 죽은 것입니다."

"속죄양……. 하긴 전 세계 어느 나라에서도 대속물을 바치는 속죄양 문화가 있긴 했죠. 우리나라나 중국의 제사에서 양의 머리를 올리는 것도 그런 의미였죠."

"여호와가 속죄양 제도를 표절한 건 너무 유명한 이야기지요. 여호와가 나타나기 훨씬 이전인 우리나라의 제사문화에 이미 존재하고 있던 제도이죠. 구약의 제사제도의 핵심은 하나님과의 깨어진 관계, 언약관계의 회복에 있었습니다. 하긴 이것도 고대 메소포타미아와 이집트의 제사제도를 표절한 것이지만……."

이 여학생 앞에서 내가 가진 여호와에 대한 증오를 풀어놓을 필요는 없었다. 그녀는 여호와의 정체를 정확하게 알고 있었다.

"그렇군요."

"제사문화는 인류역사의 출발과 함께 합니다. 인간사회의 뿌리를 거슬러 올라가면 시원(始原)문화를 만나게 되는데, 그 정점에 바로 제사문화가 있습니다. 요즈음 자주 쓰이는 '사회'(社會)라는 말을 글자 그대로 풀이하면 토지의 신(社)께 제사를 지내는 모임(會)을 의미하죠."

"아브라함이 자신의 아들을 제물로 여호와에게 제사 드리려 했다는 끔찍한 이야기도 있죠."

"상상을 초월하는 잔인함이죠. 그 구절을 읽을 때 왜 그리 눈물이 나던지……."

"어린 나이에 기독교에 심취했었군요."

"네. 모태신앙이었죠. 하지만 정말 잘못된 이야기예요. 자신의 뿌리는 부모·조상이요, 씨족의 뿌리는 각 성씨의 시조이며, 한국인의 조상은 환인, 환웅, 단군입니다. 그리고 온 인류의 생명의 뿌리는 바로 하나님입니다. 잔인한 유대 광야의 군신(軍神) 여호와가 아니라 진짜 하느님……."

"군신 여호와라……. 적절한 표현이군요."

"모든 인간은 자신의 뿌리를 동경합니다. 귀소본능이라고 하나요? 사람은 누구나 어머니의 품을 그리워하고, 아무리 어려워도 어린 시절의 추억이 깃든 고향으로 돌아가고픈 마음이 있죠. 인간이 밤하늘의 별을 보며 신비에 젖어드는 이유도, 바로 그 우주가 하나님의 본좌이며, 인간생명의 뿌리이기 때문 아니겠습니까?"

"……."

"전 세계 모든 민족이 제사문화를 가지고 있지만, 우리 한민족의 제사문화는 뿌리를 받들고 뿌리의 은혜에 보답하는 보은문화의 표상입니다. 부모님께 올리는 산제사가 바로 설날세배이며, 조상님께 바치는 보은의 의식이 기제사와 명절제사요, 하늘나라의 가장 높은 하나님 곧 상제(上帝)님께 올리는 가장 큰 제사가 바로 천제(天祭)이죠."

"전 세계 모든 민족이 제사문화를 가지고 있다는 점은 동의합니다만 원래의 모습에서는 많이 퇴색했죠. 기독교에서는 제사의 형식이 예배와 기도로 대체되었고, 공산권에서는 아예 제사문화가 사라졌고……."

"아닙니다. 공산권이 민주화되면서 가장 먼저 살아난 문화가 제사문화이고, 일본은 조상에 대한 제사로 부흥했고, 천주교에서의 제사문화는 불교의 그것과 아주 흡사하죠. 특히 가톨릭의 교황청에서도 한국의 제사문화는 인정했고 전통 방식의 제례를 허용했죠. 개신교에서만 아직도 거부반응을 보이고 있지만……."

"하긴 하늘에 제사 지내는 역사는 우리 민족의 발원과 함께했죠."

"네. 제사문화의 원조가 바로 우리 한민족입니다. 이 제사문화에는 인간과 더불어 현실역사를 발전시키는 또 다른 주역으로서 신명(조상신 등)을 인식하고, 그 뿌리의 은혜에 보답하는 우리 선조들의 지혜가 깃들어 있습니다."

"그렇군요."

"또 한 가지 중요한 사실은 제사문화가 바로 인류 시원문화의 뿌리라는 것입니다. 이 점에서는 기독교도 예외가 아니죠. 단군시대의 제사문화로부터 백성을 교화하고 통치하는 기틀이 마련되었으며, 악기연주와 그림 그리기 등의 예술이 싹트기 시작하였죠, 또 제사의 뒤풀이로 열린 씨름판 등의 놀이마당은 오늘날 스포츠 문화의 원형이 되었습니다."(증산도 도기(道紀) 135년 양력 11월 27일 개벽문화 한마당 '말씀'에서 일부 인용)

"네……."

"선생님은 선생님의 조상님께 진심 어린 제사를 올리고 계시나요?"

'아차. 이 어린 여학생에게 망신을 당하게 생겼구나…….' 라는 생각이 뇌리를 탁 치고 지나갔다.

"다소 형식적인 면이 없지는 않았던 것 같습니다. 날짜가 되면 형식적으로 상을 차리고, 형식적으로 절을 올리고……."

"형식적으로라도 모신다니 다행입니다. 거기에 진심만 더하면 되니까요. 문제는 자신의 아버지, 어머니의 영혼까지 거부하는 사람이 여호와와 예수를 좇는다는 거죠. 자신의 아버지, 어머니의 제사에 나타나는 영을 사탄이라고 하는 자들이 어찌 하느님을 알겠습니까?"

"바티칸의 교황청에서도 인정한 문화를……."

"그러게요. 우리의 DNA 속에는 우리 아버지, 어머니의 DNA가 녹아 있지, 아브라함 부부의 DNA가 녹아 있는 것은 아니죠. 이건 DNA 조사에서 이미 밝혀진 내용이구요."

"현대과학의 승리군요."

"몇 해 전에 각 민족의 시원을 가리기 위한 DNA 지도를 완성했죠. 이제 과학적으로도 증명이 되었으니, 유대의 지방신에 현혹된 기독교인은 할 말이 없게 되었죠."

"우리 부모님의 DNA는 부모님의 부모님, 즉 조부모님의 DNA가 녹아 있고, 부모님의 부모님, 그 부모님의 부모님을 좇아 이렇게 계속해서 거슬러 올라가면 진짜 우리의 시조를 알게 되죠. 인간 1대(一代)를 30년으로 계산할 때, 200대만 거슬러 올라가면 우리 조상을 직접 만날 수 있겠군요."

여학생은 '풋!' 소리를 내며 웃었다. 젊은 시절의 '나'와 나누는 대화가 꽤 재미있었던 모양이다.

"그렇게 200대만 거슬러 올라가면 6,000년이니까, 아담의 시대죠? 그런데 문제는 200대 아니라 300대를 거슬러 올라가도 아담도, 이브도 없다는 거죠. 각 민족의 조상은 각 민족마다 다르다는 것이 과학적으로 증명되었으니까요."

그때 갑자기 내게 이 기나긴 여정의 빌미를 제공했던 늙은 신부가 떠올랐다.

"예전에 어떤 늙은 신부님이 저에게 말했어요. 너희들의 시대에는 과학이 신의 자리를 대신하고 있다고. 중세의 기독교가 맹신으로 인하여 타락의 길을 걸었다면, 새로 등장한 과학이라는 신도 너희들을 분명 타락의 세계로 이끌 것이라고."

"전 아니라고 봐요. 과학은 적어도 인본주의(人本主義)를 생각하니까요. 신본주의(神本主義) 시절에 여호와의 이름으로, 예수의 이름으로 살육 당한, 억울하게 죽어 간 수억 명의 인류를 생각한다면."

"중요한 것은 미개했던 유대지방의 신은 영혼의 세계를 몰랐다는 거죠. 뒤늦게 예수 사후에 성령이 나타나긴 했지만 그것은 또 다른 여호와의 변장술이었을 뿐이고."

"오로지 제사를 홀로 독차지하려는 욕심 때문에 감추었는지도 모르죠. 여호와라면 충분히 그럴 수도 있죠. 과학의 시대는 기독교의 무덤이 되겠지만, 증산 상제님은 과학의 시대를 예견했고, 지천태 즉 여성상위의 시대도 내다보셨죠."

젊은 시절의 '나'는 강증산이라는 분이 궁금했다. 이 총명하고 어린 여대생이 심취할 정도라면 그 분의 세계는 분명히 독보적일 것이라는 생각이 들었다.

"강증산은 어떤 분이셨습니까?"

"참. 본론을 비켜갈 뻔했네요."

"평소에도 좀 궁금했거든요."

"저는 증산 상제님이 이 시대의 진정한 예수라고 봐요. 상제님은 예수와 비슷한 점이 참 많아요. 두 분의 공통점을 보면."

"……."

"첫째, 두 분 모두 그 민족이 가장 혼란한 시기에 오셔서 환란에 휩싸인 민족과 인류를 구하고자 하셨습니다. 또한 두 분 다 그 민족과 세계 인류를 위해 헌신하셨고, 그 말씀의 깊이는 틀림없는 성인의 경지이십니다."

"그 민족이 가장 혼란한 시기에?"

"예수가 강림한 시기는 로마제국의 전성기이자 유대민족이 로마의 식민지로 전락하여 노예로 억압받고 고통 받는 시기였습니다. 그리고 상제님께서 강림하셨던 시대는……."

"일본이 한국을 침탈, 강점했던 시기군요. 식민지의 시대……. 진짜 비슷하군요."

"그렇습니다. 뿐만 아니라 세계 강국들이 동양과 서양의 약한 나라들을 정복하여 유린하던 시기였습니다."

"그렇군요."

"두 번째 공통점은 누군가가 대성인(大聖人)의 강림을 예언했다는 것입니다. 예수는 세례자 요한이 예언했고, 증산 상제님은 동학의 최제우 선생께서 상제님의 탄생을 예언하셨습니다."

"차이점은?"

"예수는 고대문명의 시기에 탄생했죠? 그 당시는 사회가 그리 복잡하지 않던 시대였습니다. 그러나 상제님은 과학문명과 인문과학이 발달하여 과거 2천 년 전의 인간들보다 훨씬 지성적으로 발달한 시대에 강림하셨습니다."

"그렇군요."

"셋째, 두 분 모두 이적을 행하셨습니다. 예수는 사망한 지 3일 만에 부활하고, 물을 포도주로 만들고, 나병환자를 치유하고, 죽은 자를 살리고, 3개의 떡과 물고기 2마리로 수천 명 군중을 먹이고, 물 위를 걸었습니다."

나는 여기에 이의를 제기하지 않을 수 없었다. 나는 시니컬하게 지적했다.

"전부 남의 것을 베낀 표절이긴 하지만."

"그렇죠. 하지만 상제님은 장독에 든 물을 술로 만드시고, 죽은 지 일주일 된 아이를 살리시고, 죽은 지 3일 된 아이를 살리시고, 나병환자를 치유하셨습니다. 그리고……."

"그리고……?"

"증산 상제님께서 돌아가신 지 일주일 또는 한 달, 두 달 뒤에도 마을사람들에게 여러 차례 육신으로 나타나신 기적 등이 있습니다."

"표절은 없었습니까? 하도 속아서요."

"그 부분이 예수와 결정적으로 다른 부분입니다. 증산 상제님의 경우는 실제 증인들도 있고, 조선총독부의 일본 측 기록도 있습니다."

"조선총독부?"

"그렇습니다. 우리가 기록한 것이라면 위작과 표절, 허위의 시비가 있을 수 있겠지요. 하지만 증산 상제님이 계셨던 시절, 일제 조선총독부의 기록이 실재합니다."

"또 있습니까?"

"또 있습니다. 예수 역시 인류에 대한 사랑을 이야기했습니다. 증산 상제님도 인류에 대한 사랑을 이야기하셨고 구원을 이야기하셨습니다. 예수는 '천국이 가까이 다가왔으니 회개하라'라고 말씀하셨고, 증산 상제님께서는 '후천선경이 곧 온다'라고 말씀하셨습니다."

"……"

"이 경우 차이점을 보면 예수는 '그때는 나도 모르고 오직 아버지만 아신다.'라 하셨지만 증산 상제님께서는 직접 그 시기를 설정하고 계셨으며 스스로 오셨다고 하셨습니다."

"그럼……. 강증산님이 하나님이셨습니까?"

"그렇다고 볼 수 있습니다. 우리는 하느님이 계신 하늘을 단층으로 생각하지만 그렇지 않습니다. 그곳에도 계층이 있으며 증산 상제님은 가장 높은 곳에서 거하시던 분이십니다. 이 부분은 증산 상제님께서 스스로 말씀하셨습니다. 예수는 자신을 '하나님의 아들'이라 했지만, 증산 상제님께서는 스스로 '우주에서 가장 높은 하늘보좌에서 성 바오로 성당(가톨릭의 교황이 거주하는 대성당)에 내려오셨다가 그 다음 조선의 전라남도 금산사 미륵불에 30년 동안 계시다가 마침내 인간으로 강세하셨다'고 하셨습니다."

"하늘의 가장 높은 곳……."

"물론 물리적인 공간의 하늘을 가리키는 것은 아니지요. 증산 상제님은 인류역사에서 기행이적을 행하신 성인 중에 스스로 어디서 어떻게 왔다라고 밝히신 유일한 분이십니다."

"……."

"예수는 '하느님 아버지가 추수하기 위해 장차 오신다'고 예언하셨고, 증산 상제님께서는 '우주의 가을이 되어 인간 추수를 하기 위해 이 땅에 왔다'라고 스스로 말씀하셨습니다."

"인류의 가을 추수라면 후천개벽이군요."

주워들은 풍월이지만 추임새를 받은 대화는 진지하게 계속되었다.

"네. 그렇습니다. 그리고 예수님과 증산 상제님의 결정적 차이는 막연한가, 구체적인가 하는 차이점입니다. 예수는 〈계시록〉을 통해 상징적인 과정을 기록하고 있지만 증산 상제님께서는 그 과정과 내용 즉, 제1, 2차 세계대전과 조선의 남북분단, UN 건립과정과 핵무기 감축과정 등을 모두 예언하시면서 천지신명…… 천사라고 생각하시면 됩니다. 천지신명에게 직접 명령을 내리십니다."

"천지신명이 천사군요."

"네. 그리고 〈요한 계시록〉을 보면 '흰옷 입은 무리가 종려나무 가지의 지팡이를 들고 하나님의 백성들의 이마에 인을 쳐서 구한다.' 라고 하였는데, 여기서 흰옷 입은 무리는 백의민족인 우리 한민족을 나타내는 말이고, 증산 상제님께서는 '의통인패' 라고 하여 장차 세상 사람들을 절대적 위기상황에서 구제할 때 쓰는 비방을 제자에게 비밀리에 전하셨습니다.(《충격대예언》)"

"……"

"……"

잠시 침묵이 흘렀다. 침묵은 어색했고, 이런 분위기를 별로 좋아하지 않았던 젊은 시절의 '나'는 바보 같은 질문을 던지기로 했다. 대순진리회나 증산도에서 바라보는 영의 세계가 어떠한지 궁금하기도 했다.

"영(靈)……. 영혼은 존재합니까?"

똑똑하지만 어려 보이는 여대생은 망설이지 않았다.

"그럼요. 불교의 윤회사상도, 기독교의 천년왕국도, 천당도, 극락도, 지옥도, 하데스도 영혼이 없으면 존재할 수 없죠."

"강증산님은?"

"상제님께서는 '너희에게는 조상이 하나님이다. 나를 찾기 이전에 네 조상부터 찾아라.' 고 하셨습니다(《도전(道典)》 7:19:1-2)."

"음……."

"저는 이렇게 생각합니다. 제 부모님의 부모님……. 이렇게 주욱 끝까지 올라가면 인류의 시원(始原)이 있을 것이고, 그 시원의 세계에는 우리 시조님이 계시겠죠. 그 시원의 세계에서는 하나님도 당연히 함께 계실 겁니다. 인류 시원의 바로 그 순간까지 가면."

"……."

"결국 조상에 대한 제사는 하나님에 대한 제사가 되죠."

"……."

"그래서 사람은 자기 조상을 알아야 합니다. 자기 조상이 하나님이니까요. 강도, 도둑놈이라도 각자의 자기 조상이 그에게는 하나님입니다. '우리 증조 할아버지, 고조 할아버지, 10대 할아버지, 20대 할아버지, 100대 할아버지, 200대 할아버지가 총동원해서 나를 떠밀어서 이 사람도 붙여주고 저 사람도 붙여주고, 얼기설기해서 오늘 제가 선생님을 만나게 된 것이죠."

"윤회의 또 다른 세상이군요. 조상이 죄를 지었을 경우, 그 죄업은요?"

"100대, 200대를 거슬러 올라가다 보면 훌륭한 인물도 있겠지만 순진한 여인을 울린 바람둥이도 있겠고, 좀 지나치게 가정하면 도둑, 살인자도 있겠죠. 하긴 도둑이나 살인자의 경우 제게는 조상이 되신 후손이 죄업을 갚았을 것이고, 나머지 업보가 우리에게 미친다 해도 억울할 건 없다고 봐요. 이 세상에서 제가 선행을 쌓아 조상의 업보를 갚을 수도 있으니까요. 조상님의 음덕에 비하면 저의 선행은 오히려 작을 수도 있겠죠."

"학생과 이야기하다 보니, 세상이 모나지 않고 둥글게 보이는군요. 영혼의 세계를 포함해서."

"저는 우리의 이 공간에서 영육(靈肉)의 세계가 함께 살고 있다고 생각합니다. 서로 마주볼 수 없고, 눈을 통하여 보이지는 않지만 저 부드러운 바람 속에도, 이 찻잔의 향기로움 속에도 영과 육의 세계가 조화를 이루면서 어우러지고 있다고 생각합니다."

"……"

"이 우주에서 가장 소중한 존재는 무엇이라고 생각하십니까?"

"……?"

뜬금없는 질문이었다. 나는 그녀의 맑은 눈을 쳐다보았다.

"이 우주에서 가장 소중하고 존귀한 존재는 바로 자기 자신, 제 앞에 앉아 계신 선생님이십니다. 70억 인구가 모두 가장 존귀한 존재죠. 자기가 있음으로서 국가도 있고, 민족도 있고, 사회도 있고, 조상도 있고, 우주만유도 있습니다. 선생님이 이 세상에 존재하지 않는다면 하늘, 땅도 무슨 소용이 있겠습니까?"

"……."

"이 우주 전체에서 가장 소중한 것은 자기 자신이고, 가장 소중한 자기 자신을 낳아준 뿌리가 자기 조상입니다. 기왕 오셨으니 조상님께 제사라도 올리시겠습니까?"

그러고 싶었다. 난생 처음으로 조상님을 초혼하여, 제사를 올리면서 하나님의 존재를 확인하고 싶었다.

그 순간, 언뜻 창 밖으로 너덜너덜한 누더기의 베두원족 하벨이 꼬불꼬불 비틀어진 지팡이를 짚고 지나가고 있는 것이 보였다. 그는 아랍 인종 특유의 시커멓고 허연 수염을 날리면서 걸어가고 있었다. 나는 황급히 자리에서 일어났다.

"잠깐만요. 가봐야겠군요. 나중에 다시 찾아오죠. 지금 저기, 저, 저 사람……."

나는 말까지 더듬어가면서 눈으로는 창 밖의 베두원족 하벨을 추적하며 자리에서 일어났다. 여학생도 거지꼴의 베두원족 하벨에게 눈길을 주면서 따라 일어섰다.

"외국인 같은데, 중동쪽? 아시는 분이신가요?"

"네. 그럼. 다음에……."

눈망울이 맑은 여학생은 아쉬운 듯 친절하게 젊은 시절의 나를 배웅해 주었다.

베두원족 하벨은 뒤도 돌아보지 않고 휘청휘청 길을 걸었다. 마을 버스를 타면서도 뒤를 돌아보지 않았고, 전철을 타면서도 뒤를 돌아보지 않았다. 나는 은근히 약이 올랐으나 거친 유대의 광야에서 단련된 늙은 베두원족 하벨의 걸음이 워낙 빨라 따라잡기에 급급했다.

지하철 2호선 삼성역 5번 출구를 나선 베두원족 하벨은 밀레니엄 광장을 통과하여 반디앤루니스 서점을 지나, 순식간에 메가박스를 거쳐 아쿠아리움 앞을 허우적거리며 지나더니 봉은사 진여문을 거쳐 대웅전 앞에서 멈추었다. 나는 그의 옆에 도착하여 헉헉거리며 거친 숨을 몰아쉬었다.

"미스터 하벨!"

"응? 자네가 여긴 웬일인가?"

"능청 떨지 마십시오. 하벨님 따라잡느라 허파에 구멍 뚫릴 뻔했습니다. 웬 걸음이 100미터 단거리 육상선수 속돕니까?"

"자네도 거친 사막에서 양 100마리만 키워보게. 양 한 마리 달아날 때마다 올림픽 금메달리스트 칼 루이스가 부럽지 않게 되지. 그래도 양치는 개처럼 혓바닥은 늘어지지 않았구만, 뭘."

갑자기 혀를 길게 빼어물 유혹을 받으면서 물었다.

"여기, 서울에는 웬일이십니까?"

"그 못된 여호와가 여길 다녀갔다길래 급히 와봤지. 다른 스케줄도 바쁜데."

무슨 뜻인지 몰라 베두원족 하벨의 눈을 쳐다보았다.

"……?"

봉은사의 부처

뜻밖에 그의 눈에서, 베두윈족 하벨의 눈에서 이슬이 맺히고 있는 것이 보였다. 외줄기 눈물이 그의 거칠게 주름진 뺨을 타고 흘러내렸다.

"자넨, 서울에 살면서 뉴스도 안 보나?"

그랬다. 그들은 여호수아가 여리고 성을 점령할 때처럼 봉은사에 와서 일명 '땅 밟기' 기도를 올리고 봉은사더러 여리고 성 점령 때처럼 '무너져라, 무너져라'를 외쳤다.

무서웠다. 그들은 그들이 무슨 짓을 한 것인지 알고는 있을까. 봉은사를 침범하여 땅 밟기 기도를 올린 그들이 신봉하는 성서 구절은 다음과 같다.

「너희 발바닥이 닿기만 하면 어디든지 그 곳을 모세에게 약속한 대로 내가 너희에게 주리라(여호수아 1:3). 이렛날에는 이 성을 일곱 번 돈 다음 사제들이 나팔을 불어라. 나팔 소리가 나면 백성은 다 같이 힘껏 고함을 질러라. 그러면 성이 무너져 내릴 것이다. 그 때 전군은 일제히 쳐들어가라(여호수아 6:4-5).」

그들은 모르겠지만, 그들이 잔혹한 유대 광야의 지방신 여호와에게 빙의되고 접신되어 그들이 하고 있는 일을 모르고 있었겠지만, 그 이후 순서에 대한 여호와의 명령은 다음과 같다.

「저 성과 그 안에 있는 모든 것을 야훼께 바쳐 없애버려라(여호수아 6:17). 남녀노소 가리지 않고, 소건 양이건 나귀건 모조리 칼로 쳐 없애버려라(여호수아 6:21). 성을 점령하는 길로 불을 질러라. 야훼의 말씀이니 꼭 그대로 해야 한다. 내 명령이다(여호수아 8:8).」

그들이 진정한 여호와의 신자라면……, 그리고 이제 봉은사의 땅 밟기까지 마쳤으니 그들이 해야 할 다음 순서는 무엇인가. 이는 《성경》에 나오므로, 《성경》의 '말씀'을 그대로를 옮긴다.

개신교의 봉은사 땅밟기 동영상("SBS뉴스추적" 중에서)

첫째, 다 같이 힘껏 고함을 질러, 봉은사가 무너져 내릴 것이니, 그 때 그들은 일제히 쳐들어가야 하며(여호수아 6:4-5),

둘째, 그들은 봉은사와 그 안에 있는 모든 것을 야훼께 바쳐 없애버려야 하며(여호수아 6:17),

셋째, 봉은사 안에 있는 사람은 남녀노소 가리지 않고, 소건 양이건 나귀건 모조리 칼로 쳐 없애버려야 할 것이며(여호수아 6:21),

넷째, 봉은사를 점령하는 길로 불을 질러야 할 것이다. 이는 그들이 절대 어겨서는 안되는 야훼의 말씀이니 꼭 그대로 해야 한다. 여기에 이탈자가 생기면 안된다. 그래서 여호와는 거듭 다짐하여 명령하지 않았던가.

「이는 내 명령이니라(여호수아 8:8).」

같은 생각이 계속 뇌리에서 맴돌았다. 봉은사에 몰려가서 땅 밟기 기도를 올린 여호와의 추종자들은 그들이 무슨 짓을 했는지 알고는 있을까. 또한 그들이 앞으로 해야 할 잔인한 일에 대하여 생각이나 해보았을까? 이런 무시무시한 여호와의 명령을 수행할 자신은 있는가. 그들에게는 부모도 자식도 형제도 친구도 없다는 말인가.

무지(無知)가 사람을 죽인다 했던가. 여호와에게 세뇌된 철없는 그들에게 비분강개를 느끼는 나의 눈시울도 젖어들었다.

'안돼. 이러면 안돼. 이 무지한 멍청이들아, 이건 아니잖아. 이건 안 되는 거잖아.'

나는 베두원족 하벨의 젖은 눈을 쳐다보며 말했다.

"이래서 절 부르셨군요."

"그래서 불렀어. 저들이 모르고 있는 진실을 자네라도 나서서 알려야 해. 그래서 불렀어."

지혜의 신 헤르메스, 베두원족 하벨의 눈에서 사람에 대한 한없는 사랑을 느낄 수 있었다. 그의 눈은 돌아가신 아버님의 그것처럼 포근했다.

"진실을 알리겠습니다. 하벨."

"……."

고고학자들의 여리고 성에 대한 조사는 여러 차례 시도되었다. 때로는 성서내용을 그대로 고고학에 끼워 맞추려는 파렴치한 역사조작의 시도까지 있었다.

- 1868년. 영국의 찰스 웨렌(Charles Warren)이 유적 조사를 하였으며,
- 1907년. 셀린저(L. Sellinger)와 와칭거(T. Watzinger)가 이끄는 오스트리아–독일 공동조사단이 여리고 유적을 조사한 결

과, 여리고 유적은 여호수아 시대보다 8세기나 앞선 것임을 밝혀내었고,
- 1930-36년. 영국의 고고학자 존 가스탱(John Garstang)은 이 유적이 석기시대까지 올라간다는 것을 발견하였으며,
- 1940년대. 올브라이트(W. F. Albright)는 성서 내용에 고고학적 발견을 끼워 맞추려 시도했으며(성서 역사조작 사건),
- 1950년대. 영국의 고고학자 캐슬린 케년(Kathleen Kenyon)은 다음과 같이 결론을 내렸다.

「이스라엘 민족의 공격이 있었음에 틀림없는 후기 청동기 시대(Late Bronze Age)에 도시성벽의 흔적이 전혀 남아 있지 않다는 것은 슬픈 일이다. 그러므로 여리고의 발굴에서 여호수아서에서 그렇게 생생하게 기술되어 있는 여리고 성벽의 파괴에 대한 어떠한 단서도 보이지 않는다.(민희식 著,《성서의 뿌리》등)」

성서 편집자들의 완벽한 창작이 여리고 성의 이야기다. 여리고 성의 이야기가 나오기 훨씬 전에 지진이 있었고 이미 여리고 성은 폐허가 되었다. 수세기 전에 지진이 나고 화재가 나서 폐허가 되어 수백 년 동안 주민이 거주하지 않던 곳에 유대인들이 들어가 정착한 것이다. 그곳은 비어 있는 땅이었으니까.

유대교 원리주의자들이 꾸며낸 이 이야기는 손을 거치면서 복제, 재복제 되면서 우매한 민중을 현혹시켰다. 허위가 집단의 힘을 빌리거나 지속적으로 반복하면서 주입시키는 세뇌교육의 효과가 얼마나 엄청난 것인지를 극명하게 보여주는 사례이다.

수많은 정복전쟁에도 불구하고 이스라엘 민족이 약속받은 땅을 완전히 장악한 적은 단 한 번도 없었다.(민희식 著,《성서의 뿌리》)

만에 하나, 그 지진과 화재가 우연히 여호수아의 여리고 성 정복기 때 있었다고 치자. 설사 그렇다고 치더라도 여호와의 살육은 어떤 미사여구로도 정당화 될 수 없다.

어른이야 그렇다 치더라도 젖먹이 아기들이 무슨 죄가 있어 그렇게 죽여야 했는가.

만약 봉은사에서 땅 밟기를 했다는 사람들이 무식하게, 참으로 무지에 젖어 말도 안되는 '말씀'을 그대로 따른다면……, 그들이 봉은사에 놀러 온 어린 아이들을 어떤 눈으로 쳐다보고 있을지 상상만 해도 끔찍하기 짝이 없는 일이었다.

"잘 했어. 고맙네."

"저는 하벨님, 당신이 더 고맙습니다. 저는 제 주변에서 일어나는 일도 채 눈치 채지 못했으니까요."

"아닐세. 자네가 내 부탁을 들어주었으니, 나도 자네에게 선물을 하나 해야겠네."

"선물……?"

베두원족 하벨이 성큼성큼 앞서 걸었다. 이번에는 서둘지 않는 여유 있는 걸음이었다. 그는 봉은사 뒤편의 자그마한 전각으로 나를 안내했다.

"저기 저 현판을 자세히 보게. 뭐라고 씌어 있나."

언뜻 알아보기 힘든 한자가 꼬불꼬불 현판 위를 기어가고 있었다.

"저게 전서체인가요?"

거기에는 '북극보전(北極寶殿)'이라는 현판이 붙어 있었다.

"그럼, 난 가네. 잘 있게. 여행 잘 하고."

베두원족 하벨은 해질녘의 그림자처럼 사라졌다. 으레 그렇게 나타났다, 그렇게 사라지는 분이라 이번에는 아무런 감흥도 일어나지 않았다. 나는 봉은사의 북극보전을 뚫어지게 쳐다보았다. 궁금증이 일었다.

'석가모니 부처를 모신 절에 웬 북극? 북극보전?'

북극보전, 북극보전하다 보니 북극대제(北極大帝)가 떠올랐다.

'북쪽 하늘의 중심인 자미궁(紫微宮)에 머물면서 천상세계를 주재한다는 천상의 황제. 혹시 그가 내가 찾아헤매는 바로 그 하나님인가?'

혹시나 하는 기대감으로 북극보전의 문을 살며시 밀었다. 그 안에는 칠성(七星)과 독성(獨星) 및 산신(山神), 세 분이 모셔져 있었다. 칠성은 북두칠성, 독성은 나반존자, 산신은 우리 고유의 산신신앙을 나타내는 것이었다.

그러고 보니 칠성은 중국의 도교신앙, 독성의 나반존자는 인도, 산신은 우리 민족의 고유신앙이니 한, 중, 인 세 나라의 신앙이 나란히 한 방에서 사이좋게 기거하고 있는 셈이었다.

'그런데 베두원족 하벨이 여기를 가리키면서 선물이라고 했는데, 대체 이게 무슨 선물이야? 도대체 이 조그만 전각에 무슨 의미가 숨어 있지?'

높은 하늘에서 초계비행을 하는 공군기가 하얀 비행구름을 남기며 서쪽 하늘로 날아갔다. 노을이 지고 있었다.

신 토(神道)

덴노 헤이카 반자이!

"모리야마!"

"핫!"

"안도 유키오!"

"핫!"

"토시오 아나자와!"

"핫!"

"다카무라 야스오!"

"핫!"

"츠요시!"

"핫!"

갓 스물이나 넘었을까. 조종사들의 이름이 하나하나 호명되고,

각자에게 입 넓은 일본식 사케(정종) 잔이 주어졌다. 천황폐하께서 마지막으로 내리시는 술. 두 손으로 공손히 받았다. 잔은 알맞게 채워졌다.

"제군들의 자랑스러운 출격을 앞두고 천황폐하께서 내리시는 술이다. 황군의 이름으로 목표를 이루도록."

"하! 덴노 헤이카 반자이!(천황폐하 만세!) 반드시 목표를 이루고 벚꽃처럼 산화하겠습니다!"

그들은 천황이 하사했다는 사케 잔을 입으로 가져갔다. 이 한 잔의 술. 이것이 이 세상에서 맛보는 마지막 음식이다. 술잔을 내리자 카미카제 특공대 대장의 말이 귀를 때렸다.

"잘 가라. 제군들. 부디 성공하길 빈다. 출격!"

잠시 후, 이제 마지막 비행이 될 제로센 전투기에 오르면서 모리야마는 유키오쪽을 돌아보았다. 유키오는 겁먹은 표정이었다.

"무서운가, 유키오?"

유키오는 표정을 바꾸었다. 비겁해 보이는 것은 군인으로서, 사무라이의 후예로서 씻을 수 없는 치욕이었다. 빙긋 웃음도 지어 보였다.

"걱정 마라. 난 할 수 있어. 자 이제 잠시 후, 야스쿠니에서 만나자."

푸득푸득 푸르르 프로펠러가 돌았다. 그들은 폭탄을 가득 실은 제로센 전투기를 몰고 하늘을 날아올랐다. 그것이 마지막이었다. 그들은 돌아오지 않았다.

카미카제. 무엇이 그토록 젊은, 피어보지도 못한 젊은이들을 적 항공모함을 타격하기 위한 인간폭탄으로 내보냈을까.

명령이었을까. 천황에 대한 무조건적인 충성심이었을까. 애국심이었을까. 체면이었을까. 와(和)를 강조하는 일본정신이었을까. 종교적인 이유였을까. 자살심리였을까.

무엇이었을까. 무엇이 그토록 젊은, 피어보지도 못한 젊은이들을 당당하게 죽음으로 내몰았을까.

그들에게 마지막 희망은 살아서 돌아오겠다는 것이 아니었다.

"야스쿠니에서 만나자."

이것은 거의 모든 카미카제 특공대 조종사들이 전우들에게 남긴 마지막 말이었다.

일본의 국교나 마찬가지인 신토(神道)를 이해하지 않고서는 이런 집단자살까지 미화되는 문화는 이해할 수 없을 것이다. 그러나 외국인이든 일본인이든 이 신토를 간단, 명료하게 설명할 수 있는 사람은 많지 않을 것이다.

 그도 그럴 것이 신토는 다른 종교와 달리 명확한 교리도 경전도 없다. 그저 일본의 고대신화를 서술한 《고사기(古事記)》나 《일본서기(日本書紀)》 등에 적혀 있는 허무맹랑한 기록들을 규범으로 삼을 뿐이다.

 이들 기록에 의하면 일본의 천황은 만세일계로 내려 온 신의 직계후손이라 칭하였다. 태평양전쟁에서 패망하기 전까지만 해도 실제로 살아 있는 신이라고 믿었으며, 식민지였던 우리나라에도 신사(神社)를 차려놓고 강제로 참배하게 하였다. 지금도 일부에서는 천황을 태양신의 후손이며 살아 있는 신으로 믿고 있는 실정이다.

 신토는 대표적인 다신교(多神敎)이다. 정령숭배, 사연숭배, 조상숭배 등 모든 요소는 신격을 가지고 있으며 심지어는 고양이나 코알라까지도 신의 반열에 오르기도 한다.

 이런 신토이니 사람이 죽어 신의 반열에 오르는 것 정도는 당연한 일이다. 일본 신토에서는 신들의 세계에도 위, 아래 계급이 있고, 신들이 갈등을 일으키기도 하고 심지어는 화를 내고 다투기도 한다. 그럴 때면 신사의 신관이 제사를 지내 노한 신들을 달래는데, 일본 전역에 8만개나 되는 신사가 있고 신사마다 신관이 있으니 신들의 다툼은 쉽게 중재된다. 또한 신토의 신은 무한하게 분령(分靈)할 수 있고 분령해도 본래의 신위(神威)가 손상되는 것이 없다고 여겨진다.

일본 신사를 여행하다 보면 재미있는 광경을 목도하게 되는데, 푸른 눈의 외국인에게 신사참배를 권유하면서 예수에게 기도하면 된다고 설득하는 장면이 그것이다.

"I am a Christian(나는 기독교인이다)."

"No problem(문제없다). 손바닥을 세 번 짝짝짝 치고, 두 손을 합장한 후 예수 그리스도를 찾아 기도하면 된다."

"?"

"신사에는 전 세계 모든 신이 다 있다. 예수는 물론이고, 성모 마리아도 있고 무함맏도 다 있다. 어차피 그들도 신 아닌가."

"!"

이러면 어떤 외국인은 진짜로 손바닥을 세 번 짝짝짝 치고, 두 손을 합장한 후, Jesus Christ!를 부르며 고개를 숙이기도 한다. 아주 재미있다는 표정을 지으면서…….

이런 신토의 세계에서 카미카제 특공대들이 마지막으로 남긴 '야스쿠니에서 만나자'는 의미는 무엇일까.

난징(南京), 난징(南京)〉이라는 영화가 있었다. 제2차 세계대전 당시 일본군의 중국 남경(南京)침공과 남경대학살을 다룬 슬프도록 잔인한 영화였다. 그 영화의 클라이막스가 바로 일본 신토의 마쯔리(祭)였다. 일본군대의 마쯔리.

　전사한 일본군의 유골상자와 위패를 마주보고 마쯔리는 시작된다. 각 연대의 깃발이 제기(祭旗)가 되어 펄럭인다. 두 사람이 올라타는 커다란 가마 위에 거대한 북이 있고, 신관의 신호가 떨어지자 그 북 앞에 서 있는 두 사람이 북을 두드리기 시작한다.

　"쿵. 쿵."

　그러면 작은 북이 장단을 맞춘다. 북 가장자리를 칠 때 나는 딱 소리는 기막힌 장단이 된다.

　"쿵쿵딱두두두두쿵쿵딱 쿵쿵딱두두두두쿵쿵딱."

　"으이싸!"

　마쯔리를 전면에서 이끄는 것은 러닝 차림의 일본군대다. 허리를 반쯤 숙이고 전면을 노려보면서 손가락을 꼬아 양 손을 교차하면서 앞으로 한발 한발 전진한다. 수백 명의 인원이 무섭도록 절제되고 일치된 동작을 연출한다. 장단 중간에 양 손을 번쩍 들었다가 박수를 치는 장면에서 단 한 사람도 박자에 어긋나지 않는다. 이 마쯔리의 배경은 물론 폐허가 된 난징 거리이다. 시커먼 연기가 곳곳에서 피어오르는 죽음의 거리가 바로 배경이었다.

이 마쯔리를 구경하는 관객은 누구일까.

관객은 마쯔리가 끝나면 하나하나 순서대로 죽어야 할 중국인들이었다. 밧줄에 꽁꽁 묶여 자신의 생명을 제물로 바쳐야 할 중국인들이 이 잔인한 마쯔리를 철조망 너머에서 무표정하게 구경하고 있었다. 말 한 마디 흐르지 않는 이 잔인한 장면을 어떻게 표현해야 할까. 이 죽음의 마쯔리를 흠향하는 일본의 신(神)들은 행복했을까.

그들은 왜 이 잔인한 마쯔리를 거행했을까. 나는 여기에서 카미카제 특공대들이 마지막으로 남긴 '야스쿠니에서 만나자'는 의미를 찾을 수 있었다.

그것은 자신의 죽음을 담보로 한 집단학살을 정당화시키는 것이었다. 자신의 죽음을 칼의 날로 내민 살인마들이었던 것이다.

그들은 잘못된 신토에 세뇌되어 있었고, 그들을 세뇌시킨 자들은 자살용 카미카제 폭격기를 타지 않았다.

"아마테라스 오오미카미(일본의 국신)!"

나는 베두원족 하벨이 빌려준 능력을 이용하여 눈부시게 치장한 아마테라스 오오미카미를 만났다. 분노에 치를 떨던 나는 강하게 따졌다.

"아마테라스 오오미카미, 당신입니까? 이 잔인한 살육잔치의 배후가?"

아마테라스 오오미카미는 조용히 대답했다.

"일본의 국신(國神)을 모독하지 말라."

"그럼 누가 이런 집단학살, 살인의 잔치를 기획했습니까? 일본 신토의 신들입니까? 신토를 도구로 사용한 위정자들이었습니까?"

"일본의 신토는 결코 학살의 주범이 아니다. 신토의 신이 된 수억의 일본 신神들은 결코 학살의 주범이 될 수 없다."

"그러면?"

"소수의 위정자들이 신토의 신들을 팔아 학살노름을 벌인 것이다."

"……"

"그들은 살아 있는 자신의 형제들을 죽여 말 잘 듣는 신들을 만들고, 그 여분의 신들을 이용해서 학살의 제물을 찾아다녔다. 그들이야말로 너희들이 말하는 악마였다."

"그렇군요. 아마테라스 오오미카미. 당신이 아니었군요."

여기에서 우리는 신의 본성과 신을 빙자한 악마의 본성을 비교할 수 있다. 그 악마는 신이 아니었다.

"그 악마는 살아 있는 너희 인간이었다. 너희는 누구나 신을 빙자하거나 신을 이용하려는 유혹에 빠질 수 있다. 그러나 한 순간, 그런 유혹에 빠지는 그 순간, 너희들이 바로 살아 있는 악마가 되는 것이다."

"……."

"나 아마테라스 오오미카미를 비롯하여 일본 신토의 신들은 너희가 말하는 샤먼의 신이니라."

"샤먼의 신!"

"그렇다. 나 아마테라스 오오미카미를 비롯하여 일본 신토의 신들은 한 순간에 악마가 될 수도 있는 너희들의 부름에 응하여 발현하는 샤먼의 신으로 너희의 부름에 응하기 위해서는 너희의 절대 다수를 차지하는 쪽의 기원에 응답하는 것이 우리 신토 신들의 본분이니라."

"만약 우리 인간들의 절대 다수가 악의 품성일 때는?"

"그렇다. 그때는 우리가 너희 살아 있는 악마의 부름에 응할 수밖에 없을 것이다."

"……."

"나 아마테라스 오오미카미를 비롯하여 일본 신토의 신들은 섬나라 일본에 떨어져 있었던 관계로 네가 증오하는 악의 신, 여호와와의 접촉도 없었고."

"……."

"수천 년 동안 여호와의 이름으로도, 예수의 이름으로도 종교적 학살은 피할 수 있었으나."

"……."

"저 잔인한 학살잔치는 피할 수 없었으니."

"도요도미 히데요시 때도, 이토 히로부미 때도, 그 뒤를 이은 전범들의 시대에도……."

"모든 것은 너희 인간들의 결정이거늘……. 만약 너희 중에 힘 있는 소수가 너희들을 조종하도록 너희들 스스로를 방기할 때도 우리는 너희들의 부름에 응할 수밖에 없지 않겠느냐?"

나는 인간의 감추어진 악마의 본성에 절망했다.

"아마테라스 오오미카미. 그 때문에 우리의 누이들이, 우리의 형제들이……."

정신대로 끌려가 평생 씻지 못할 피해를 당한 우리의 누이들이, 큐슈 탄광에 끌려가 모진 매를 맞으며 굶어 죽어간 우리의 형제들이 떠올라 젊은 시절의 나는 울부짖었다.

"나 아마테라스 오오미카미를 비롯하여 일본 신토의 신들이 사과할 문제는 아니나, 그것은 그 일을 저지른 악마의 후예들이 사과할 문제이나……."

"……."

"내 차마 너희들에게 이르노니, 정의로운 힘을 길러 다시는 그런 악마가 세상에서 발흥치 못하도록 하라."

"아아. 아마테라스 오오미카미."

나는 할 말을 잃었다.

"그러면 나 아마테라스 오오미카미의 고향이자 너희 땅의 신들이, 너희들의 하나님이, 너희들의 단군이 너희들을 살피시리니……. 우리가 '샤먼의 나라' 라면 너희들의 단군은 위대한 왕검(임금) '그레이트 샤먼' 이시니……."

"단군? 그레이트 샤먼?"

눈부시게 치장한 아마테라스 오오미카미는 떠났다. 나는 다시 적막함 속에 홀로 남겨졌다. 모든 영상은 지워지듯 사라졌다. 하지만 아마테라스 오오미카미의 말은 뇌리를 떠나지 않았다.

'우리가 '샤먼의 나라'라면 너희들의 단군은 위대한 왕검(임금) '그레이트 샤먼' 이시니…….'

단군, 그레이트 샤먼……, 우리는 누구인가. 어디서 왔으며, 어디로 가는가. 고민하는 가운데 언뜻 생각나는 논문이 있었다.

서울대 이홍규 박사가 제2차 바이칼 포럼에서 DNA 분석 등을 근거로 발표한 자료에 따르면, 우리 민족은 몽골리안이며 남중국인/동남 아시아인들 보다 유럽인에 더 가깝고, 시베리아에서 발원했으며 바이칼 호수의 서부, 사얀 산맥의 동부지역이 특히 주목되는 지역이라고 하였다.

"그렇다면……. 우리 민족의 DNA가 '몽골리안'이라면."

젊은 시절의 '나'는 회복이 빨랐다. 서서히 의기소침한 상태를 벗어나 흥분하기 시작했다.

젊은 시절의 '나'는 몽골의 초원을 말 달리기 시작했다. 세계를 향하여, 예수의 등에 올라 탄 여호와가 유린하는 중세의 유럽을 향하여 말을 타고 달리기 시작했다.

영원한 푸른 하늘, 텡그리

"텡그리!"

이 글을 읽는 그대에게 묻는다.

아무런 정보나 기초지식 없이 그냥 '텡그리'라는 단어를 들었을 때, 어떤 느낌이 떠오르는가.

혹시 눈이 시리도록 푸른 하늘이, 하얀 구름이 점점이 떠도는 푸른 초원 위의 하늘이 떠오르지는 않는가.
혹시 어두운 밤, 현기증이 느껴지도록 별이 쏟아져 내려오는 그 아름다운 밤하늘이 떠오르지는 않는가.
혹시 태양이 작열하는 한 여름의 하늘이나,
혹시 살을 에는 추위가 매섭게 몰아치는 겨울날의 얼음처럼 차

가운 하늘이 떠오르지는 않는가.

그렇다. 이 성스러운 단어는 세계를 지배했던 몽골족을 비롯하여 흉노, 선비, 투르크족, 불가리아, 훈족, 아바르족, 고대의 터키족, 헝가리 그리고 알타이 지역에서 하늘이자 '텡그리즘'이라 불리는 최상위의 신이고 하느님이었다.

세계를 정복했던 칭기스 칸이 섬기고 동경하던 그 하느님이 바로 텡그리였고, 정복자 칭기스 칸이 높고 푸른 하늘을 바라볼 때 바로 그 끝없는 푸른 하늘이 바로 텡그리였다. 그리고 영원한 푸른 하늘 텡그리! 하면 떠오르는 인물은 누구인가. 그렇다.

세계의 지배자 칭기스 칸!
어린 테무진이 살아남아 세계의 지배자 칭기스 칸이 되는 것은 거의 불가능에 가까운 기적이었다. 한 곳에 정주하는 농경민족이 아닌 언제나 새로운 목축지를 찾아 거주지를 옮겨다녀야 하는 유목민에게 아버지의 존재는 생존의 필수조건이었지만 테무진의 아버지는 테무진이 어릴 때 독살 당했고, 테무진은 홀어머니 아래에서 한때는 양고기가 아닌 들쥐를 잡아먹으면서 생존해야 했다.

이런 테무진에게 영원한 푸른 하늘 텡그리의 가호가 없었다면 그는 드넓은 초원의 어귀에서 굶어죽거나 적의 칼에 맞아죽어야 했을 것이다. 그는 항상 불리한 전투를 치러야 했으며 구사일생으로 살아나온 경우도 한두 번이 아니었다.

어린 테무진이 타르크타이의 군사에게 잡혔다가 죽음 직전에 탈출에 성공한 것도, 소루칸의 도움으로 양털무더기 속에 숨었다가 살아난 것도, 메르키트 족의 침공을 받아 부르칸 산에 숨었다가 살아난 것도, 아내 보르테를 되찾은 것도, 카야트 족이 속했던 몽골 부의 칸으로 추대된 것도, 떠나갔던 문리크가 다시 돌아와 도운 것도, 독화살을 맞고도 젤메의 도움으로 다시 살아난 것도, 숙적 나이만 족을 격퇴한 것도, 세 배나 많은 케레이트 군을 물리친 것도 모두 영원한 푸른 하늘 텡그리의 가호가 없었다면 불가능한 일이었다.

테무진에게 다른 전사들과 뚜렷이 구별되는 승리의 요체가 있었다면 그에게는 언제나 다수의 샤먼들이 따라다녔다는 것이었다. 이 영원한 푸른 하늘 텡그리를 모시는 이 샤먼들은 전투가 벌어지기 전에 전투의 승패를 예언하였는데 때로는 우여곡절을 겪기도 했지만 테무진의 승리를 예견한 샤먼들의 예언은 대부분 적중했다.

테무진이 심장모양의 산 발치에 있는 푸른 호수 옆의 초원에서 쿠릴타이를 열어 자기 씨족의 '칸'으로 선출될 때도 샤먼들이 올린 기도에 감응한 영원한 푸른 하늘 텡그리가 옹 칸의 견제를 막고 묵시적 승인을 받아 주었기 때문에 가능한 일이었다. 또한 테무진의 운명이 걸렸던 자무카와 케레이트가 맞선 전투에서는 테무진의 샤먼들이 올린 기도에 감응한 영원한 푸른 하늘 텡그리께서 천둥번개와 폭풍우로 적에게 겁을 주어 자무카의 병사들이 대부분 달아나버렸기 때문에 승리한 경우였다. 테무진을 따르는 샤먼들이 없었다면 역사상 칭기스 칸의 오늘은 없었을 것이다.

칭기스 칸의 하느님인 영원한 푸른 하늘 텡그리는 다른 신들처럼 옹졸하지 않았다. 칭기스 칸이 자무카에게 쫓겨 진흙탕인 발주나 호숫가에 이르렀을 때 가장 무서운 적은 굶주림이었다. 군사는 흩어지고 칭기스 칸을 따라 온 군사는 모두 19명밖에 남지 않았다. 몽골의 초원에는 농경지가 없기 때문에 식량 없이 이런 곳에 머물게 되면 굶어죽을 도리밖에 없었다. 이를 본 영원한 푸른 하늘 텡그리는 그들 앞에 야생마 한 마리를 보내주었다. 칭기스 칸 일행은 이 야생마를 잡아 가죽을 벗기고 고기를 썰어 불에 달군 돌과 잘게 썬 말고기를 물과 함께 말가죽 부대에 담았다. 잠시 후 고기는 먹기 좋게 익었고 그들은 배를 채울 수 있었다.

말고기 식사가 끝난 후에 그들이 마실 물은 발주나 호수의 흙탕물밖에 없었다. 칭기스 칸은 축배를 들듯 발주나의 흙탕물을 들어 올렸다. 그리고 여기까지 따라온 열아홉 명의 부하에게 치하하며 그들의 충성을 죽는 날까지 잊지 않겠다고 맹세했다. 칭기스 칸의 부하들은 발주나의 흙탕물을 함께 마시면서 죽을 때까지 충성을 다하겠다고 서약했다. 이것이 발주나의 맹약이었다.

여기에 혁명적인 사건이 있었다. 당시 칭기스 칸을 따른 19명 중 무슬림 신자가 3명이 있었고, 기독교도 외 불교도도 있었는데 영원한 푸른 하늘 텡그리의 칭기스 칸이 그 19명의 부하 모두의 충성을 가납함으로써 영원한 푸른 하늘 텡그리 하느님이 기독교, 불교, 무슬림의 충성을 가납하게 된 것이다.

발주나의 맹약으로 탄생하게 된 19명의 결사체는 결국 친족, 인종, 종교를 초월한 세계 최초의 시민결사체가 되었다는 의미도 있지만, 나중에 나타날 엄청난 세계사적 사건들은 결국 영원한 푸른 하늘 텡그리 하느님의 리더십과 관용이 얼마나 큰 것인지 보여주게 된다.

여호와의 굴욕

몽골 역사상 칭기스 칸이 친히 군대를 이끌고 입성한 도시는 하나뿐이라고 한다. 보통의 경우 승리가 확실해지면 그는 멀리 떨어진 안락한 곳으로 물러나고 몽골의 전사들이 나머지 일을 마무리했다. 그러나 비옥한 오아시스에 자리잡은 부하라는 달랐다. 부하라 호라즘의 술탄은 칭기스 칸의 군대를 두려워하지 않았다. 술탄에게 알라의 예언자 무함맏은 든든한 후원자였다.

'알라 후 아크바르! (신은 위대하다!)'

이런 술탄에게 유목민의 하느님인 초원의 푸른 하늘 텡그리 따위가 눈에 찰 리 없었다. 술탄은 몽골의 캐러밴을 약탈하고 평화적인 교역협상을 하러 온 몽골 사절단의 얼굴을 으깨버렸다.

이런 적의 교만을 텡그리의 칭기스 칸이 용서하는 법은 없었다. 당시의 상황을 《페르시아 연대기》 기록자 아타 말리크 주베이니는 이렇게 적었다.

「주위의 모든 땅이 기병으로 가득 차고 그들이 일으키는 먼지로 사방이 컴컴해지는 것을 보면 사람들은 겁에 질리고 도시는 공포

분위기에 사로잡힌다.」

칭기스 칸은 텡그리의 가르침에 따라 주민들에게 관대한 항복 조건을 내걸었으며 이 조건을 받아들이고 몽골군에 합세하는 사람들에게는 자비를 베풀었다. 부하라의 민간인들은 항복을 하고 성문을 열었다.

칭기스 칸은 이슬람의 교회인 모스크를 점령하고는 도시의 부자와 유지들을 불러 준엄하게 꾸짖었다.

"당신들이 큰 죄를 짓지 않았다면 신이 나를 통하여 당신들에게 벌을 주었겠느냐."

위대한 정복자 칭기스 칸에게 '신의 집'이라는 모스크는 허상이었다. 칭기스 칸의 하느님인 텡그리 즉 영원한 푸른 하늘은 이런 갑갑한 집에 가두어지지도 않았고, 텡그리의 말씀을 붙들어 《코란》 같은 책 속에 가두어 둘 수도 없었다.(잭 웨더포트 著:,《칭기스 칸-잠든 유럽을 깨우다》) 영원한 푸른 하늘 텡그리에게는 하늘과 땅 전체가 그의 집이었기 때문이다.

이 소식은 주변 도시로 빠르게 퍼져나갔다. 무함맏의 위대한 유일신 알라는 아무런 도움도 되지 못했다. 수도 사마르칸트도 성문을 열고 항복했으며 사마르칸트의 술탄은 알라의 자비를 구하면서 달아났다.

그러나 술탄이 자비를 구해야 할 곳은 알라가 아니라 영원한 푸른 하늘 텡그리였다. 왜냐하면 부하라는 1920년 소비에트 군대가 입성할 때까지 700년 동안이나 영원한 푸른 하늘 텡그리의 가호를 받는 칭기스 칸의 후손들이 통치했던 것이다.

예수의 등에 업혀 1,000년 이상의 세월 동안 호사를 누리던 여호와도 영원한 푸른 하늘 텡그리에게는 적수가 되지 못했다.

1221년 총명왕 조르지 3세가 통치하는 그루지아는 유럽 최초의 몽골 속국이 되었고, 그 후 그루지아는 가장 충성스럽게 몽골을 지원했다. 그 뻔뻔스러운 여호와가 낯을 들고 다니지 못할 지경이 되어버린 것이다.

뒤를 이어 스몰렌스크, 갈리치, 체르니고프, 키예프, 볼리니아, 쿠르스크, 수즈달, 킵착 등 러시아 공국들도 궤멸되어 칭기스 칸과 영원한 푸른 하늘 텡그리의 품으로 들어왔다.

1236년, 불가리아를 기점으로 헝가리, 폴란드……, 기독교 성직자들은 무력으로는 도저히 상대가 되지 않음을 알고 초자연적인 힘, 즉 여호와와 예수, 그리고 성령의 힘으로 몽골군을 격퇴하고자 했다. 기독교 사제들은 성자의 유골과 유물을 진열하여 다가오는 몽골군을 저지하려 했다. 그러나 이것은 큰 오산이었다. 영원한 푸른 하늘 텡그리와 칭기스 칸의 몽골군이 사람의 유골을 드러내는 것을 얼마나 증오하는지 미처 계산하지 못했던 것이다. 몽골인은 부모형제의 무덤은 고사하고 자기 자신의 무덤조차 흔적도 남기지 않는 민족이 아니던가.

그들은 처절한 대가를 지불해야 했다. 여호와를 추종하는 멍청한 성직자들이 분노한 몽골군에 의해서 거의 몰살을 당하다시피 하였으며 유물과 교회는 불에 타 사라졌다.

성직자들의 이 코믹한 짓으로 예수의 등에 업힌 여호와는 시시때때로 자신을 경배해줄 사제들을 잃었을 뿐만 아니라, 머물 곳조차 잃어버리고 노숙자 신세가 되어 거리를 떠돌게 되었다.

여기에서 멈추었으면 그나마 다행이었을 텐데 여호와의 성직자들은 한 술을 더 떠버렸다.

"도대체 저 듣지도 보지도 못한, 저 강성한 자들이 누구인가."

"타타르 족이라고 합니다."

"타타르?"

"세상의 모든 것을 알고, 무슨 일이든지 다 하실 수 있는, 전지전능(全知全能)하신 여호와 하나님의 말씀에서 대안을 찾아보라."

《성경》을 뒤졌다.

"여기 있습니다."

타타르라는 말은 그들의 귀에 타시스(Tarshish)와 비슷하게 들렸다.

"여기에 기록되어 있습니다. 타시스(Tarshish). 타시스(Tarshish)왕은 바다에서 바다까지, 강에서부터 땅 끝까지 다스릴 것이라고 나와 있습니다. 〈시편〉입니다. 광야에서 거하는 자는 저의 앞에 굽히며, 그 원수들은 티끌을 핥을 것이며 다시스 섬의 왕들이 공세(貢稅)를 바칠 것이다. 이렇게 기록되어 있습니다."

현대의 교회들이 걸핏하면 《성경》을 뒤져 거기서 찾은 구절을 내밀며 만사의 해답이라고 주장하는 버릇은 그 때나 지금이나 별반 다를 것이 없었다.

"그렇다면 아기 예수에게 예물을 가져 온 동방의 세 왕들, 동방박사들의 후손이 아니냐?"

그들에게는 이 《성경》구절이 몽골인과 연결시킬 수 있는 유일한 고리였다.

"《성경》 말씀대로 동방박사들의 후손을 달랠 수 있는 공세를 마련하라. 그런데 무엇을 공물로 바쳐야 하지?"

1164년 외국 원정에서 돌아온 독일의 십자군은 동방박사 세 분, 즉 세 왕의 뼈라는 유골을 가져왔다. 1181년 독일인은 이 유해를 담을 정교한 황금 에나멜 성골함을 만들기 시작했다. 제 나름대로 똑똑하다는 성직자가 새로운 사실을 발견하여 자기보다 높은 성직자에게 속삭였다.

"문제가 있습니다."

"뭔가?"

"이 성스러운 유골은 결국……."

"결국……?"

덜 떨어진 성직자는 큰 발견이라도 한 듯 속삭였다.

"이 성스러운 유골은 결국……. 훔쳐 온 것입니다."

덜 떨어진 면에서는 아랫것들을 능가하는 더 높은 성직자는 신음했다.

"훔쳐온 것이라. 음……. 큰일이군. 이 일을 어떡하지?"

성직자들은 타타르 인들이 조상의 뼈를 되찾기 위해 유럽을 침공한 것으로 생각했다. 이렇게 되면 도저히 저들의 분노를 다스릴 방법은 없고, 결국 성경의 말씀대로 그들은 저들 앞에 굽히며, 티끌을 핥을 수밖에 없을 노릇 아닌가.

결국 그들의 고민은 몽골군이 갑자기 헝가리 남쪽으로 방향을 틀어 발칸 제국들을 향하여 움직였기 때문에 새로운 공세를 모색하는 것으로 바뀌어야 했다.

"그들이 왜 방향을 바꾸었지?"

"제 생각으로는……."

덜 떨어진 성직자들은 새로운 생각을 발표했다.

"그들은 바빌론의 유수 때 고향에 돌아가지 못한 유대인들의 무리입니다."

매슈 패리스는 헷갈렸다.

"그런데 저들이 사용하는 언어는 히브리어가 아니지 않느냐?"

그러나 《성경》을 아무리 통독해도 별다른 해답을 찾지 못한 매슈 패리스는 마침내 결론을 내렸다.

「모세가 다스리던 시절에 어떤 유대인 무리는 반항심 때문에 사악한 생각에 빠져 이상한 잡신들과 미지의 관습을 따랐다. 그래서 여호와 하나님이 복수를 하는 바람에 이들은 놀랍게도 다른 나라에 전혀 알려지지 않은 존재가 되었으며, 그들의 마음과 언어는 혼란을 겪었고, 결국 잔인하고 비합리적인 야생짐승처럼 생활하게 되었다.」

기독교인들은 유대인의 극도로 사악함 때문에 죄 없는 사람들이 몽골인의 진노의 피해를 입고 있다고 생각했다. 유대인들은 즉시 사형집행관의 손에 넘겨져 영원히 수감되거나 그들 자신의 검으로 죽임을 당했다. 이를 믿은 여호와와 예수의 추종자들은 요크에서 로마까지 성난 군중이 되어 유대인의 거주지를 공격했다. 유럽인들에 의한 유대인 대대적인 학살이 시작되었다.

그러거나 말거나 몽골인들은 헝가리를 거쳐 오스트리아의 빈으로 향했다. 몽골 군대가 도시 외곽을 배회하기 시작했고 합스부르크 군대는 소규모 충돌을 통해서 몽골인 장교를 하나 붙잡았다.

놀랍게도 그는 글도 읽을 줄 아는 30세의 영국인이었다. 여러 나라의 언어를 할 수 있는 이 영국인으로 인하여 몽골인들은 악마가 아니라 인간이라는 새로운 사실이 밝혀졌다. 이 영국인을 통하여 많은 정보를 캘 수 있음에도 불구하고 배교자라는 이유로 그들은 이 영국인을 죽이고 말았다. 때문에 그들은 몽골군이 빈 외곽까지 온 이유를 알 수 없었다(잭 웨더포트 著,《칭기스 칸-잠든 유럽을 깨우다》).

유목민인 몽골 군대는 초원을 따라 이동했다. 중앙 아시아, 러시아, 우크라이나, 폴란드, 헝가리의 초원을 따라 이동했던 몽골인은 초원이 끝나자 침공도 끝냈다.

몽골군에게 초원이 없다는 것은 정상적인 사람이 살 수 없는 땅이나 마찬가지였고, 그런 형편없는 땅을 힘들여 정복할 가치를 느끼지 못했다.

게다가 유럽 지역의 부(富)는 너무 형편없는 수준이어서 약탈할 재물이 별로 없었다. 몽골군이 약탈해간 가장 귀중한 전리품은 헝가리 왕 야영지의 천막과 가구 정도가 전부였다. 오히려 몽골군의 유럽 침공으로 인해서 그제서야 유럽이 잠에서 깨어났다는 것이 대부분 역사학자들의 시각이다.

몽골군의 유럽 침공 이전의 유럽은 미개했고 가난했다. 몽골인을 따라 들어온 부와 각종 지식은 유럽이 세계의 전부인 것으로 인식하고 있던 여호와의 무지를 일깨웠고 그는 동양의 지(知)와 부(富)를 동경하기 시작했다.

"이게 사람 사는 땅이냐. 왕족이나 귀족조차 거지나 다름없지 않느냐. 금, 은은 고사하고 비단 한 필 없는 나라가 사람이 사는 나라냐."

"왕궁은 물론 교회라는 곳을 뒤져봐도 도대체 나오는 게 없습니다."

당시 유럽은 중국이나 이슬람 국가에 비하면 극도로 빈한한 수준이었다. 몽골군은 이 가난한 유럽을 침공하는 것에 어떤 매력도 느낄 수 없었다. 몽골 장교들은 유럽의 가난에 실망하여 빈약한 물자 대신 값나가는 건강한 여호와 하나님의 신자들을 수집했다.

몽골인들은 이 기독교도 포로들을 데리고 가서 크림 반도의 이탈리아 상인들과 거래했다. 그들은 물물교환 방식의 거래를 통하여 유럽에서 잡은 젊은 기독교인들을 노예로 팔아치웠고, 그들이 필요한 물자를 샀다. 이렇게 구입한 물자가 그나마 빈약하기 이를 데 없는 몽골군의 대(對) 유럽전(戰) 승전 전리품이 되었다.

몽골의 침공으로 유럽은 잠에서 깨어났다. 여호와 하나님과 예수가 모든 진리의 으뜸이라는 생각은 서서히 무너졌고 몽골이 전파한 각종 지식과 지혜와 각종 선진물자들은 새로운 탐구의 영역으로 자리잡았다. 마르코 폴로는 몽골을 흠모하여 죽을 고비를 몇 차례나 넘기면서 머나 먼 원나라에 유학했고, 그가 쓴 《동방견문록》은 유럽인들에게 초강대국이자 선진국 몽골에 대한 외경심을 더욱 증폭시켰다.

 이런 자각으로 인하여 나타난 유럽의 반성이 예수의 등에 업혀 호사를 누리던 여호와의 정체에 의문을 제기하게 했고, 유럽을 휩쓸던 이런 의문은 결국 여호와 독주의 시대에 종말을 고하는 르네상스로 나타났다. 또한 유럽인들의 동방에 대한 외경심은 아메리카 대륙을 발견하려는 시도의 단초를 제공했다.

 영원한 푸른 하늘 텡그리 하느님의 몽골 제국은 아시아와 러시아, 유럽 대륙의 일부를 관장하는 세계사에서 가장 큰 제국으로 완성되었다. 원 왕조를 비롯하여 모글리스탄, 킵착 칸국, 일 칸국 등의 제국과 여섯 개의 수도가 형성되었고 몽골인에 의한 세계평화, 팍스 몽골리카가 이루어졌다. 그러나 몽골의 법은 온건했다. 애초 칭기스 칸과 그의 충신들의 발주나 맹약 때 형성된 관용의 정신이 그 기초가 되었다. 세계의 모든 신보다 정신적으로 우위에 있는 영원한 푸른 하늘 텡그리 하느님이었기 때문에 가능한 일이었다. 각 민족의 종교는 그대로 용인되었다. 이는 어느 나라, 어느 시대에도 없던 획기적인 용서와 이해와 관용이었다.

 영원한 푸른 하늘 텡그리 하느님의 포용력은 쿠빌라이 칸 치세 때 더욱 빛을 발했다. 죄인들에게 가해지는 형벌에서도 달랐다.

가능한 한 신체적 체벌은 멀리하였고 벌금형이 도입되었다. 잘못을 뉘우치는 죄인에게는 사면의 절차도 만들었다. 1291년의 〈몽골 법전〉에는 '먼저 이성적으로 분석하고 추측해야 하며 무턱대고 고문을 해서는 안된다' 라고 나와 있다. 당시로서는 전 세계에서 보기 드문 법률이었다. 여리고 성의 어른, 아이, 남자, 여자, 젖먹이까지 심지어는 나귀와 노새까지도 진멸하는 여호와 하나님과는 달라도 너무 다른 텡그리 하느님의 법이었다.

외국에게도 관대했다. 유럽인뿐만 아니라 티베트, 아르메니아, 키타이, 아랍, 타지크, 위구르, 투르크, 페르시아인 모두를 동등하게 대했다. 외국인 이교도만 보면 각종 저주와 재앙을 아끼지 않던 여호와 하나님과는 달라도 너무 달랐다.

이에 대한 반응으로 이탈리아의 작가 단테나 보카치오, 영국 작가 초서는 가장 훌륭한 옷감을 '타타르 천' 또는 '타타르 공단' 이라고 불렀으며, 잉글랜드 왕 에드워드 3세는 기사들에게 줄 대님을 만들면서 가장 고귀한 색으로 타타르 파란색을 사용하라고 명령했다.

몽골은 세계의 기술혁신을 촉진했다. 광산, 방앗간, 대장간 등에서의 고된 강도의 노동은 몽골 제국의 각 처에서 개발한 수력과 풍력으로 대체되었다. 비싼 양가죽으로 만들어진 양피지 대신에 중국의 종이가 유럽으로 건너가 인쇄술을 촉진했고, 화약과 화기가 전해졌으며 무엇보다도 중요한 나침반이 전래되어 유럽의 항해기술을 비약적으로 발전시켰다.

영원한 푸른 하늘 텡그리 하느님은 자신을 유럽에 강요하지 않았다. 하지만 유럽의 여호와나 예수는 한 단계 아래의 신으로 격하되었다. 이에 대하여 1440년대의 독일 성직자 니콜라우스 쿠사누스는 다음과 같은 표현을 썼다.

"타타르의 대표자는 자신의 민족을 '다른 신들 위의 한 신을 섬기는 소박한 사람들'이라고 소개했으며, ……(중략)…… 기독교인들은 제사에서 빵과 포도주를 그리스도의 살과 피라고 말하는데, 이는 매우 혐오스러운 일이라고 말합니다. 자신이 섬기는 것을 먹어치우다니……."

　유럽인의 몽골에 대한 감사와 존경은 초서가 쓴 《캔터베리 이야기》에 잘 나타나 있다. 초서의 《캔터베리 이야기》에서 가장 긴 이야기는 칭기스 칸의 시(詩)다. 이 시에서 초서는 칭기스 칸을 이렇게 묘사하고 있다.

「이 고귀한 왕의 이름은 칭기스 칸이었으니 그는 당대에 큰 명성을 떨쳐 어느 지역 어느 곳에서도 만사에 그렇게 뛰어난 군주는 없었다.

　　　　　　　　　　　　　　　　　　　　　　…(하략)」

오워(오보)

그것은 우리가 어릴 때 마을 어귀마다 서 있던 바로 그 서낭당이었다. 성황당이라 부르기도 했다. 몽골 어디를 가나 울긋불긋 서 있는 서낭당. 나뭇가지에 오색 천으로 알록달록 휘날리던 서낭당이었다. 우리 서낭당과 다른 점은 몽골의 하늘이었다.

몽골의 하늘은 유난히 푸르다. 전 세계에서 가장 푸른 하늘. 그 하늘에 구름이 깔리면 그 흰색은 그야말로 순백, 순수 그 자체였다. 몽골의 구름은 낮게 드리워진다. 몽골 국토가 대개 고원지대이기 때문에 구름이 낮아 손을 뻗으면 잡힐 것 같다. 그 푸른 하늘 아래 끝없이 펼쳐지는 초원은 사람을 잡아끄는 마력이 있었다.

젊은 시절의 '나'는 푸른 하늘과 하얀 구름을 배경으로 휘날리는 몽골 서낭당의 오색 천을 보며 서 있었다. 돌무더기 위에 꽂힌 한 가닥 기다란 장대에 매달려 휘날리는 각양각색의 천들……. 마치 잃어버린 고향을 찾은 느낌이었다.

멀리서 노랫 소리가 바람에 실려왔다.

"칭 게 레 만 난 나 허 리 가 털 더 손 키 치 키 치 논 네 레 헤 르 쇼 군 나 치 소 르 손 호 라 간 벨 체 르 데 노 조 르 논 타 다……."

자세히 들어보니 두 사람이 부르는 노래 같았다. 목소리는 한 사람인 것 같은데, 음정은 두 사람의 것이었다.

"신기하지? 한 사람이 부르는 노래야. 이 창법을 '허미'라고 하지. 한 사람이 저음과 고음, 두 음역대의 목소리를 동시에 내는 허미 특유의 창법으로 워낙 힘이 들기 때문에 여자는 힘들고 남자들도 1,000명 중에 한 사람 정도가 가능하지."

"하벨, 언제 오셨습니까?"

"아까 왔는데 못 알아보더군. 생각이 깊은 것 같아 그냥 옆에 서 있었지."

베두원족 하벨과 젊은 시절의 '나'는 허미 노랫소리에 귀를 기울였다. 묵직한 저음과 가성처럼 높은 음성으로 동시에 부르는 노래. 그것은 영원한 푸른 하늘의 소리였고 하얀 구름의 소리였다. 그것은 초원의 바람소리였고, 호수가 출렁이는 소리였다. 그것은 대지가 숨 쉬는 소리였고, 강물이 흐르는 소리였다.

아름다운 허미 소리에 오보의 깃발은 나부꼈다. 하늘을 울리는 노랫소리가 형형색색으로 나부꼈다. 숨소리조차 내지 않던 내가 꿈에서 깨는 듯 말문을 열었다.

"꿈을 꾸는 것 같습니다. 이건 제 어릴 때 시골마을 어귀에서 보던……"

"서낭당……. 몽골어로는 '오보'라기도 하고 '오워'라기도 하지. 칭기스 칸이 고개를 들어 저 높은 영원한 푸른 하늘을 쳐다볼 때 그 옆에서 칭기스 칸의 하느님 텡그리가 저런 모습으로 휘날렸지."

"텡그리……. 우리 어릴 때 동네 세습무당을 '당골'이라 불렀죠. 당골 할머니, 당골 아줌마……. 이렇게 세습되어 오던 무당들을 그렇게 불렀죠. 지금도 시골에서는 무당을 당골이라 부르고 있더군요. 그게 텡그리인 줄을 여기까지 와서야 알았으니……."

"그랬군. 당골……. 텡그리……."

"어제 육당 최남선 선생님을 찾아 갔습니다."

"그랬군."

"육당 선생님은 몽골어와 터키어의 '텡그리(tengri)'에 대해 이렇게 말씀하시더군요. 이는 한국어 '대갈'로서 대가리를 일컫는 것이라고. 대가리는 당갈, 당골이며, 당골에 대한 설총의 이두식 차음(借音 : 의미에 개의치 않고 한자의 음을 따서 적는 방법)이 곧 '단군'이라고."

"……."

"또한 선생님은 '태호, 복희'를 '타이가 파크(taigar park)'라 하시면서 이는 곧 '대갈-밝'이라는 말로, 너희들이 현재 속된 말로 표현하는 '대갈박', '대갈박 터진다'가 여기서 나왔다고. 그러나 과거에는 이 말이 결코 천하지 않았다고. 오히려 지극히 신성한 어휘였다고 하더군요. '대갈'이 곧 '우두머리'를 뜻하니까. 이 대갈박이라는 말이 우리 시대에 행운을 가져온다는 뜻의 '대박'이라는 말로 사용되고 있음을 볼 때 그 신성이 아주 사라지지 않았음을 알 수 있다고 말씀하시더군요. 몽골족 칭기스 칸이 우리 민족이며 여진족도 거란족도 모두 우리와 같은 민족이라고. 칭기스 칸의 영원한 푸른 하늘 텡그리가 바로 당골이며 단군이라고. 그것을 푸는 일이 저에게 주어진 숙제라고."

"내가 내준 숙제이기도 하지."

"……."

젊은 시절의 '나'는 오보 아래에 주저앉았다. 생각 같아서는 오보를 보면서 영원한 푸른 하늘 텡그리에게 절이라도 올리고 싶었다. 그러나 아직 내 여정이 끝나지 않았음을 상기하고는 말없이 앉아 오보에 날리는 오색의 깃발들과 그 뒤로 보이는 하얀 구름들, 그리고 드높은 영원한 푸른 하늘을 바로보고 있었다. 베두윈족 하벨은 그런 나를 물끄러미 바라보다 흔적을 감추었다. 나는 오래도록 앉아 있었다. 내 마음은 초원의 바람 속에 실려 날아다녔다.

날이 저물고 하늘의 별이 솟았다. 잠시 후 하늘은 별들로 가득 찼다. 서울에서 보는 밤하늘이 아니었다. 한 뼘의 빈 틈도 없이 하늘은 별들로 가득 채워졌다. 은하수는 구름처럼 흘렀으며 별들은 빈센트 반 고흐의 그림처럼 쏟아져내릴 것 같았다. 유성이 꼬리를 그으며 지나갔다. '나'라는 존재가 사라졌다. 추위도 느껴지지 않았다. 밤바람은 그저 오보의 오색의 깃발들을 펄럭일 뿐이었다. 나는 미동도 하지 않았다. 머릿속이 비워져가고 있었다. 머릿속 한 구석에서 구슬을 굴리면 그 구슬은 머리의 빈 공간을 아무런 방해도 받지 않고 굴러 맞은편에서 튕겨져 다시 돌아올 것 같았다. 멀리서 희뿌여니 새벽이 오고 있었다.

신은 죽었는가

긴 밤을 지새운 젊은 시절의 '나'는 예수도, 여호와도, 알라도, 무함맏도, 부처도, 신토도, 강증산도, 하다 못해 아프리카의 토신조차도 모두 영험 없는 관념일 뿐이라는 생각을 가진 사람과 이야기를 나누고 싶었다. 나는 1880년의 런던으로 날아갔다. 만년의 칼 마르크스가 거기 있었기 때문이었다. 만년의 그는 만성적인 정신적 침체에 빠져 있었다.

"역사부터 공부하게. 역사에는 신이 끼여들 틈이 없었어. 역사는 운명이나 섭리나 세계정신 같은 멋들어신 관념으로 신행되시 않았어."

"십자군 전쟁만 해도……."

"종교를 빙자했을 뿐이지. 그들 모두가 여호와나 예수의 영광을 위해서 목숨을 걸었다고 보나? 자네는 관념적 역사관에 지배 당하고 있었군. 나무만 보지 말고 숲을 보게. 큰 줄기, 큰 흐름을 보게."

"관념……."

"인간의 존재에 필수불가결한 물질적 생활과 그 생산이 정치, 경제, 법률, 종교, 학문 등의 관념을 발달시킨 기초지. 그렇지 않나? 관념만 가지고는 아무 것도 볼 수 없어. 관념을 물질화시켜 보게. 많은 것이 보일 걸세. 사람들의 의식이 그들의 존재를 규정하는 것이 아니라, 그들의 사회적 존재가 그들의 의식을 규정하지. 그렇지 않나? 여기에 신이 끼여들 여지가 어디 있나?"

"……"

"종교는 지배계급이 피지배계급을 보다 용이하게 지배하고 관리하기 위한 동기와 도구로 작용하지. 콘스탄티누스가 왜 기독교를 로마의 국교로 받아들였는지, 당시 기독교 성직자들이 왜 콘스탄티누스 황제의 결정을 수용했는지 자세히 살펴보게. 쌍방 모두 지배계급으로서의 이익이 일치했지."

"교황의 세속적 권력이 거기에서 출발한 것은 이해가 되는군요."

"사회가 필요로 했던 기독교와 지배계급이 필요로 했던 기독교는 달랐어. 결국 지배계급이 필요로 했던 기독교가 승리했고, 나머지는 모조리 화형에 처해졌지. 지배계급의 종교적 승리가 콘스탄티누스 황제의 삼위일체론이었고."

"……"

"앞으로의 역사도 물질과 생산에 의해서, 물질을 가진 자와 생산력을 가진 자, 지배계급과 피지배계급간의 갈등과 마찰로 써지게 되겠지."

"……."

"사회의 물질생산력이 어느 정도 발전적 단계에 이르게 되면 기존 생산관계와 모순에 빠지게 되지. 그때까지 사회생활이 영위되어 온 소유관계와 모순되어 생산관계가 생산력 발전에 큰 장애가 된다. 그리고 경제적 기반의 변화와 더불어 거대한 상부구조가 무너지게 되겠지. 내 예상이 맞는다면."

"사회적 혁명론이군요."

"사회적 혁명은 급진적으로 이루어지기도 하고 완만하게 이루어지기도 하지. 그때가 되면 종교는 아예 사라지게 될 거야. 지금도 사라지고 있지만."

"인간의 본성이 전혀 고려되지 않은 말씀 같습니다만……."

"배고픈 인간이 신을 더 찾지 않나? 권력을 가진 자는 언제나 신을 이용하게 마련이지. 로마 교황청이나 영국의 성공회를 보게. 배고픈 인간은 그들이 제공하는 신에게서 위로와 안식을 얻겠지. 하지만 그 틈에 지배계급은 자신의 지갑을 채우거나, 최소한 지갑을 통해서 나가야 하는 것을 절감하지."

더 이야기해봐야 빤한 내용이 될 것 같았다. 화제를 돌렸다.

"실례지만 지금부터 백년 후의 미래 역사는 어떻게 될 것 같습니까?"

"지금부터 백년이면 충분하지. 내가 말하는 사회적 혁명이 그때는 완벽하게 완성되어 있겠지."

"만약 선생님의 예측이 틀릴 경우는요? 그럴 경우는 생각해보지 않으셨습니까?"

"……?"

그는 젊은 시절의 '나'를 가만히 응시했다.

나는 그에게 내가 미래에서 왔음을 증거하는 자료를 제시할 수는 없었다. 그러나 최대한 진지하게 설명할 수밖에 없었다. 진실 이외의 무기는 사용할 수 없었다.

"저는 지금부터 120년 후의 미래세계에서 왔습니다."

그는 이게 무슨 소리냐? 하는 표정으로 나를 쳐다봤다. 나는 그의 표정 변화에 신경 쓰지 않고 말을 이었다.

"선생님의 사후, 선생님의 이론대로 지구 땅덩이의 절반에서 혁명이 성공했습니다."

그는 재미있다는 표정으로 응수했다.

"그래?"

"그러나 사회발전에 의한 것이 아니라 주로 가난한 후진국에서……. 자발적인 프롤레타리아의 봉기가 아니라 일부 엘리트에 의한 조종에 의해서 혁명이 성공했습니다."

"어느 나라가 제일 먼저 성공했나?"

"러시아였습니다."

"그럴리가? 거긴 시민계급, 프롤레타리아 계급조차 발달하지 않았는데?"

"농민계급을 이용하여 혁명이 성공했습니다. 칼 마르크스 선생님."

그의 표정이 조금씩 일그러지기 시작했다.

"그럴…… 수도……, 있겠지……."

"그리고 많은 사람들이 죽었습니다. 수천만 명이 희생되었습니다."

"어쩔 수 없는 희생이겠지. 부르주아 계급의 희생이라면."

"희생된 사람들은 대부분 프롤레타리아 계급에 해당하는 노동자, 농민들이거나 선생님의 이론에 반대하는 정치범들이었습니다."

"으음……. 누가 죽였는가? 봉기한 프롤레타리아 민중의 분노에 의해서?"

"아닙니다. 독재자의 숙청이었습니다. 독재자가 운영하는 비밀경찰에 의해서 체포되고, 정치범 수용소에 갇혀서 굶어죽고, 맞아죽었습니다. 한 때 프롤레타리아 혁명을 주장하던 자들에 의해서 새로운 지배계급이 형성되었습니다. 새로운 지배계급은 선생님의 이론을 종교대용으로 사용했습니다."

"얼마나……. 얼마나 희생되었나?"

"노벨문학상을 수상한 솔제니친이라는 러시아 작가에 의하면."

"……? 계속 하게."

"1832년에서 1833년 동안 6백만 명이 굶어죽었고, 1936년에서 1939년 동안 매년 최소한 1백만 명이 죽었습니다."

"어떻게 그럴…… 수가?"

"선생님의 이론에 따라 공동농장이 설립되었고 그해부터 1953년 스탈린이라는 독재자가 죽을 때까지 6천 6백만 명이 희생되었습니다."

"……. 인민들의 살림살이는 어땠나? 공평해졌는가?"

"고르바초프라는 지도자에 의해서 공산주의를 포기하고 자본주의가 시작되었을 때, 소비에트의 문을 열고 다른 자본주의 나라와 비교해 보았을 때, 모조리 굶어죽지 않은 것이 그나마 다행이었을 정도였습니다."

"……."

"결국 선생님의 이론에 따르면 모두 공평하게, 평등하게 굶주리게 된다는 것을 세계인은 배웠습니다. 그나마 굶어죽기 직전에 선생님의 이론을 포기했기 때문에 살 수 있었다는 것이 새로운 세계사의 교훈이 되었습니다."

"성공한 나라는 하나도 없었는가?"

"인구 10억이 넘는 중국에서는 러시아를 반면교사(反面敎師)로 삼아 미리 경제노선을 자본주의로 수정해 버렸습니다. 그러나……. 그러나 제가 사는 나라의 북쪽에서는……."

나는 격해지는 감정을 추슬러야 했다. 자칫 울먹이는 모습으로 비춰질 수도 있었다. 나는 힘겹게 말을 이었다.

"아직도 굶어죽고, 맞아죽고, 정치범 수용소에서 인간 이하의 대접을 받으며 죽어가고 있습니다."

"……."

"그리고 선생님의 이론을 포기하자마자 그들이 선택한 것은……, 선생님이 지배자의 통치수단이라던 종교였습니다."

"으음……."

칼 마르크스는 신음했다.

"지금도 제가 사는 나라의 북쪽에서는 비밀경찰의 눈을 피해가면서 비밀교회에서 예배도 보고, 점도 치고 굿을 하기도 합니다. 발각되면 정치범 수용소로 끌려가야 된다는 것을 알면서도 그렇게 하고 있습니다. 이런 것을 보면 선생님의 이론은 모두 틀린 것이 됩니다."

"으음……."

"종교는 한 때 지배자의 통치수단이기도 했지만 인간의 본성에서, 억제하면 억제할수록 인간 스스로 구하고 찾게 되는 영혼의 활동이며, 종교가 아니라도 인간의 영혼은 항상 영적으로 무엇인가를 갈구한다는 것이 증명된 셈입니다."

"자넨, 자네는 누군가?"

"……."

대답을 할 수 없었다. 나는 가벼운 목례를 남기고 자리를 떴다.

나는 그와의 대화에서 승리한 것이 아니라 나만의 생각에 몰두하여 스스로 후퇴했음을 자인했다. 결국 무신론자의 대부(代父) 앞에서 나는 대화고 뭐고 없이 유신론을 역설해버린 꼴이었다. 젊은 시절의 내 가녀린 영혼은 유신론의 범주를 벗어나지 못했고, 벗어날 수도 없음을 스스로 재확인한 셈이었다.

배 화(拜火)

불이 활활 타오르고 있었다. 불은 아몬드 나무를 태워 피우고 있었다. 이 불은 대략 서기 470년부터 타기 시작해 이후 단 한 번도 꺼진 적이 없는 나히드-에 파르스(Nahid-e Pars) 사원에서 옮겨 왔다고 했다. 활활 타오르는 불꽃은 사람의 혼을 한 곳으로 모으는 마력이 있었다.

젊은 시절의 '나'는 미동도 하지 않은 채 불꽃을 응시했다. 내가 미동도 하지 않은 것이 아니라 불꽃이 나를 미동도 하지 못하도록 붙들고 있었다. 시야에서 불꽃이 사라졌다가 다시 피어오르고 활활 피어올랐다 다시 사라졌다.

어느 순간에도 불꽃은 정지되지 않았다. 수천 년, 수만 년 아니 수억 년이 지나도 불꽃은 단 한 번도 동일한 모습을 재현하지 않을 것이다. 지상에 나타났다 사라진 수십, 수백 억의 영혼이 그러하듯이 불꽃이 그러했다.

불꽃은 잡을 수도 없었고 담을 수도 없었다. 기껏 담는다고 해봐야 불꽃의 재료인 나무였지, 불꽃 그 자체는 어떤 용기에도 담아둘 수도 가둘 수도 없었다. 마치 우리의 영혼이 그러하듯이.

불꽃이 한 번 꺼지면 그 이전의 불꽃은 두 번 다시 재현할 수 없었다. 마치 우리의 영혼이 그러하듯이.

어떤 나무라도 불꽃을 피우고 사라져 스러진 재가 된 이후에는 두 번 다시 불꽃을 피울 수 없었다. 마치 우리의 영혼이 그러하듯이……

그러나 불 그 자체를 숭배해서는 안된다. 불은 숭배의 대상이 아니라 제물을 바쳐 그 향기를 아후라 마즈다 하나님(Ahura Mazda)이 흠향하게 하는 도구일 뿐이다. 어찌 불 그 자체를 경배할 수 있으랴.

그러나 지상의 것이 아니라 천상의 것처럼 아름답게 타오르는 불꽃에 심취한 젊은 시절의 '나'는 차라리 불을 숭배하고 싶었다.

'저 아름답게 타오르는, 2,700년 전부터 한 번도 꺼지지 않은 저 불꽃은 숭배 받을 이유가 있다. 나의 마음을 한 곳으로 모아주고, 나를 이렇게 간단하게 무념무상(無念無想)의 세계로 인도한 것은 저 불꽃 외에는 아직 없었으므로.'

무념무상의 상태에서 젊은 시절의 '나'는 불꽃을 천천히 거슬러 오르기 시작했다. 불이 과거방향으로 타오르기 시작했다. 그러나 그 방향이 과거를 지향해도 불꽃은 미래지향일 때와 마찬가지로 타올랐다. 과거로의 기나긴 여정에서 젊은 시절의 '나'는 아름답게 춤추는 불꽃으로 인하여 지속적으로 무념무상의 행복한 상태를 유지할 수 있었다.

얼마나 지났을까. 나는 2,700년의 세월을 거슬러 올라가고 있었다. 마침내 그가 보였다. 그는 아몬드 나무가 아름답게 타오르는 작은 불꽃의 제단 앞에 서 있었다.

젊은 시절의 '나'는 마침내 조로아스터의 옆에서 2,700년 전의 불꽃을 그와 함께 볼 수 있었다. 그가 돌아보았다. 얼굴 가득 풍성한 수염에 인자한 눈, 분명 그 얼굴은 크게 깨달은 자의 모습 그것이었다.

"조로아스터여. 이방의 순례자인 저는 페르시아의 사산 왕조시대(A.D. 224-651년)를 거쳐, 파르티아 제국의 시대(B.C. 247-A.D. 226년)를 지나, 아케메네스 왕조의 시대(B.C. 599-330년)를 넘어 예까지 왔습니다."

"긴 여정이었군. 네가 방금 지나온 시대는 모두 아름다운 시대였다. 진리가 살아 있던. 너를 통하여 내 옛날 그때의 감흥이 살아나는구나."

"그때라시면?"

"나는 열 두 살에 집을 떠났다. 나름대로 기나긴 여정이었다. 스무 살이 되어 나에게 주어진 사명을 위하여 세상과 멀어져 수도에 임했고, 서른이 되어서야 보후마나 신의 손에 이끌리어 그 분의 보좌에 나아가 내가 가르쳐야 할 진리를 배웠다."

"그 분이라시면 아후라 마즈다 하나님을요? 직접?"

"그렇다. 아후라 마즈다 하나님은 너희가 유일신이라 하는 신보다 한 계단 더 위에 계신 유일신이시다. 그 후 8년 동안 아후라 마즈다의 다섯 천사들이 한 분씩 나타나 나에게 아후라 마즈다의 진리를 전해주셨노라."

나는 조용히 듣고 있었다. 조로아스터의 말은 계속 이어졌다.

"내가 광야에서 기도할 때 앙그라 마인유(사탄)가 나타나 아후라 마즈다 하나님을 숭배하지 않으면 세상을 다스릴 권세를 주겠다고 유혹했지만 나는 강하게 거부했노라."

나는 깜짝 놀라지 않을 수 없었다. 예수보다 700년이나 앞서서 광야에서 기도하고 사탄의 유혹을 받았다니……. 그렇다면 예수가 광야에서 기도한 것과 사탄으로부터 유혹을 받은 것은 어찌 되는가. 그리고 세상을 다스릴 권세를 주겠다는 유혹의 구체적인 내용까지 똑같지 않은가……. 나는 조로아스터의 말에 더욱 귀를 기울였다.

"그 후 내가 계시 받은 진리를 대중들에게 전하기 시작했으나, 모두 나를 광인(狂人)이라 생각하고 내 말을 듣지 않았다. 마침내 내 사촌 중의 하나가 나를 믿고 제자가 되었으며, 그 후 왕을 비롯한 수많은 이들이 내가 전하는 가르침을 받아들였느니라. '아후라'는 주(主)님을 의미하여 '마즈다'는 지혜를 의미하니……."

"지혜의 주님이시군요. 저도 비슷한 분을 알고 있습니다."

"내가 살았던 시대는 다신교의 시대였다. 유일신이신 아후라 마즈다 하나님의 사상을 전도하는 일은 쉬운 일이 아니었다.

　나는 아후라 마즈다 하나님을 제외한 다른 신을 모두 거짓으로 선언했노라. 많은 박해가 따랐지만 섭리에 의해 보호받았다."

"유일신이라면 여호와?"

"천상천하에 유일하게 존재하는 아후라 마즈다님을 그런 광야의 외로운 전쟁과 살육의 신과 경망되이 비교하지 말라."

"그 분은 사람들 앞에 직접 현신하셨습니까?"

"그 분께서 현신하실 때는 여섯 가지 다른 불사의 존재, 천사장의 모습으로 나타나시는 바, 그 여섯 중 셋은 남성적이시고,

　다른 셋은 여성적이시며 각각 지혜, 사랑, 봉사, 경건, 완전, 불멸을 상징하고, 이 모든 것이 합쳐지면 아후라 마즈다의 속성을 나타내시니라. 이 여섯 존재를 합하여 아메샤 스펜타(amesha spentas)라고 부른다."

　참으로 놀라웠다. 전 세계를 막론하고 대부분의 고대 신들은 유대지방의 여호와처럼 인간의 복종과 경배를 강요하고, 무서운 저주와 재앙을 논하는데, 여호와나 예수가 나타나기 천 년 전에 이미 지혜와 사랑과 봉사와 경건과 완전과 불멸을 논했다니…….

　우리가 고등종교의 조건이라고 하는 공의적(公義的) 사랑을 기원전 700년대에 이미 설파했다니 이는 분명히 놀라운 발견이었다.

"참으로 선(善)한 하나님이셨군요."

"어둠 없는 밝음이 어찌 홀로 존재할 수 있으며, 악 없는 선이 어찌 홀로 가치를 가지겠느냐. 우주만물이 이와 다를 바 없으니 태초에 아후라 마즈다 하나님으로부터 두 영(靈)이 나왔으니."

"두 영……."

"하나는 선의 영이 화하여 너희가 일반적으로 말하는 천사인 스펜타 마이뉴(spentas mainyu)이고, 다른 하나는 악을 택한 앙그라 마이뉴(angra mainyu)였느니라. 앙그라 마이뉴는 훗날 아흐리만(ahriman)이나 '샤이탄'으로 불렸는데, 그가 너희들이 말하는 '사탄'이니라."

"어찌 하나님으로부터 선과 악이 동시에……."

"섭리를 알라. 선이 홀로 존재하거나, 악이 홀로 존재한다면 너희들의 세상이 어찌 존재할 수 있겠느냐. 빛이 홀로 존재하는데 어찌 우주가 형성 되겠으며, 어둠이 홀로 존재하는데 또한 어찌 우주가 형성되겠느냐."

"이해할 수 있을 것 같습니다."

"세상의 존재원리가 그러하니 자연히 세상은 선과 악이 싸우는 투쟁의 현장이며, 인간은 너희에게 주어진 자유의지를 활용하여 둘 중에 한 쪽을 선택해야 한다. 너희들은 선을 선택하여 완전함에 도달할 수 있도록 노력해야 하며, 선택의 결과에 따라 너희들의 운명이 결정 되느니라."

"완전한 선을 목적으로 인간은 창조 되었습니까?"

"선(善)은 홀로 존재할 수 없고, 악(惡)도 홀로 존재할 수 없기 때문에 한쪽이 존재해야지만 다른 한쪽도 의미를 가지지 않겠느냐? 너희가 완전한 선을 목적으로 창조 되었다면 너희에게 주어진 자유의지가 박탈되어야 했을 것이고, 너희가 완전한 악을 목적으로 창조 되었다 해도 너희에게 주어진 자유의지는 박탈 되어야 했을 것이다."

"그렇군요."

"선의 천사들이 오로지 선만을 목적으로 한다면 자유의지는 서서히 사라질 것이고, 악의 천사들에게 주어진 자유의지가 세월을 따라 강화 되는 순간 주체성이 강화되면서 심지어는 아후라 마즈다님께 도전하여 대결하게 되는 것 또한 섭리니라."

"섭리의 세계에서 선과 악은 공존하면서 순환하는군요. 그럼 인간의 사후세계는 어떻게 되는 건가요."

"너희들 중 누구도 선만을 행할 수 없고, 너희들 중 누구도 악만을 행할 수 없으니 그 행한 바에 따라 각자 다른 곳으로 가느니라. 너희가 죽은 지 3일까지는 너희의 주검 가까이 머무르면서 너희가 생전에 행한 바를 돌이켜보고, 4일째면 심판대로 가는데, 거기에는 천사 미드라가 있어 너희가 살아 있을 때의 행위를 저울에 다느니라. 저울이 악한 쪽으로 기울면 그 영혼은 지옥으로 가고, 약간이라도 선한 쪽으로 기울면 그 영혼은 천국으로 가게 된다."

또 귀가 열렸다. 죽은 지 3일? 그렇다면 미쓰라와 예수를 비롯한 구세주들이 죽은 지 모두 3일 만에 부활한 것에 영향을 미쳤다는 이야기가 아닌가. 나는 내 의문들을 기억해두기로 했다. 그리고 궁금한 것을 계속 물었다.

"천국에 가든, 지옥에 가든 영혼은 거기서 영원히 살아야 하는 것인지요."

"아니다. 어찌 영원한 형벌이 있겠느냐. 형벌이 영원하다면 어찌 그것이 형벌이겠느냐. 종말에 이르러 구세주가 나타나면 모든 영혼들이 부활하고, 악한 영혼은 순화 되어 선한 영혼과 합류하여 새로운 세상에서 살게 된다. 그러나 사탄과 씻지 못할 죄를 지은 악령들은 완전히 소멸되는 것으로 심판이 이루어지느니라."

"완전한 소멸이야말로 가장 큰 형벌이 되겠군요."

"그렇다. 최후의 심판 때의 완전한 소멸은 영혼의 소멸이라. 밝음과 어둠은 서로 존재할 수 있으되. 밝음도 어둠도 없어지는 세계가 완전한 소멸이니라. 영혼의 존재조차도 사라지게 되는 것이니 너희 영혼 있는 자들은 마땅히 악을 경계할진저."

"진정한 선이 무엇입니까?"

"올바름. 정의로움이 가장 고귀한 선이다."

"저희가 가장 경계해야 할 것은 무엇입니까?"

"너희가 가장 경계해야 할 것은 거짓이니 이는 아후라 마즈다 하나님께서 가장 경멸하는 것이니라."

"네……."

"그리고 또한 경계해야 할 것은 악령과 관련된 미신이나 마법, 악령에게 기도하는 것이니라. 이는 너희 영혼을 소멸케 하는 것이니 경계하고 또 경계해야 할 것이니라."

"네. 명심하겠습니다. 그런데 아후라 마즈다님의 조로아스터교가 왜 배화교(拜火敎)로 불리는지요?"

"불 그 자체를 숭배해서는 안된다. 불은 숭배의 대상이 아니라 제물을 바쳐 그 향기를 아후라 마즈다 하나님(Ahura Mazda)이 흠향하게 하는 도구일 뿐이다. 그리고."

"……."

"최후의 심판이 불로 이루어지는 것이니, 항상 불을 꺼트리지 말라는 것이다. 너희가 제물을 사르는 것은 그 제물의 입장에서 볼 때, 그것이 완전한 소멸이니 너희 영혼의 소멸을 경계하기 위해서 언제나 제단 앞에 불을 간직하는 것이라. 그래서 너희 호사가들이 우리를 배화교라 하는 것이 아니겠느냐?"

"당신께서는 이 시대에서 역할을 마치셨습니까?"

"내가 가고 나서 3,000년이 지나면 세상은 악으로 가득 찰 것이다.

그 때 너희를 구할 구세주가 나타나리니, 그의 이름은 '사오샨트'이며 그는 동정녀의 몸에서 태어날 것이라."

나는 귀가 번쩍 뜨이는 듯했다.

"동정녀?"

"동정녀의 몸에서 태어난 구세주가 너희들에게 구원에 대하여 설파할 것이고, 너희들이 원래의 선한 세계로 환원하려는 노력에 따라 마지막의 때에 아후라 마즈다 하나님이 나타나셔서 이 세상을 불로써 심판하시리라."

뭔가 알 것 같았다. 자유의지, 천사의 타락과 사탄, 유일신, 동정녀 수태, 구세주, 광야에서 사탄의 유혹, 죽은 지 3일, 최후의 심판……. 이러한 모든 것들이 기독교에서 되풀이 되는 것에는 분명 어떤 이유가 있을 터, 그 이유의 실마리를 찾은 것 같았다.

나는 조로아스터 곁에서 상념에 잠겼다. 조로아스터는 그런 나를 그대로 두었다.

상념…….
그 순간 나는 순식간에 현세로 돌아와 불꽃 앞에 홀로 앉아 있는 자신을 발견했다. 불은 여전히 활활 타오르고 있었다. 불은 아몬드 나무를 태워 타오르고 있었다. 이 불은 나히드-에 파르스 사원에서 옮겨왔다고 했다. 활활 타오르는 불꽃은 사람의 혼을 한 곳으로 모으는 마력이 있었다. 나는 정신없이 활활 타오르는 불꽃으로 빨려들어가고 있었다. 불의 꽃. 그것을 제외하고는 아무 것도 보이지 않고 아무 것도 들리지 않았다. 그것은 고요 그 자체였다.

해인사

고요. 새벽 3시가 되지도 않았는데, 목탁소리와 함께 스님들이 각 방을 돌면서 조용히 염불을 외워 잠든 객들을 조용히 깨운다. 나도 잠에서 깨어나 졸린 눈을 비비며 저만치 앞선 스님을 따라 범종각으로 향한다. 날이 새려면 아직 멀었다. 밤을 설 깨운 산새가 푸드득 난다. 먼데서 부엉이가 우엉우엉우워어 운다. 범종각에는 템플스테이 중인 불자들이 하나둘 모여든다.

한 분의 스님이 자신의 키보다 큰 법고를 두드리기 시작했다. 예닐곱 분의 스님이 법고 앞에서 차례를 기다리고 있었다. 북을 치던 스님이 서서히 옆 가장자리로 옮기면 옆에서 대기하고 있던 스님이 반대편 가장자리에서 북을 치면서 자리를 잇는다. 잠시 양 가장자리에서 두 스님이 같이 두들긴다. 그러던 중 먼저 치던 스님은 자리를 뜬다. 옆의 스님이 북의 중심에 자리 잡고 두들긴다. 이렇게 예닐곱 분의 스님이 계속해서 법고를 두들긴다. 법고소리는 축생을 제도하기 위함이다. 그러나 새벽의 법고는 깊은 산중의 해인사를 깨우고 주변의 산새를 깨우고 산짐승을 깨우고 산에서 잠든 혼령을 깨우고 산신령을 깨우고 깊은 산 자체를 깨운다.

「두두두둥두두두둥딱 둥두두둥딱딱둥두두둥두두…….」

법고에 이어 범종 차례다. 범종은 지옥계의 중생을 제도한다. 새벽에는 28번을 울린다. 법고에 이어 새벽의 범종소리는 폐부를 찌르고 울린다. 그 소리는 땡- 도 아니고 쾅-도 아니고 둥- 도 아니고 고오오오- 도 아니다. 교교한 태고의 소리. 누가 이 웅장한 범종소리를 '에밀레' 라고 했던가. 그것도 아니다. 인간이 발명한 최대한의 공명을 가졌으니 달리 표현할 방법이 없다.

「데에에---------------ㅇ---ㅇ--ㅇ-」

웅장한 공명의 범종소리는 최소한 십리를 넘어가고 1분을 넘긴다. 그것을 28번 울린다. 범종소리로 인하여 주변은 더욱 고요해진다. 소리로 인하여 고요해지는 것은 직접 들어보지 않고는 설명할 길이 없다. 새벽에 울리는 범종소리를 듣고 눈시울이 젖는다면 이해가 될까. 하염없이 눈물이 흐른다. 슬퍼서 흘리는 눈물이 아니다. 물론 기뻐서 흐르는 눈물은 더욱 아니다. 감동으로 흐르는 눈물이라고 해도 정확한 설명이 되지 않는다. 그냥 흐른다. 이 장엄한 새벽 미명의 범종소리는 한 번 가슴에 담으면 결코 흘러나가지 않는다, 그대로 몇십 년이고 남게 된다.

다음은 목어. 목어는 물속의 중생을 제도한다. 2미터가 조금 넘는 물고기 형상이 매달려 있는데 뱃속이 움푹 길게 비어 있다. 그 빈 부분 아래에 스님이 서서 목어의 뱃속을 두들긴다. 물고기를 잡으면 배 부분이 가장 먼저 상한다. 그래서 비린내가 난다. 가장 상하기 쉬운 부분을 파내어 그것을 두들긴다. 썩기 쉬운 부분을 두들겨 중생의 마음이 썩는 것을 경계한다.

「따드딱따그다딱 딱따그따그르르…….」

목어의 음색은 짙다. 물속을 통과하기에 알맞은 음색이다. 산중에는 작은 개울이 있다. 그 개울에는 송사리도 있고 피라미도 있고 버들피리도 있고 쉬리도 있고 미꾸라지도 있고 올챙이도 있다. 목어의 소리는 물속을 관통하여 그들에게 전달된다.

그 물고기들은 이 목어소리로 제도될까. 스님의 표정은 한없이 진지하다. 저렇게 진지하게 두들기면 송사리도 피라미도 버들피리도 쉬리도 미꾸라지도 올챙이도 제도될 것 같다.

다음은 운판이다. 음색은 맑다. 운판은 공중에 떠다니는 모든 중생을 제도한다.

「땅 따앙 땅 띠앙 땅 따앙…….」

징소리 같기도 하고 꽹과리 소리 같기도 하지만 요란하지는 않다. 청동으로 하늘하늘 구름을 새겼으니 구름의 소리일까. 청아한 음색은 새벽의 하늘을 난다. 날아다니는 모든 것은 저 운판의 소리를 들을 것이다. 참새, 굴뚝새, 어치, 까치, 까마귀, 비둘기, 까투리, 장끼 등 깃털 달린 모든 날 것과 날파리, 모기, 파리, 하루살이, 잠자리 등 연한 네 가닥 날개 달린 모든 날 것들이 열락의 세계로 인도된다.

법고는 나무를 켜고 가죽을 대었으니 인공으로 만든 것이요, 범종은 쇳물을 끓여부어 만들었으니 틀림없는 인공물이다. 목어도 나무를 깎아 칠을 했으니 사람이 만든 인공물이요, 운판도 쇠를 두들겨 펴고 조각을 하였으니 틀림없는 인공제품인데 법고, 범종, 목어, 운판이 모두 하나같이 자연의 소리를 내니 자연의 것이다.

모든 영혼이 잠든 이른 새벽에 법고, 범종, 목어, 운판이 차례로 자연의 소리로 피었으니 어느 영혼인들 맑아지지 않겠는가. 이렇게 맑게 깨었으니 깨달음인들 멀리 있을까.

나는 해인사 옆 계곡 바위에 걸터앉았다. 멀리 법당에서 목탁소리와 독경소리가 아스라이 들렸다. 〈반야심경〉이었다.

"마하반야바라밀다심경 관자재보살 행심반야바라밀다……"

인도의 추억이 되살아났다. 인도 뒷골목에서 만났던 브라마가 떠올랐다.

"고타마 싯다르타? 이사 갔어."

"어디로요?"

"너희 나라로. 중국을 거쳐 일본으로도 가고. 태국으로도 가고 히말라야 산 속으로도 갔지. 요즘은 비행기 타고 미국이나 유럽에도 출몰한다던데?"

브라마의 가르침은 심오했지만 그 표현은 추상적이지 않았고 직설적이며 명쾌했다. 브라마니까 가능한 일일 수도 있었다.

저만치서 스님 한 분이 올라오고 있었다. 스님이 옆에 오자 예를 갖추는 의미에서 합장하여 고개 숙였다. 그랬더니 대뜸,

"나 알아보겠어?"

하면서 싱긋 미소를 지었다. 나는 엉겁결에 물었다.

"누구신데요?"

스님은 장난기 서린 사람 좋은 웃음을 지어 보이며 내 옆에 앉았다.

"잘 봐!"

세상에. 그는 브라마였다. 피식 웃음이 나왔다.

"여긴 웬일이세요? 머리까지 깎으시고."

"웬일이긴? 날 찾는 사람들이 있어서 겸사겸사 왔지. 그런데 자네가 여기 있다더군. 그래서 어떻게 지내나 안부나 물어볼 겸 왔지. 요즘 내가 인기가 좋아졌어. 너희 나라에서 나를 찾는 사람도 다 있고. 그래 찾던 건 찾았나?"

"아뇨. 아직도 희뿌연 안개 속이에요."

"그래? 곧 찾게 되겠지. 고타마 싯다르타는?"

"한국에서도 안 보이던데요?"

"저런, 난 방금 만나고 왔는데?"

"어디 계신데요?"

"부처가 절에 있지. 어디 있겠나?"

"절?"

"그럼. 내려가서 법당에 가봐. 있나, 없나. 그건 그렇고."

"네?"

"한국에 와서 알게 되었는데……. 나보다 더 높은 신이 있더군."

귀가 번쩍 띄었다.

"누군데요?"

"찾아봐. 네 힘으로. 거의 다 되어가더구먼. 이제 몇 고개만 넘어가면 보일 거야."

나는 조급증을 드러내 보이고 말았다.

"가르쳐주세요."

"세상에 공짜가 어디 있나? 여기까지 가르쳐 주는 것만 해도 어딘데."

아이처럼 떼를 썼다.

"그래도 가르쳐주세요. 맛있는 거 사드릴게요."

"내가 가르쳐줘도 넌 몰라. 가르쳐줘도 인정 안할 것이고. 네 힘으로 찾아봐. 끝까지 포기하지 말고 힘 내. 네가 좌절하는 모습을 몇 번 봤거든. 포기하면 안돼. 힘내고 찾아봐. 끝까지 포기하지 말라는 이야기해주러 여기까지 온 거야."

무슨 말인지 알 것 같았다. 세상에 남이 가르쳐주는 깨달음은 없다는 것을. 머리에서 아는 것과 가슴으로 받아들이는 것은 다르다는 것을. 스스로 고행하여 깨치지 않는 한 어떤 깨달음도 소용이 없다는 것을.

새삼 브라마의 사랑이 느껴졌다. 내가 포기할까봐 여기까지 와준 것에 한없는 사랑이 느껴졌다. 사실 아무리 찾아도 보이지 않는 예수 때문에 몇 번 포기할 생각을 한 것은 사실이었으니까. 모두 포기하고 평범한 일상으로 돌아가고픈 유혹을 몇 번이나 느꼈으니까.

이제 그를 안심시키고 보내야 할 차례다. 그게 내가 할 일이었다. 회자정리(會者定離). 만나면 반드시 헤어지게 되어 있는 법. 먼저 보내야지. 깨알처럼 작은 깨달음이었지만, 이런 작은 깨침에도 나는 기뻤다. 나는 밝게 말했다.

"알았어요. 또 휘적휘적 사라지실 거죠?"

"그래야지. 다 널 위해서야. 잘 있어."

브라마는 툭툭 털고 일어나 인도의 뒷골목에서처럼 휘적휘적 걸어내려가더니 금방 시야에서 사라졌다. 하지만 아쉬웠다. 언제 다시 만날지 기약할 수 없는 분이었다. 이것이 마지막일 수도 있었다. 집착이 들었다. 하지만 끊어야 했다. 나도 자리를 털고 일어나 법당으로 향했다.

내려가면서 이상한 생각이 들었다.

'해인사에는 대웅전(大雄殿)이 없다. 대웅전이 있을 자리에 대적광전(大寂光殿)이 있다. 석가모니 부처님은 대적광전에 없다. 대적광전에는 비로자나불이 있다. 석가모니가 모셔지지 않은 유일한 절인데 여기서 고타마 싯다르타를 찾으라니, 혹시 브라마가 잘못 일러준 것은 아니겠지.'

마침 대적광전에는 108배를 올리는 것으로 보이는 불자 한 분을 빼고는 아무도 없었다. 일부러 비워준 것일까. 나는 무턱대고 들어가 한 쪽에 조용히 앉았다. 절을 마친 불자가 공손한 자세로 물러나 내 옆에 앉았다.

첫눈에 그가 누구인지 알 수 있었다. 그는 고타마 싯다르타, 석가모니 부처였다. 나는 두 손을 모아 공손히 절을 올렸다.

"뵙고 싶었습니다. 싯다르타 부처님."

"나도 그랬다. 그러나 나는 네가 좀 더 익기를 기다렸다. 이제 넌 처음보다 많이 익었다. 완성 되지는 않았지만 내가 널 만나도 될 정도는 되었다."

"부처님께서 어찌 저를……."

"너희 중생들을 바른 길로 인도하기 위한 방편이다. 내가 스스로 낮아지지 않는데 누가 나를 따르겠느냐. 낮아지지 않고 어찌 높아질 수 있겠느냐. 낮은 곳을 모르면서 어찌 높은 곳을 알겠느냐."

"비로자나불은……."

"비로자나불이 하느님이라면 너는 부처님이니라. 저건 나무토막일 뿐이니라. 나무토막에 금칠을 해도 나무토막은 나무토막이고 금은 금일 뿐, 어찌 저기에 불심이 있겠느냐. 저것을 보면서 절을 올리는 그 마음이 불심이고, 그 절을 올리는 사람이 곧 부처니라."

시작부터 폭포처럼 쏟아졌다. 어느 말 하나 막힘이 없었다. 숨만 쉬어도 답변이 터질 듯한 기세였다. 알 듯도 하고 모를 듯도 한 대화였다. 기왕 시작한 것. 하나도 남김없이 쏟아 부어 보자는 오기가 솟았다. 평소에 궁금했던 것을 순서도 없이 물어보았다.

"저는 예수를 찾아다니고 있습니다. 표절과 복제로 뒤범벅이 되어, 분칠과 화장으로 본얼굴을 알지 못하여 찾지 못하고 있습니다."

"집착을 끊어라. 그래야 보일 것이다. 첫사랑의 여인이 나이 들고 분칠하고 화장했다고 해서 알아보지 못한다면 어찌 그것이 진정한 사랑이었겠는가. 무분별한 열정으로 눈이 멀었기 때문이지. 네가 진정으로 사랑했었다면 어찌 보이지 않을 수 있겠느냐. 설사 첫사랑의 여인이 어떤 사연이 있어 모습을 감추고 드러내 보이지 않을 요량으로 숨었다 하더라도 네가 힘들여 찾아다니는 동안은 나타나 보이지 않을 것이고, 오히려 네가 찾지 않는다는 확신이 들어서야 거리를 나다니지 않겠느냐. 그래야 숨은 자리에서 나와 너의 눈에 보이지 않겠느냐. 눈 먼 열정이 오히려 그 첫사랑을 아프게 하지는 않았느냐. 너희는 사랑이라 하지만 그 상대에게는 부담일 수 있고, 부담을 느끼는 상대에게 무분별한 사랑을 퍼부으면 오히려 달아날 구실을 주는 것이 아니겠느냐. 집착을 끊어라. 그래야 보일 것이다. 분칠하고 화장했다고 해서 알아보지 못한다면 어찌 그것이 진정한 사랑이었겠느냐."

"예수를 분칠하고 덧칠하여 사람들의 눈을 미혹케 한 후 그 등에 올라 타 호사를 누리던 여호와의 아집과 독선에 의하여 한국교회가 끝 모를 나락으로 빠져들고 있습니다."

"나를 보라. 나 역시 인도에서 히말라야를 넘어 중국을 거쳐 여기까지 오는 동안 이름 모를 화장품으로 분칠 되고 색 모를 붓으로 덧칠 되지 않았느냐. 중국의 유교로 분칠되고 도교로 덧칠 되고 너희들의 삼신신앙으로 새로이 태어난 듯 처음을 알아보지도 못하게 변하지 않았더냐. 봉은사에서 이미 보지 않았느냐. 일본으로 가서는 내게 생전 처음 보는 신토의 옷을 입혀 나를 신불(神佛)이라 부르지 않았더냐. 그렇다고 해서 본질의 나 고타마 싯다르타가 사라졌느냐. 부처의 본질이 변하였느냐. 비단치마를 입었다고 네 알몸이 여인의 것으로 화하겠느냐. 갑옷을 입었다고 서생이 무사가 되겠느냐. 글공부 한 줄 하지 않은 이가 붓을 들었다고 선비가 되겠느냐. 누가 어떤 모습으로 화하던 본질 그 자체는 감출 수 없는 법, 그 본래의 모습대로 보고 느끼고 대하고 믿으면 번뇌가 자리할 곳이 없느니라."

"하지만 진리를 전해야 하는 자들마저 진실을 알고서도……. 심지어는 어떤 교주의 아들은 사람을 죽이는 총기장사를 하고, 어떤 교주는 잡신에 홀린 듯 성령 굿판을 벌이는 성령장사를 하여 재벌처럼 부를 축적하고……."

"너는 내가 너희에게 전한 계율이 이 절에서조차 지켜지는 것을 보았느냐. 색을 멀리 하랬는데 축첩하는 중은 무엇이며, 살생을 금하고 육식을 금했는데 승복을 입고 고깃간에 앉은 중은 무엇이더냐. 탐욕을 금했는데 시주를 밝히는 중은 또 무엇이며, 번뇌를 금했는데 언쟁하는 중은 또 무엇이더냐. 염불을 하랬더니 잿밥에 눈 돌리는 중은 또 무엇이며, 수행을 하랬더니 음행하는 중은 무엇이냐."

"……"

"그러나 반드시 알아야 할진저. 축첩하는 중이 있다고 청정한 스님이 없겠느냐, 육식을 하는 중이 있다고 해서 생식하는 스님이 없겠느냐. 시주를 밝히는 중이 있다고 해서 무소유를 낙으로 삼는 스님이 없겠느냐, 언쟁하는 중이 있다고 해서 묵언 수행자가 없겠느냐. 잿밥에만 눈 먼 중이 있다고 해서 염불하는 스님이 없겠느냐, 음행하는 중이 있다고 해서 금욕수행 정진하지 않겠느냐."

"하지만 그들은 최소한 남에게 피해는 주지 않았습니다. 그러나 진리 아닌 진리에 속아 타인을 해코지하고 가족을 이간하며 사회를 분열케 하고 부처님의 집에까지 무너져라, 무너져라 평지풍파를 일으키는 지경에 이르러……."

"연꽃이 맑은 샘물에서 피어나는 것을 본 일이 있느냐. 고여 흐르지도 않고, 더럽고 탁한 물에서 아름다운 연꽃이 피어나지 않았느냐. 어느 세상에든 남의 것을 탐하고 훔치는 도적이 있고, 남의 눈을 멀게 해서 속이고 달콤한 거짓말로 이득을 취하는 무리가 사라진 적이 있느냐. 어두움이 없는데 어찌 밝음이 홀로 존재할 수 있으며, 밤이 없는데 어찌 낮이 홀로 존재할 수 있겠느냐. 악 없는 세상에서 선이 홀로 존재한다고 하여도 그 선이 어찌 홀로 선일 수 있겠느냐. 태고로부터 지금까지 어느 세상이든 어지럽지 않은 적이 없었고, 너희의 아집을 위하여 다른 이의 행복을 침하지 않은 적이 없었으니 세상을 고해의 바다라 하지 않았느냐. 공부하고 고행하여 한 순간 깨달음을 얻어 너를 해탈케 하고 세상을 제도해야 하느니라. 어리석은 중생세계가 원래 그러하나, 깨달은 자들로 인하여 너희에게 화평을 보여주지 않았느냐."

"하지만 어찌 이 세상 70억 인구가 모두 깨달아 해탈에 이를 수 있겠습니까."

"내가 살던 세상에서는 처음부터 끝까지 계급의 모순으로 가득 차 있었다. 사람이 태어나는 순간부터 카스트의 지배를 받아 어떤 이는 태어나서 죽는 날까지 먹을 것과 입을 것을 걱정하지 않았고, 반면에 수많은 대중은 태어나서 죽는 날까지 노예보다 못한 생을 살아야 했다. 나는 그것을 깨었으나 수천 년이 지난 지금 어찌 되었느냐."

"……"

"내가 수천 년 전에 외친 인본주의(人本主義)가 이제야 조금씩 받아들여져 마하트마 간디 이후가 되어서야 조금씩 달라지지 아니하였느냐. 카스트의 족쇄를 그래도 이만큼, 이렇게 손톱만큼 푸는 데만 2600년이 걸렸는데 2000년을 넘어 기다린 것을 네 눈 앞에서 순식간에 모든 것을 풀려느냐. 네가 찾아다닌 지 고작 십 수 년, 고작 티끌 같은 순간에 네 눈 앞에서 모든 것이 풀리겠느냐. 그러나 때가 서서히 이르렀으니 너의 선업(善業)이라. 너는 머지않아 찾으리라. 고행은 얕고 기간조차 짧았으나 너의 간구가 나에게까지 이르렀으니, 머지 않아 너는 네가 원하는 것을 찾으리라."

"오오. 싯다르타 부처님."

"살불살조살부살모(殺佛殺祖殺父殺母). 부처를 만나면 부처를 죽이고, 조사를 만나면 조사를 죽이고, 부모를 만나면 부모를 죽이고, 나한을 만나면 나한을 죽이고, 친척 권속을 만나면 친척 권속을 죽여라 하지 않았더냐. 설사 집착이 나에게까지 이르렀다 하여도 돌아보지 말고 집착을 끊어라. 그래야만 비로소 해탈하여 어떤 것에도 구속 받지 않고, 일체의 모든 것에서 완전히 벗어난 자유를 얻을 수 있으리니. 이제 네가 나를 죽여야 할 차례인즉, 이제 나를 죽여라."

"아직 안됩니다. 아직 알고 싶은 게 남았습니다. 아직 채 여쭤보지 못한 것이 남았습니다."

나는 매달렸다. 마치 젖먹이가 어미에게 매달리듯 나는 매달렸다. 막 일어서려던 고타마 싯다르타가 측은한 듯 다시 앉았다. 나는 궁금했던 것을 다 풀고 싶었다.

"우주를 창조한 분은 누구십니까. 우주조차 자연입니까. 우주는 저절로 만들어졌습니까. 우주는 누가 만들었습니까. 부처님은 누가 만들었습니까. 저는 누가 만들었습니까."

"너는 내 입을 통하여 무엇을 듣고자 하느냐. 네가 알고 있는 것을 어찌 나에게 묻느냐. 네가 모르는 것을 어찌 너에게 묻지 않고 나에게 묻느냐. 내 입을 통하여 나가는 답이 어찌 너의 것이 되겠느냐. 네가 찾는 물건을 내가 찾았다고 해서 그것이 어찌 너의 것이 되겠느냐. 네가 구해야 할 것을 내가 가지고 있다 해서 그것이 어찌 너의 것이겠느냐……. 이제 때가 왔구나. 이제 나를 죽여라. 너의 깨침을 위하여 네 마음 속에 자리 잡은 나를 죽여라."

"안됩니다, 부처님. 안됩니다, 부처님. 저는 아직 아무 것도 모르는데, 저는 제 앞가림조차도 하지 못하는데, 저는 알고 깨쳐야 할 것이 강변의 모래알보다 많은데, 저는 아직 하나도 깨치지 못했는데, 깨치려면 아직 무량겁이 남았는데……. 아아 부처님. 오 오 싯다르타 부처님."

그가 사라졌다. 잠시 후, 나는 일어서서 그가 앉아있던 자리를 향하여 108배를 드리기 시작했다. 절이라도 하지 않으면 가슴이 터져버릴 것만 같았다. 절이라도 하지 않으면 내가 터져버리고 해인사가 터져버리고 이 산중이 터져버리고 이 산하가 터져버릴 것만 같았다.

내 눈에서 이유를 알 수 없는 뜨거운 눈물이 흐르기 시작했다. 손을 대면 불에 델 듯 뜨거운 눈물이 뺨을 타고 흐르기 시작했다.

108배가 끝났다. 그러나 나는 109배, 110배, 111배……. 계속 절을 올리고 있었다. 싯다르타 부처가 앉아 있던 자리, 지금은 아무 것도 없는 빈 공간을 향하여 나는 계속 절을 올렸다. 불상이 아닌 빈 공간을 향하여 절을 올리는 나를 보고 사람들이 나타나 수군거리기 시작했다. 그러나 나는 121배, 122배, 123배……. 계속 절을 올리고 있었다.

정의로운 스승

이제 예수를 만날 차례였다. 나는 예수의 실존 여부를 떠나 이제 비록 허상을 만나더라도 화 내지 않고, 따지지 않고, 원망하지도 않으면서 부드럽게 대화를 나눌 수 있을 것 같았다.

살불살조살부살모(殺佛殺祖殺父殺母). 예수를 만나면 예수를 죽이고, 마리아를 만나면 마리아를 죽이고, 열두 제자를 만나면 열두 제자를 죽이고, 가르침을 만나면 가르침을 죽이고, 마침내 나를 만나면 나를 죽일 수 있을 것 같았다. 힘들었지만 마침내 합천 해인사에서 만난 싯다르타 부처를 죽일 수 있었던 것처럼.

그가 나타났다. 그동안 마음의 눈이 더욱 밝아진 나는 그를 한눈에 알아볼 수 있었다. 나는 그를 공손히 대할 수 있었다.

"사도 바울. 당신이군요. 기다렸습니다."

사도 바울은 나를 따뜻하게 응대해 주었다. 때가 되지 않았다면서 홀연히 사라지던 때의 무정함은 보이지 않았다.

"세월이 흘렀구나. 그 동안 자넨 낳이 부드러워졌군. 많은 곳을 다니고, 많은 분들을 만났구나. 네 얼굴에서, 인사하는 말투에서, 세월의 흔적과 고행의 흔적이 보이는구나."

"그러나 저는 아직 예수를 만나지 못했습니다."

"곧 만나겠지. 그 분을 보아도 실망하지 않고 그 분의 진면목을 볼 수 있을 만큼 자네가 영적으로 성숙해지면. 자네 눈을 보니 얼마 남지 않은 것 같군. 어쩌면 오늘이라도 만날 수 있을 것 같군."

"당신을 만나도 논쟁하지 않으려 했지만, 중요한 부분은 묻지 않을 수 없습니다. 예수는 실존했습니까."

"너는 여호와 하나님의 실존은 믿느냐?"

"믿지 않습니다. 그 분은 만들어졌습니다."

"그렇다. 그러나 그 분은 현재에도 실존하고 있다. 그 분의 이름을 찾는 사람이 한 사람이라도 있는 한 앞으로도 실존할 것이다. 너희 시대에 새로 태어난 이스라엘이 있듯, 그 분도 이스라엘에서 옛 모습 그대로 다시 태어났다. 실존과 비실존의 문제가 아니라, 그 분에 관하여 기록된 언어가 살아있는 한 그 분은 이스라엘 민족에게 실존하고 있고, 너희들에게도 실존하고 있다. 이보다 더 큰 실존의 증거가 어디 있겠느냐."

이해가 될 듯한 말이었다. 간디가 죽고 마더 데레사가 죽어도 살아 있는 것처럼. 실체가 없더라도 있는 것으로 믿는 사람이 있으면 존재할 수 있는 것처럼. 그렇다면 예수도 그런 실존일까.

"그렇다면 당신이 만든 예수도 현재 실존하고 있겠군요. 유럽에서는 이미 신화가 되었지만, 미국에서 한국에서 심지어는 동토의 땅 북녘에서도 실존하고 있겠군요."

내용은 빈정거림에 가까운 표현이었으나 말투나 내심은 그렇지 않았다. 확인하는 절차일 뿐이었다.

"어찌 너는 내가 예수를 만들었다 하느냐. 나는 직접 그를 만난 적은 없으나, 다마스쿠스로 가던 길에서 그 분을 만났고, 나는 내가 애지중지하던 율법을 버렸다. 그런 나에게 너는 어찌 내가 예수를 만들었다 하느냐."

"당신은 남들보다 학식이 있었고, 생활에 여유도 있었습니다. 당신이 예수를 만들기 전에 당신은 각종 기록들을 통하여 '정의로운 스승'을 만났고, 에세네파에 가서 그들의 교리를 탐하고 공부하지 않았습니까?"

"그렇다. 나는 로마 시민권을 가진 로마 시민이었고 로마의 신들도 모두 접했던 사람이다. 당시의 일반 유대인들과는 다르게 나는 행동의 제약이 없었고, 다니지 못할 곳이 없었다. 내가 어찌 '정의로운 스승' 그 분을 만나지 아니했겠느냐. 에세네파와 어울려 양피지에 기록된 그 분을 만났고 기록을 읽었고 감화를 받은 사람이 어찌 나뿐이었겠느냐."

"신약이 헬라어로 기록 된 것도……."

"그렇다. 당시 히브리어와 아람어와 로마어와 헬라어를 자유자재로 구사할 수 있는 사람은 나와 의사인 '누가' 외에는 드물었다. 히브리어나 아람어를 아는 사람은 헬라어나 로마어를 할 수 없었고, 헬라어를 할 수 있는 사람은 히브리어나 아람어를 할 수 없었다. 나와 '누가' 같은 사람들이 있었기에 기독교의 국제화가 가능해지지 않았겠느냐?"

"그런데 당시의 이야기가 당신의 모국어인 히브리어로 기록 된 것은 하나도 없습니다. 심지어는 마사다 전투로 유대인이 완벽하게 멸망한 것은 A.D. 64년이었고, 그 당시 사해지방에서는 양피지에 온갖 것들이 모두 다 히브리어와 아람어로 기록 되었는데, 히브리어로 써진 당시의 사해 두루마리에서는 예수에 관한 기록이 한 줄도 한 단어도 기록 되지 않았습니다."

"사실이다. 그렇게 하기에는 당시 내 동족인 유대인들이 너무나 비협조적이었다. 사해지방뿐만 아니라 예루살렘에서도."

"그래서 그랬군요. 그래서 차라리 유대지방의 유대인들과 랍비들이 읽을 수 없는 헬라어로 기록하자는 아이디어가 떠올랐군요."

"한 쪽으로만 보지 마라. 그런 의미에서만은 아니다. 당시 고루한 바리새파 랍비들은 후진적인 율법에 빠져 '의로운 스승'의 한 차원 높은 가르침을 완강히 거부했고, 오히려 이방의 시민들이 그 높은 차원의 공의적 사랑을 수용했기 때문이다."

"그래서 오시리스-디오니소스의 이야기까지……."

"그건 유대의 못난 율법의, 구약의 집요한 박해를 탈피하기 위한 자구책이었다. 한 구도자의 소박한 헌신에 관한 이야기만으로는 유대의 동족은 고사하고 당시 세계의 전부였던 지중해 연안의 모든 도시들을 이해시키고 그들을 영적으로 감동케 할 수 없었다."

"하나님의 아들이며 아버지와 동격이었던 오시리스-디오니소스, 동정녀에게서 12월 25일에 태어난 오시리스-디오니소스, 탄생 당시 별에 의해 예고되는 오시리스-디오니소스, 탄생 당시 마기의 방문을 받는데 마기는 오시리스-디오니소스를 섬긴 사제였고, 마기가 황금과 유향과 몰약을 예물로 바친 것은 B.C. 6세기의 이교도가 신을 숭배하는 방법이었고, 세례는 미스테리아 의식에서 수세기 동안 행해져 왔던 것이며, 물로 세례를 준 세례자 요한은 이교도의 '물의 신'과 이름이 같으며, 결혼식 때에 물을 포도주로 바꾸었던 오시리스-디오니소스, 병자를 고치고, 귀신을 쫓아내고, 기적의 음식을 베풀고, 어부를 도와 물고기를 잡게 하고, 사도들을 위해 물을 잔잔케 하였지만 이교도 현자들도 모두 같은 기적을 행했고, 미스테리아 현자들과 마찬가지로 유랑을 하며 기적을 일으키고 고향에서는 존경 받지 못했으며, 12사도에게 둘러싸여 있었던 오시리스-디오니소스, 빵과 포도주와 동일한 오시리스-디오니소스, 상징적인 빵과 포도주를 먹고 교류하던 오시리스-디오니소스의 신도들, 십자가에 매달린 오시리스-디오니소스, 세상의 죄를 대속하기 위한 희생양으로 죽은 오시리스-디오니소스, 시체에 몰약을 바른 후 세마포로 싸는 오시리스-디오니소스의 시체, 죽은 지 사흘 만에 부활해서 사도들 앞에 나타나 하늘로 올라간 오시리스-디오니소스……."

"비록 유사한 주제나 소재가 다른 종교에서도 발견되지만 그것의 선후를 떠나 우연히 같은 것도 있을 수 있고, 또한 성서를 기록한 기자들에 의해서 가미된 것도 있겠지. 그도 그럴 것이 예수 이후 많은 세월이 흐른 후에야 씌진 것이 성서이니, 오류나 가감첨삭이 어찌 없을 수 있겠느냐. 그렇다고 해서 나의 주 예수 그리스도의 위대한 신성(神性)이 빛을 바래지는 않을 것이니, 나와 베드로가 맹약을 맺고 목숨을 걸 수 있었던 위대한 가치가 한 줄기라도 빛을 바래지는 않을 것이니, 너희들의 책에 씌진 하나의 잘못 씌진 쉼표나 따옴표나 느낌표 하나가 전체의 맥락을 흩어버릴 수는 없는 것처럼 우리가 믿는 그 분의 위대한 신성이 빛을 바래지는 않을 것이다. 우리는 사소한 것을 버렸으되 크고 환한 사랑의 세계를 열었고, 그로 인하여 너희들에게 질투와 반목과 불화와 갈등과 버림 대신에 절제와 사랑과 화목과 평화와 구원을 가르치지 않았느냐. 이는 당시의 우리가 목숨을 걸 수 있었던 가치였고, 사해 쿰란 지역의 동굴에 숨어살면서 끝까지 목숨을 걸고 자신들이 믿는 가치를 수호했던 에세네파의 동지들처럼, 우리도 마지막까지 생명을 버리면서 그 가치를 수호할 수 있었노라."

"결국 예수는 당신들에 의해서 만들어졌고, 그래서 나는 영원히 예수를 만날 수 없겠군요. 결국 모든 것이 허상이었군요. 그래도 당신들이 추구했던 가치, 크고 환한 사랑을 위하여 그 공의적 사랑을 위하여 목숨을 걸 수 있었던 당신들은 위대했습니다. 당신들은 예수의 십자가보다 위대했습니다. 그것으로 충분합니다. 그러므로 실망하지 않겠습니다. 저의 여정은 가치가 있었습니다."

"이제 너는 많이 성숙했노라. 너의 영적(靈的) 성숙이 너를 내게 이끌었고 또한 너를 그 분께 이끌 것이니. 오늘 내가 너를 만난 것은 너에게 그 분께서 거하시는 곳을 알려주기 위함이니라. 네가 영적으로 충분히 성숙했다면 나는 너에게 현재 그 분께서 계신 곳을 알려주겠노라."

나는 흥분하지 않고 담담하게 대답할 수 있었다.

"어디로 가면 만날 수 있습니까?"

"너는 시공을 초월하여 그 분께 갈 수 있으니 가라, 광야로. 이제는 네 눈에 그 분이 보일 것이니라."

나사렛 예수와 텡그리

누가 보아도 지금의 아랍인들과 한 치도 다를 것 없는 삼십대의 유대인 사내가 이, 삼 십 명의 군중들에 둘러싸여 있었다. 웅성거리는 소리로 보아 말다툼이 벌어진 것 같았다.

예수의 머리에는 성화처럼 황금빛의 후광이 머리 둘레를 감싸고 있지도 않았고, 푸른 눈의 백인도 아니었으며, 수염은 백인의 그것처럼 갈색의 구레나룻이 아니라 새카만 검정색으로 풍성하게 흘러내린 아랍인의 그것이었다.

그러나 그의 눈에는 형형한 총기가 서렸고, 그의 얼굴에는 범접할 수 없는 온기가 흘렀다. 한 눈에 보아도 수준 이상의 경지에 오른 인물임을 알 수 있었다.

나는 그를 둘러싼 군중 틈으로 섞여 들어갔다. 옆의 사람에게 물었다.

"저 분이 누구십니까?"

"나사렛 사람 예수라고 합니다."

당시 그 지방에는 예수라는 이름이 너무 흔하여 사람들은 예수의 이름 앞에 나사렛이라는 지역명을 같이 붙여썼다. 내가 찾아 헤매던 예수가 틀림없었다. 저 정도의 경지에 오른 현자는 웬만해서는 말다툼 같은 것은 하지 않는데 어찌 된 일인지 알 수 없었다.

율법학자와 바리새파 사람들이 예수에게 따졌다.

"당신들은 왜 토라를 어기고 있습니까? 음식을 먹을 때에 손을 씻지 않으니 이게 어찌 된 일입니까?"

"너희는 왜 토라를 핑계 삼아 모세의 10계명을 어기고 있느냐? '부모를 공경하라'고 했는데, 누구든지 '부모님께 드릴 것을 하느님께 바쳤다'고 하면 너희는 부모님을 봉양하지 않아도 괜찮다고 하지 않느냐? 너희들이 편리한 대로 율법(구약)을 갖다붙이면서 너희들의 배만 불리는 것이 아니냐?"

그리고는 사람들을 돌아보면서 말했다.

"입으로 들어가는 것은 무엇이나 뱃속에 들어갔다가 뒤로 나가지 않느냐? 입에서 나오는 것은 마음에서 나오는 것인데 바로 그것이 사람을 더럽힌다. 마음에서 나오는 것은 살인, 간음, 음란, 도둑질, 거짓 증언, 모독과 같은 여러 가지 악한 생각들이다. 이런 것들이 사람을 더럽히는 것이지 손을 씻지 않고 먹는 것이 사람을 더럽히는 것은 아니다."

사람들은 킥킥 거리면서 웅성거렸다.

"거, 맞는 말일세. 랍비들이 한방 먹었군."

"입으로 들어가는 거야 똥으로 나가면 그만인데, 입에서 나가는 것이 문제구만 그래."

"손 안 씻고 먹은 것이야 입으로 들어가고 똥으로 나가면 그만이지만 입에서 나오는 것은 마음에서 나오는 것이니 대책이 없구만 그래. 맞는 말이야."

그 때 모욕을 당한 랍비 하나가 예수에게 물었다.

"당신이 도대체 누구요? 당신이 하나님의 아들이라는 말이 사실이요?"

"내가 언제 나를 스스로 하느님의 아들이리 하였느냐? 다시 한 번 말하거니와 나는 '사람의 아들'이다. 너희가 다 사람의 아들이듯이 나도 사람의 아들이다. 그러나 너희들이 모두 다 창조주 하느님의 아들이라면, 나도 하느님의 아들이다. 그리고 내가 진정으로 너희에게 이르건대, 너희는 참 하느님에 대해서 알라. 너희를 저주한 하나님이 아닌, 너희에게 생육하고 번성하라 일렀던 참 하느님에 대해서 알라. 너희가 참 하느님에 대하여 알게 되면 나보다 오히려 너희들이 먼저 하느님의 아들이 되리라."

질문을 한 랍비는 아무 대꾸도 하지 못했다. 성경에서 예수가 언제나 자기 스스로를 인자(人子:사람의 아들)라 했음이 생각 났다. 그리고 예수가 직접 '너희를 저주한 하나님이 아닌, 너희에게 생육하고 번성하라 일렀던 참 하느님에 대해서 알라'고 말하는 것은 신선한 충격이었다. 예수는 랍비를 보면서 말했다.

"비유를 들어 설명하겠다. 두 사람이 기도하러 성전에 올라갔는데 하나는 바리새파 사람이었고 또 하나는 세리(稅吏)였다. 바리새파 사람은 보란 듯이 서서 '오, 하느님! 감사합니다. 저는 다른 사람들과는 달리 욕심이 많거나 부정직하거나 음탕하지 않을 뿐더러 세리와 같은 사람이 아닙니다. 저는 일주일에 두 번이나 단식하고 모든 수입의 십분의 일을 바칩니다.' 하고 기도하였다.

한편 세리는 멀찍이 서서 감히 하늘을 우러러보지도 못하고 가슴을 치며 '오, 하느님! 죄 많은 저에게 자비를 베풀어 주십시오.' 하고 기도하였다. 잘 들어라. 하느님께 올바른 사람으로 인정받고 집으로 돌아간 사람은 바리새파 사람이 아니라 바로 그 세리였다. 누구든지 자기를 높이면 낮아지고 자기를 낮추면 높아질 것이다."

잠자는 사자의 코털을 뽑아버린 격이 된 랍비는 아무 말도 하지 못하고 뒤로 물러서 군중들 틈으로 숨어버렸다. 말을 마친 예수는 광야로 몸을 돌렸다. 랍비들과 사람들이 웅성거리며 흩어졌다.

나는 예수의 뒤를 따라 광야로 들어갔다. 사람들이 보이지 않을 때쯤 되었다. 예수가 돌아보면서 말했다.

"너는 누구냐."

"동방에서 예수님을 뵈러 온 순례자입니다."

"어찌 이 먼 곳까지 왔느냐?"

"귀한 가르침을 받고자 왔습니다."

예수는 놀란 듯했다.

"예로부터 동방에는 현자가 많아 내가 오히려 배우고 있는데 어찌 배우는 내게서 오히려 배움을 구하려고 하느냐."

"저는 아는 것은 없고 지혜는 얕아 현자를 잘 알아보지 못하는 것 같습니다. 이미 경지에 이르신 예수님께서도 배우시는 중이라 하시면 차마 몸둘 바를 모르겠습니다."

예수는 랍비들과 언쟁을 벌일 때와는 달리 온화했으며 친절했다.

"지나친 겸손이구나. 사람은 죽는 날까지 배워야 하고 다 깨친 것 같아도 돌아서면 모자람을 느끼는 것이 인간일 것이다. 그러나 여기까지 왔으니, 궁금한 것이 있으면 물어보라. 나도 동방에서 온 너에게서 배울 것이 있으면 배우리라."

"개인적인 질문이라 괜찮을지 모르겠습니다."

"괜찮다. 무엇이냐?"

"아까 랍비가 물어본 것이지만, 후세의 사람들은 예수님을 신의 아들로 부를지도 모를 것입니다. 행적을 부풀리고 출생을 부풀리고. 혹시 예수님은 진짜 사람의 아들이 맞습니까?"

"하나님이 어찌 사람의 육신으로 아들을 낳겠느냐? 나는 틀림없는 사람의 아들이니라. 그러나 우리 인간은 창조주의 섭리에 의해서 태어났는 바, 너를 비롯하여 누구나 하나님의 아들이라 해도 틀리지는 않을 것이다."

완벽한 답변이었다. 나는 화제를 돌렸다.

"예수님께서는 '의로운 스승'에 대하여 들어보셨습니까?"

"그렇다. 사해 근처 쿰란 지역에 사는 에세네파 사람들에게 '의로운 스승'에 대하여 듣고 배웠다. 귀한 양피지에 쓰인 감동적인 글도 읽었다. 또한 조로아스터의 심오한 교리에 대해서도 공부했고, 인도에 가서 붓다의 가르침에 대해서도 배웠다. 그러나 아직 배움에 대한 내 갈구는 끝나지 않았다. 여기 일이 마무리 되는 대로 더 넓은 곳에서 더 큰 스승에게 배우고 싶구나. 히말라야를 넘어 바이칼까지 큰 스승을 찾아 더 큰 가르침을 얻고 싶구나."

"여기서 하실 일이라시면……."

"나는 유대인 목수의 아들이지만, 내 모국이 이곳이고 내가 어릴 때부터 배우고 믿던 종교가 여호와 하나님의 유대교였다. 하지만 내가 각처를 돌아다니며 배운 바 그것은 처음부터 너무나 잘못된 가르침이었다. 내가 아직 배움과 깨침은 짧고 미약하나 나는 내 조국을 위해서, 내 동족을 위해서 내 민족을 교화해야 한다. 그것이 내가 여기서 내가 해야 할 일이다."

"……."

"이집트, 바빌로니아, 메소포타미아……. 언제나 남의 종살이에 한 맺히고 이제는 로마의 식민지가 되어 다시 새로운 종살이를 살고 있는데 이제 우리 민족도 크게 깨어야 할 것이다."

"어떤 가르침으로……."

"나는 부처의 자비와 깨침에 대해서 배웠고, 조로아스터의 사랑에 대해서 배웠고, '의로운 스승'의 글을 통하여 희생과 구원에 대해서 배웠다. 우리는 칼로 저들을 당해내지 못한다. 우리가 이길 수 있는 길은 무력을 능가하는 크고 환한 사랑 외에는 없다. 크고 환한 공의적 사랑이야말로 칼을 이기고 책략을 이기고 금전을 이기는 길임을 내 민족에게 가르쳐야 한다. 그래야만 저 강성한 로마를 이길 수 있다. 로마를 사랑으로 굴복시켜야 한다. 그러자면 우리 민족이 사랑으로 뭉치고 사랑으로 무장해야 한다. 그러나 선조들이 세계 각지에서 훔쳐온 잔인한 신들의 고집스러운 교리 때문에 참으로 어려운 일이다."

"여. 호. 와……."

"우리는 약하디 약한 민족이었다. 인구는 작고, 물자는 빈약했다. 경작할 농토는 없었고, 비옥한 초지도 없었다. 그러다 보니 약한 우리는 언제나 '강함'을 동경해왔다. 그래서 이루어낸 우리 민족의 사회적 합의가 여호와라는 신을 힘세고 무자비한 살육의 신으로 창조하자는 것이었다. 그렇게 되면 적은 겁을 먹고, 우리는 힘을 낼 줄 알았다. 그러나 강성한 적은 전혀 겁을 먹지 않았고,

우리는 더욱 비겁해졌다. 강력하고 무자비한 신만 있으면 될 줄 알았는데 그 잔인한 신은 적을 제압하지 않고 오히려 우리 민족을 제압했다. 우리는 우리가 만든 신의 가련한 노예가 되어버렸다. 우리에게만 이율배반적인 혹독한 율법을 요구하는 신에 대하여 나는 분노했다. 오늘의 일도 그래서 벌어진 것이다."

그에게서 강렬한 애국심과 애향심, 강한 민족애가 느껴졌다. 그는 말을 이었다.

"그 업보가 오늘의 우리를 피폐하게 만들었다. 약한 민족이 강한 민족을 이기려면 문화의 힘, 사랑의 힘, 경제의 힘 외에는 없는데, 우리는 로마에 비하면 문화수준도 떨어지고, 경제능력도 떨어진다. 떨어지는 정도가 아니라 아예 따라잡을 수 없는 수준이다. 우리에게 하나 남은 유일한 무기가 공의적 사랑이라는 무기였다. 이 무기는 언젠가, 언젠가는 저 강성한 로마를 무너뜨릴 것이다."

"공의적 사랑……."

"그리고 사랑이라는 무기는 누구도 해치지 않는다. 우리 민족도 우리의 적도 누구도 해치지 않는다. 뿐만 아니라 피폐했던 정신을 평화롭게 하고, 어려운 일에도 과감하게 자기희생을 할 수 있게 한다. 그뿐이겠느냐. 민족으로 나뉘고 국가로 나뉘고 혈족과 이익으로 나뉜 갈등을 하나로 모을 수 있는 힘도 사랑에서 나온다. 크고 환한 사랑……. 그것을 위하여 나는 저들에게 내 모든 것을 쏟아부을 예정이다. 내가 가진 모든 것을……."

"예수님은 반드시 해내실 것입니다. 그렇게 믿습니다. 어떤 시련이 닥쳐도. 예수님은 반드시 해내실 것입니다."

잠시 침묵이 흘렀다. 침묵을 깨트린 것은 예수였다.

"나는 내 민족과 내 민족의 비전을 말했다. 너는 어디서 왔느냐."

"동방으로 가면, 동방의 끝까지 가면 흰 옷 입기를 즐겨하는 기마민족의 후예가 사는 나라가 있습니다. 저는 거기서 왔습니다."

"그렇구나. 민족은 달라도 마음이 통하면 형제가 되기도 하지."

인자한 그의 얼굴이 광야의 하늘을 가렸다. 황량한 광야의 하늘에 바람이 불었다. 그의 머리카락이 날리고 그의 수염이 날리고 그의 옷자락이 날렸다. 이제 그에게 내가 어디서 왔는지, 왜 왔는지 보다 정확하게 알릴 때가 온 것 같았다.

"예수님. 저는 예수님의 사후 2,000년이 지난 미래에서 왔습니다."

예수는 나를 지그시 쳐다보았다. 한참을 응시하더니 그제서야 알겠다는 표정으로 변했다.

"너는……. 시공을 초월하였구나."

"제 능력이 아니라 인도의 브라마께서 잠시 빌려주신 능력입니다."

"브라마. 나도 뵈었다. 그 분은 내게 우주의 시원(始原)을 깨우쳐주신 분이다."

"예수님은 예수님의 민족을 사랑으로 무장시키는 일에는 성공하지 않았습니다. 그 대신……."

"……."

"예수님의 본래의 모습을 잃으시고 세상의 온갖 신화들의 이야기로 덧칠 되고 분칠 되어 전혀 다른 모습으로 재구성 되어 세상에 알려지게 되십니다. 때로는 지배자가 피지배자를 정신적으로 무력화시키기 위한 도구로도 사용 되기도 합니다. 그러나 예수님의 크고 환한 공의적 사랑의 정신은 세상 끝까지 전파됩니다. 저도 예수님의 그 크고 환한 공의적 사랑에 매료 되어 이 기나긴 여정을 시작하게 되었습니다. 예수님의 크고도 환한 공의적 사랑은 우리 시대에 마더 데레사라 불리는 아름다운 자기희생의 새로운 성자를 만들어내기도 했습니다."

예수는 작은 한숨과 함께 내뱉듯 입을 열었다.

"그나마 다행이구나."

"그러나 잔혹한 여호와가 덧칠한 예수님의 등에 업혀 세상 끝까지 따라다니게 됩니다. 수많은 전쟁을 일으키고, 이교도라는 죄명 하나로 잔혹한 살육을 하기도 합니다. 예수님을 믿지 않거나, 미처 그 이름을 들어보지 못했다는 죄명 하나로 어른, 아이, 늙은이, 젖먹이, 남자, 여자, 나귀와 노새까지 진멸 당하기도 합니다. 새로운 대륙이 발견 되자 거기에 살던 인디언들은 성서에 기록 되지 않은 종자라 하여 사람으로 인정 되지 아니하고 가축이나 짐승으로 인식 되어 그 얼굴 가죽을 벗겨 매매하기도 했습니다. 그리고 예수님의 이름으로 세워진 교회는 이상한 모습으로 변질 되어 앞에서는 예수님의 사랑을 팔고, 뒤로는 구약에 나오는 여호와의 십일조와 성전건축헌금 등을 강요하여 어떤 성공한 사이비 성직자들은 로마의 황제처럼 부귀를 누리고, 일하지 않는 자들이나 일하기 싫은 자들이 목자의 직을 받아 예수님과 여호와를 팔면서 그것으로 생업을 유지하게 됩니다."

"그럴 수가……"

"뿐만 아니라 예수님의 등에 업힌 잔혹한 여호와로 인하여 수천만, 수억의 생명이 학살 되고 가족이 이간되고 사회가 분열 되고 국가저 폭력이 난무하게 되며, 공의적이고 세계적인 사랑의 정신은 실종 되게 됩니다."

"아아……. 차마 믿고 싶지 않은 이야기구나."

침묵이 흘렀다. 하늘에 황량한 광야가 붉게 비쳤다. 노을이 지고 있었다. 황량한 광야에 부는 황량한 바람은 우리에게 침묵을 강요했다. 시간이 흘렀다. 마침내 예수는 결심한 듯 비장한 표정으로 입을 열었다.

"동방의 순례자여, 너에게 부탁이 있다."

"말씀하십시오. 예수님."

"비록 2,000년 이후면 머나먼 미래이기는 하나, 네가 이 진실을 알려다오."

"……"

"나를 만났던 사실을 알려다오. 나와 대화를 나누었던 사실을 알려다오. 한 마디도 빠짐없이 모두 알려다오. 나는 그저 조금 깨달은 인도의 '구루(스승)' 같은 사람이었더라고 네가 본 대로 들은 대로 진실을 알려다오. 내 얼굴에 덧칠 되고 분칠 된 것을 모두 네가 벗겨다오. 나는 여기 내 시대에서도 더욱 힘주어 말하겠지만, 구약의 시대는 끝났다고 더욱 더 힘주어 말하겠지만……. 구약을 타파하고 여호와의 존재를 죽이고 없애는데 최선을 다할 터이나……. 내 사후에 내 생존시의 행위가 어떻게 기록될지, 그것은 기록하는 자들에 달린 일이라 내가 어찌할 수는 없을 것. 미래에서 온 네가 미래로 돌아가 알려다오. 그리고 네 시대의 사람들에게 여호와를 멀리하라고 전해다오. 그리고 내가 조금 깨달았기 때문에, 내가 내게 주어진 중생을 제도한 것 때문에 조금 깨달은 구루(스승)에 불과한 나를 우상화한 것이 있다면 모두 없애고 기록은 지워달라고 전해다오."

"……"

"그리고 부탁하노니, 동방의 순례자여. 참 하느님에 대하여 알려다오. 그는 구약의 첫 구절에 잠시 언급되다가 여호와로 대체된 후 성경에서는 영원히 사라지지만, 내가 발견한 인류의 참 하느님은 그 분이시라. 여호와는 우리에게 스스로는 영원히 씻을 수 없는 원죄를 주어 우리를 대대손손 저주했지만, 참 하느님은 인류에게 '생육하고 번성하라' 하시며 축복을 내리셨다. 내가 각처를 다니면서 찾은 결과, 진정한 참 하나님은 동방에 있으니, 그는 전 세계의 어느 누구도 내리지 못한 참 계명을 내렸으니, 그 계명은 '널리 사람을 이롭게 하라'였다. 여호와는 '나 이외의 다른 신을 섬기지 말라'는 치졸한 계명을 내렸고, 내가 존경하는 의로운 스승도 '사랑과 구원' 밖에 가르치지 못했고, 싯다르타 부처님은 '자비와 해탈' 수준이었고, 나는 '서로 용서하고, 사랑하라'는 계명을 가르치지만……. 모두 개인적 구원에 관한 것일 뿐, 어느 것을 비교해도 '널리 사람을 이롭게 하라'에는 감히 미치지 못하여 이는 비록 같은 신이라 하나 그 격이 같지 아니하니 어찌 감히 비교조차 할 수 있겠는가. 타인을 사랑하라는 수준을 넘어 이롭게 하라니 그것도 널리 이롭게 하라니, 이것은 단순한 사랑의 경지를 넘어서는 것이 아니겠느냐. 내가 아무리 공의적 사랑을 외쳐도 타인을 널리 이롭게 하는 수준에는 이르지 못하니, '널리 사람을 이롭게 하라'는 고고한 정신을 어찌 감히 흉내나 낼 수 있으리오. 그 높은 사랑의 경지를 누가 감히 따라갈 수 있겠느냐. 그야말로 그는 온 인류가 찾아 헤매던 진정한 참 하나님이시니, 이를 널리 알려다오."

예수와 헤어지고 돌아서는데 황량한 광야에 부는 바람에 어디선가 북소리가 실려왔다. 유대인의 북소리가 아니었다. 그것은 마치 몽골의 북소리처럼 들렸다.

「둥 두둥 두둥 두둥, 둥 두둥 두둥 두둥」

같은 유목민이지만 유대인은 나귀를 탄다. 그러나 만주나 북만주, 몽골에서는 나귀 같은 것은 보기 드물다. 만주족, 여진족, 거란족, 몽골족 등 한민족은 말을 탄다. 태어나서 걸음마를 떼고 나면 바로 말을 탄다. 그들에게 말은 말이 아니라 걸어다니는 다리이고, 뛰어다니는 발이다.

「둥 두둥 두둥 두둥, 둥 두둥 두둥 두둥」

 말 먼지가 뽀얗게 인다. 수많은 사람들이 북소리를 배경으로, 구름처럼 이는 말 먼지를 배경으로 각양각색의 사람들이 말을 타고 달려오고 있었다. 안장 위에 앉은 사람도 있고, 안장 위에 선 사람도 있다. 기마민족에게 말 위에 서서 말을 타는 것은 그리 이상한 일이 아니다. 달리는 말 위에서 말의 배를 한 바퀴 돌아 다시 원위치하는 기교를 보이는 사람도 있고, 말 위에 앉아 뒤로 돌았다 다시 앞으로 돌아앉는 기예를 보이는 사람도 있다. 달리던 말에서 뛰어내려 말과 함께 달리다가 다시 올라타는 사람도 있다. '호---잇!', '야호---잇' 휘파람 같은 괴성을 지르는 사람도 있다.

「둥 두둥 두둥 두둥, 둥 두둥 두둥 두둥」

 여기가 태고(太古)인가. 당목에 매달린 오색 깃발이 바람에 펄럭펄럭 나부끼고 있었다. 수평선 위로 펼쳐진 푸른 하늘. 그 푸른 하늘을 그대로 비추어 머금은 푸른 바다. 말에서 뛰어내린 젊은 시절의 나는 고향에 온 듯 바다로 뛰어갔다. 그리고 바닷물에 몸을 던졌다. 물맛이 상큼했다. 바닷물이 짜지 않다니. 민물이었다.

 그렇다면 여기가 바이칼 호수인가! 그러나 호수라고 하기에는 너무 넓었다. 바이칼은 바다였다. 바다보다 더 넓고 바다보다 더 깨끗했다. 그리고 그 하늘은……. 그 하늘은 호수보다 맑았으며, 그 하늘은 유리알처럼 투명한 호수의 물보다 더 맑고 투명하고 깨끗했다. 하늘의 빛은 눈이 부셨다.

아아, 여기가 우리 할아버지의 할아버지, 그 할아버지의 할아버지, 그 할아버지의 할아버지가 태어나고 자라고 늙고 죽었던 그곳인가. 여기가 내 탯줄의 탯줄, 그 탯줄의 탯줄을 거슬러 올라가면 마침내 도달하는 우리 어머니가 태어나고 자라고 늙고 죽었던 그곳인가. 여기가 말로만 듣던 환국(桓國)인가.

순간 하늘이 열렸다. 하늘에서 너울너울 한 무리가 구름을 타고 내려오고 있었다. 하늘에는 지상으로 내려가는 무리들을 배웅하는 한님이, 하느님이 있었다. 맑고 투명하고 깨끗하고 눈부신 하늘에서 하느님의 말씀이 울려퍼졌다.

"네가 밝달, 밝고 밝은 땅과 물을 골랐으니 그 땅과 주변을 밝은 하늘, 밝은 한, 바이칼이라 하라. 그 나라는 하느님의 나라 즉 한국이라 하고, 너로 말미암은 자손은 하늘의 자손이니 그 이름을 밝은 하늘의 겨레, 배달이라 하라."

땅에서는 미리 내려와 하느님의 아들을 기다리는 3천의 하늘무리가 북과 장구를 치고, 징을 울리고, 오색기를 흔들면서 하느님의 축복을 찬양하고 있었다.

"또한 너에게 비와 바람과 구름을 다스리는 신을 딸려보내니 때맞춰 바람을 일게 하고 구름을 모으고 비를 내려 대지를 축복하고 만물을 소생케 하라."

하늘의 소리에 감응하여 땅에서 기다리던 3천의 무리는 춤을 추며 하늘의 아들을 맞이했다. 하늘에서 다시 하늘의 소리가 들렸다.

"내가 너희에게 이르노니, 너희는 널리 사람을 이롭게 하라. 이것이 너희가 세상에서 해야 할 일이니라. 이것이 너희 밝은 하늘의 겨레, 너희 배달의 민족이 세상에 내려간 이유니라. 이것이 내가 친히 내 사랑하는 아들을 너희에게 내려보낸 이유이니라. 너희는 널리 사람을 이롭게 하라."

나는 베두원족 하벨이 빌려준 능력을 이용하여 하느님의 자손들의 궤적을 추적했다. 영화의 퀵 모션처럼 역사는 빠르게 펼쳐졌다 사라지고 다음 장면으로 이어졌다. 순식간에 수천 년의 세월이 지나갔다.

「하늘의 자손은 퍼져나가 남북 5만리 동서 2만리에 이르렀다. 통틀어 말하면 한국이요 갈라서 말하면 곧 비리국, 양운국, 구막한국, 구다천국, 일군국, 우루국, 객현한국, 구모액국, 매구여국, 사납아국, 선비이국, 수밀이국(須密爾國) 이렇게 합쳐서 12국이 되었고, 여기에서 나오는 우루와 수밀이(須密爾)가 바로 메소포타미아 문명을 일으킨 우르와 수메르다.《한단고기》」

그 중 한 갈래는 베링 해협을 건너 아메리카 인디언의 선조가 되었고 남아메리카에 간 무리들은 인디오가 되었다. 현대에 들어 과학적인 DNA분석으로 이러한 기록은 사실에 가까운 것으로 확인되었다.

또한 한국 말기, 시베리아 지역의 기온이 내려가자 한국 본류는 백두산쪽으로 이동하여 하느님의 도시인 신시(神市)를 열었다.

그리고 또 한 무리는 몽골의 초원에서 일어나 한국 시절의 땅을 고스란히 회복했다. 그 징기스 칸을 이끌었던 신은 텡그리 - 우리에게 당골, 단군이라 불리워지던 하느님이었다. 그러나 아무리 갈라지고 나누어져도 하느님을 찾으려는 본능은 사라지지 않았다.

수많은 신화가 만들어졌다. 한국, 중국, 일본, 메소포타미아, 이집트, 그리스, 로마, 게르만, 인도, 인디언, 남미 아즈텍……. 전 세계 각 지역마다, 시대마다 나타났던 아톤, 오시리스, 이시스, 세트, 호루스, 브라마, 비슈누, 시바, 아후라 마즈다, 여호와, 알라, 아반, 나만, 아마테라스, 쯔쿠요미……. 수많은 신들과 신화들이 나타났다 사라졌다. 유치하고 잔인한 신도 생겨나고, 있으나 마나 한 신도 수없이 나타났다 사라졌다.

그 수많은 신들과 신화들은 젊은 시절의 내가 그토록 찾아헤매던, 《성경》 구약의 1장에 잠시 나타났다 사라졌던, 예수가 아버지라 불렀던, 널리 사람을 이롭게 하라고 가르쳤던 지고지순의 하느님을, 그 하느님의 흔적을 잊지 않으려는 인류의 노력이었다.

그러나 어느 지방으로, 어느 나라로, 어느 시대로 갈라지고 달라지더라도 한 가지 변하지 않는 것이 있었다. 그것은 북소리였다.

「둥 두둥 두둥 두둥, 둥 두둥 두둥 두둥」

북소리

 이렇게 해서 젊은 시절 '나'의 기나긴 여정은 끝났다. 젊은 순수의 시대가 끝나자 베두원족 하벨이 내게 빌려주었던 능력도 사라졌다.

 세월이 흐른 후에야 알아차린 일이지만 이때 나는 가장 중요한 일을 하지 못했었다. 그것은 여정의 마지막 부분에서 하느님의 자손들을 만났을 때 깜빡 잊고, 하느님을 직접 만나 이야기도 나누지 못하고 가르침도 배우지 못했다는 사실이었다. 그리고 그것은 기나긴 여정의 최종 목적이었던 진짜 하느님을 만나지 못한 것이나 마찬가지였다. 베두원족 하벨이 빌려주었던 능력도 사라지고 없으니 뒤늦게 후회해봐야 소용도 없는 일이었다. 그래도 한동안 포기하지 않았다. 처음처럼 거리를 헤매보기도 하고, 하릴없이 시외 버스를 타보기도 했다.

 그러나 베두원족 하벨은 두 번 다시 나타나지 않았다.
 내 여행의 목적은 풀지 못한 숙제로 남아버렸다. 내게 남은 큰 숙제는 텡그리-당골-단군으로 이어지는 하느님을 찾아 진리의 말씀을 듣는 것이었다. 예수마저도 감동케 했던 '널리 사람을 이롭게 하라'고 설파하신 그 하느님을 찾아 인류를 위한 해답을 받아내는 것이 내게 남겨진 숙제였다. 예수는 내게 간절히 부탁했었다.

"내가 아무리 공의적 사랑을 외쳐도 공의적으로 타인을 널리 이롭게 하는 수준에는 이르지 못하니, '널리 사람을 이롭게 하라' 는 고고한 정신을 어찌 감히 흉내나 낼 수 있으리오. 그 높은 사랑의 경지를 누가 감히 따라 갈 수 있겠느냐. 그야말로 그는 온 인류가 찾아 헤매던 진정한 참 하나님이시니, 이를 널리 알려다오."

젊은 시절의 내가 겪었던 고행처럼 긴 여정은 추억이 되어 가슴 한 구석으로 밀쳐져가고 있었다. 서울의 분주한 생활은 젊은 시절의 '나' 를 서서히 잊혀지게 했다. 젊은 시절의 '나' 는 그렇게 잊혀지고, 나의 젊은 시절은 그렇게 끝났다. 현재의 나에게 젊은 시절의 '나' 는 더 이상 존재하지 않았다.

어느 날 나는 평소 존경하던 시사주간지 회장님의 점심식사에 초대 받았다. 그날 따라 약속이 겹쳐 조금 늦을까 걱정했는데 약속장소까지 헷갈려 버렸다. 최대한 서둘렀지만 식사가 거의 끝나갈 무렵에야 도착했다. 그 장소에는 예기치 않은 분이 와 있었다.

주변사람들은 그를 기인(奇人)이라며 소개했다. 첫 만남에서 나는 이상한 기운을 느꼈다. 처음 본 얼굴에서 강력한 부정(父情) 같은 온기를 느꼈다. 그가 내 손을 힘주어 잡았을 때 온 몸에 전율 같은, 찌릿한 전류가 통하는 듯했다. 나이 들고 이런 감정은 처음이었다. 보통 나이가 들면 감각은 무디어지고 감정은 메말라간다. 그런 내가 이런 기운을 강하게 느꼈다는 것은 그에게 보이지 않는 어떤 능력이 있다는 것을 의미했다. 감추어두었던 젊은 시절의 내가 스멀스멀 되살아났다.

 그를 만나고 돌아오는 길에 오랜만에 시외버스를 탔다. 옆 자리는 비어 있었다. 모처럼 호젓하게 오수를 즐기려는데 옆자리에서 이상한 기척이 느껴졌다. 감았던 눈을 뜨고 옆을 보니, 안개 같기도 하고 수증기 같기도 한, 이상한 기운이 스르륵 피어오르더니, 30대 초반의 젊은이가 형체를 갖추고 나타났다. 기억 너머로 사라졌던 젊은 시절의 나처럼, 마치 영화 속의 한 장면처럼 나타난 젊은이였다. 소스라치게 놀라는 나를 향하여 젊은이가 입을 열었다.

 "베두원 족 하벨 아시죠?"

 이게 얼마 만에 들어보는 이름인가. 그토록 찾아도 나타나지도, 보이지도 않던 그의 이름을 이 젊은이의 입을 통하여 듣게 되다니…….

 "알다마다. 지혜의 상징 '헤르메스'. 나를 시공의 제한을 넘어 역사를 안내했던 존재. 나에게 어떠한 감사나 경배도 요구하지 않으면서 시공을 여행하는 능력을 주었던 존재."

 처음 보았지만 나는 그에게 한없는 사랑과 동질감을 느꼈다. 그래서인지 마치 친동생처럼 자연스럽게 반말이 나갈 수 있었다. 그의 눈빛도 그러하다는 것을 보여주고 있었다.

 "선생님 말씀 많이 들었습니다. 베두원 족 하벨 님이 안부를 전하시더군요. 잘 계시느냐고."

"그렇지 않아도 꼭 한 번 뵙고 싶었다. 그가 준 능력이 사라지고 나서 꼭 다시 한 번 만나고 싶었다. 내 젊은 시절, 그가 준 능력을 이젠 자네가 가졌구나."

그는 젊은 시절의 나처럼 진리와 진실에 목말라 하면서 기나긴 여정 중인 것처럼 보였다.

"궁금한 게 있습니다. 선생님."

"말해보게."

"젊은 시절의 힘든 여정을 통하여 선생님은 찾으시던 것을 찾았습니까?"

"부끄럽지만, 완벽한 진리는 찾지 못했네. 비슷한 데 까지는 갔던 것 같지만. 자네는 어떤가?"

"저는 아직 여행 중입니다. 저는 선생님을 통하여 저의 기나긴 여정을 짧게 하고 싶었습니다. 선생님의 경험을 제 것으로 만들 수만 있다면, 이 기나긴 여정을 조금이라도 더 빨리 끝낼 수 있을 것 같아서……."

나는 이해할 수 있었다. 이 젊은이의 갈증을. 나는 알 수 있었다. 이 젊은이의 애타는 갈증을. 이런 젊은이가 어디 한둘이랴. 진리와 진실에 목마른 젊은이가 어디 한둘이랴. 그러나 나는 그에게 어떤 정답도 제시할 수 없었다.

"나도 찾아야 하는데……. 나도 찾았어야 했는데……. 그러나 내가 찾은 것은 현실의 벽이었다. 그래서 여행을 끝내지 못했던 것인지도 모른다."

"현실의 벽?"

"그렇다. 나는 패배했었다. 종교의 본질을 찾았지만 내가 발견한 것은 그보다 더 많은 사람들이 믿는 분칠하고 덧칠한 허상의 실존이었고, 그 많은 사람들이 믿는 한, 그들의 마음속에 있는 허상의 실존까지 깨기에는 역부족이었다. 진실이 허상에 패배할 수도 있다는 것을 깨닫기에는 한참이 걸렸다."

"진실의 힘은 무엇보다도 강하다고 믿습니다. 그래서 포기하셨나요? 마지막에 가서 비겁해 지셨군요."

"그래. 비겁했다. 지금도. 지금도 비겁한 내 자신을 발견할 때마다 한없는 무력감을 느낄 수밖에 없구나."

나는 고백하지 않을 수 없었다. 진실을 찾아 헤매던 나조차도 현실의 벽 뒤에 숨어 안주하고 있었다는 사실을 자인하지 않을 수 없었다.

"용기를 드리죠. 전 세계에서 유일하게 허상에 대한 무조건적인 믿음의 강요가 가능했던 이 땅에서 진실의 소리가 힘을 내기 시작했다는 것을 가르쳐 드리죠."

"그러나 비록 만들어졌다 하더라도, 허옇게 분칠을 했다고 하더라도, 비록 겹겹이 덧칠이 되어 있다고 하더라도……. 그들에게 그 공의적 사랑만은 허상이지만 위대했다. 힌두이즘의 자비도 그러했고 무함맏의 계시도 그러했다. 그래서 각각 수 억, 수십 억의 믿는 자들이 진실을 위하여 허상의 파괴를 원하지 않았다. 그래서 지금도 테러와 전쟁이 계속되고 있는 것이다."

"그러나 그 공의적 사랑조차도 진실을 떠나서는 존재할 수 없습니다. 21세기 들어 인간은 자각을 시작했습니다. 동물에게조차도, 개나 고양이나 토끼 한 마리의 생명조차도 존중받는 시대가 도래하면서 이교도에 대한 살육도 서서히 멈추기 시작했습니다. 여호와의 기독교조차도 그런 광의의 사랑을 피해 갈 수는 없었습니다. 물론 소수의 이슬람의 원리주의자나, 한국의 기독교의 원리주의자들은 아직도 마지막 몸부림을 치고 있지만……."

"너는 젊은 시절의 '나' 보다 더 많은 것을 깨달은 것 같구나."

나는 이 젊은이에게 표현할 수 없을 정도의 애정을 느꼈다. 젊은이에게서 어떤 경외심이 느껴졌다. 그가 나에게 이렇게 헌신한 이유가 있을 것 같았다.

"넌 나에게 할 말이 있구나."

"네. 아직 저도 완벽한 것을 깨닫지 못했지만……."

"말해라. 네가 지금까지 깨달은 것만으로도 너는 나에게 가르침을 베풀 수 있는 위치에 있다. 나는 너만큼 깨닫지도 못하고 여행을 끝냈으니까."

"제가 지금까지 알게 된 것은 진리는, 진리는 결국 각자의 마음속에 있다는 것 정도일 뿐입니다. 진실과 진리는 다르지만, 진실이 진리가 되기까지는 마음이 모든 것이지만……. 그러나 인간의 마음은 너무나 유동적이어서 진실 앞에서는 그 마음속의 진리도 변할 수 있다는 것도 알게 되었습니다. 그리고……."

"그리고?"

"그리고 진실은 누구나 반드시 찾게 되어 있으므로 젊은 시절 선생님의 기나긴 여행은 결코 무의미 한 것이 아니라는 것도. 그리고 마지막으로 하나……."

"……."

"진리와 진실이 일치하려면 분칠하고 덧칠되지 않아야 합니다. 그런 의미에서 오늘 선생님은 모처럼 진리와 진실이 일치하는 사람을 만났다는 것."

"그래? 그게 누군데?"

"아시잖아요. 그런 대답은 선생님이 직접 찾아야 한다는 것을······. 선생님의 젊은 시절이 그것을 가능하게 해 주리라는 것을······."

이 말을 끝으로 그가, 이 지혜로운 젊은이가 스르르 인멸되듯이 사라졌다. 수증기 같은, 연기 같은 흔적을 남긴 채 젊은이는 사라졌다. 나는 생각에 잠겼다.

내가 오늘 만났던 사람이 누구지? 아. 그렇구나. 그랬었구나. 널리 사람을 이롭게 하라는 가르침인가. 이상한 일이었다. 기억의 저편으로 사라졌던, 지적 호기심으로 잠 못 이루던 젊은 시절의 내 가슴이 서서히 달아오르기 시작했다.

예수는 예언자라 불렸다. '이 분이야말로 세상에 오시기로 된 바로 그 예언자이시다(요한복음 6:14).' 그러나 예수(예수가 보낸 천사)의 예언은 결정적으로 빗나갔다.

「예수께서 하늘로 올라가시는 동안 그들은 하늘만을 쳐다보고 있었다. 그 때 흰 옷을 입은 사람 둘이 갑자기 그들 앞에 나타나서 이렇게 말했다. '갈릴래아 사람들아, 왜 너희는 여기에 서서 하늘만 쳐다보고 있느냐? 너희 곁을 떠나 승천하신 저 예수께서는 너희가 보는 앞에서 하늘로 올라가시던 그 모양으로 다시 오실 것이다(사도행전 1:10).'」

그러나 예수는 그들이 보는데서, '하늘로 올라가던 그 모양으로 다시' 돌아오지 않았다. 그 때 예수의 천사는 분명히 말했다.

'너희가 보는 앞에서.' – '너희가 보는 앞에서' 라는 뜻은 그들이 살아 있을 때 재림한다는 뜻이다. 그러나 예수의 재림을 지켜보아야 할 그들이 죽고, 그 아들이 죽고, 그 손자가 죽어도 예수는 하늘로 올라가던 그 모양으로 다시 돌아오지 않았다. 500년이 지나고, 1,000년이 지나도 예수는 재림하지 않았다. 그러자 유럽의 신본주의(神本主義)는 종말을 고했고, 인본주의(人本主義)가 다시 되살아났다. 이것이 르네상스다.

그러나 그의 예언은 한 번도 빗나가지 않았다. 널리 사람을 이롭게 하기 위하여 그는 미래를 이야기했고, 삶의 지혜와 인류의 해법을 제시했었다. 그와의 짧은 만남은 긴 여운을 남겼다. 어쩌면 그에게서 그레이트 샤먼(Great Shaman), 단군의 이면을 발견할 수 있는지도 모른다.

그때였다. 북소리. 어디선가 그가 올린다는 기도 속에서 한 민족 고유의 북소리가 들리는 것 같았다. 젊은 시절의 '나'를 잠 못 이루게 했던, 그리고 기억 속으로 아스라이 사라졌던 그 북소리가 귀에서, 머리에서, 가슴에서, 가슴 속 깊은 곳에서 울려 퍼졌다.

「둥 두둥 두둥 두둥, 둥 두둥 두둥 두둥」

예수를 만나고 헤어지던 순간 들렸던 그 북소리. 북만주 옛 대륙을 달리던 그 말발굽 소리. '호---잇!', '야호---잇' 휘파람 같은 괴성을 지르는 사람이 있었다. 달리던 말에서 뛰어내려 말과 함께 달리다가 다시 올라타는 묘기를 사랑하는 사람도 있었다. 달리는 말 위에서 말의 배를 한 바퀴 돌아 다시 원위치하는 기교를 보이는 사람도 있있고, 말 위에 앉아 뒤로 돌았다 다시 앞으로 돌아앉는 기예를 보이는 사람도 있었다. 안장 위에 앉은 사람도 있었고, 안장 위에 선 사람도 있었다. 기마민족에게 말 위에 서서 말을 타는 것은 그리 이상한 일이 아니다. 수많은 사람들이 북소리를 배경으로, 구름처럼 이는 말 먼지를 배경으로 각양각색의 사람들이 말을 타고 달려오고 있었다.

「둥 두둥 두둥 두둥, 둥 두둥 두둥 두둥」

북소리가 가슴을 울리자 현재의 내가 점차 소멸되듯 사라졌다. 현재의 내가 사라진 자리에 젊은 시절의 내가 자리를 비집고 들어왔다. 잠시 후, 젊은 시절의 '나'는 불꽃처럼 부활했다. 긴 겨울을 지나 봄처럼 소생한 젊은 시절의 내 눈에 석상처럼 앉아 사물을 꿰뚫듯 강렬한 안광을 빛내는 그가 들어왔다. 그가 바로 백두산을 찾아 한민족 위령제를 지내고, 단군을 초혼하여 대화를 나누었던 사람. 종교의 가르침을 넘어 '널리 사람을 이롭게 하라'는……. 지상에서 가장 공의적인 사랑을 설파했던 분이 바로 각 시대마다 민중의 정신을 이끄는 영적 지도자 텡그리가 아닐까. 텡그리 – 당골 – 단군 – ……으로 이어지는 배달민족의 텡그리가 서울에 실존하고 있는 것은 아닐까. 완벽하게 되살아난 젊은 시절의 내 가슴은 북소리처럼 두근거렸다.

에필로그

한민족의 하느님을 찾아서

지금 이 책의 마지막 페이지까지 다 읽으신 독자인 당신과 필자인 집필을 마친 저는 어쩌면 거스르지 못할 인연의 고리 끝에서 서로를 마주보고 있을지도 모릅니다. 당신과 나는 옷깃조차 스치지 않았지만 어쩌면 서로의 영혼은 지금 시공을 초월하여 교감을 나누었는지도 모릅니다.

이제 저는 당신이 누구인지, 무슨 일을 하는 분인지, 어떤 생각을 가지고 계신 분인지 대강 알 수 있을 것 같습니다.

당신이 남자인지 여자인지, 이름이 무엇인지, 나이가 몇인지, 직업은 무엇인지, 가족관계는 어떻게 되는지, 결혼은 하셨는지, 어디서 태어났고, 지금은 어디에 사시는지, 출신 학교는 어디인지, 취미가 무엇인지, 특기가 무언인지 하나도 중요하지 않습니다.

당신이 이 책을 읽으면서 저와 당신 자신에게 던진 의문에 대한 당신의 대답은 이 책의 필자인 저에게 고스란히 전달되었으니까요. 어떻게 당신이 당신 자신에게 한 대답이 저에게 전달되었느냐구요? 아니, 그것도 중요하지 않습니다. 당신과 나 사이의 커뮤니케이션에 대한 비밀도 중요하지 않습니다.

이 긴 책을 읽으시느라 수고하셨습니다. 그럼, 한 마디만 더 묻겠습니다.

"당신은 당신 자신을 알고 계십니까?"

저는 방금 마지막 질문에 대한 당신의 답변을 들었습니다. 이 정도는 너무 쉽게 들립니다. 정말 중요한 부분은 잘 모르고 계시는군요.

그래요. 당신과 마찬가지로 저도 당신을 잘 모르겠습니다. 당신이 아무리 열심히 대답하고 설명해도 이 정도의 질문으로는 저는 당신이 누구인지 모르겠습니다.

당신의 육체적 현재는 대강 알겠는데, 진짜 당신이 누구신지는 모르겠습니다. 당신 역시 당신의 육체의 주인이기는 하지만 당신의 정신세계나 당신의 영혼을 위에 나열한 질문에 대한 답변으로 소개할 방법은 없을 것입니다.

굳이 저에게 설명할 필요는 없다 하더라도 당신은 당신 인생의 주체로서 전 세계에서 유일무이한 당신의 고귀한 영혼에 대하여 조금이라도 알고 있어야 이 질문과 답변은 끝날 수 있을 것입니다. 어떻게 하면 당신을 보다 정확하게 알 수 있을까요.

누구나 마찬가지지만 당신 역시 현재의 내적 존재는 외적 환경에 강한 영향을 받으며 살아가고 있습니다. 이 광활한 우주에서 당신은 홀로 이루어지지 않았고, 홀로 살아갈 수도 없으며, 홀로 존재할 수도 없습니다.

만약 당신이 이런 상황에 위축되어 우주의 주체가 되지 못하거나 아예 포기한다면 때로는 외적 환경이 당신의 전부를 지배할 수도 있습니다. 그렇게 되면 당신은 당신 인생의 주체가 아니라 상황에 끌려 다니는 노예일 것입니다.

당신은 우주의 주체이자 중심이지만 끝없이 펼쳐진 우주의 관점에서 보면 당신의 존재는 바닷가의 모래 알갱이 하나보다 더 미미한 존재로 보일 수도 있습니다. 이런 외적 환경으로부터 독립된 우주의 주인공이 되려면 당신은 당신을 둘러싸고 있는 우주적 환경을 알아야 하고, 아래 질문들에 대한 답변을 자신 있게 할 수 있어야 합니다.

당신이 존재하지 않는 한, 지구든 우주든 당신에게 무슨 의미가 있겠습니까. 아래 질문에도 대답해 주십시오. 저는 당신의 답변을 귀 기울여 듣겠습니다.

"당신이 존재하고 있는 이 세상은 어떻게 만들어졌을까요?"

"당신의 아버지의 아버지, 어머니의 어머니…… 이렇게 수십 만 번 계속해 거슬러 올라가면 과연 어떤 분이 계실까요?"

"당신은 창조주의 피조물입니까?"

"과연 신은 있을까요? 신은 우리 인간이 필요에 의해 창조한 존재일까요, 자연계에 실재하는 존재일까요?"

"죽음 이후는 어떤 세계가 있을까요?"

"영혼은 있을까요?"

젊은 시절의 나는 두 가지 문제에 집착했습니다. 〈참 하느님은 존재할까?〉 그리고 〈영혼은 있을까?〉

정답이 한 번에 떠오르지 않거든, 다시 한 번 기독교 성서를 탐독해 보십시오. 그리고 다른 여타 종교들도 좀 더 깊이 있게 탐구해 보십시오.

그러면 당신은 기독교는 육체적 종교라는 것을 아실 수 있을 것입니다. 기독교에서 우리의 영혼은 생명이 육체에 붙어 있을 때만 살아있는 존재일 뿐, 진짜 영의 세계인 사후세계에 대한 설명은 없습니다.

기독교에서 말하는 천국 역시 부활 이후에 나타 날 '천년왕국'이라는 형체를 갖춘 구체적인 지상세계이거나, 그와 유사한 세계일 뿐입니다.

하늘이라는 것도 하나님과 그의 아들과 극히 일부의 존재만이 거주하는 자리일 뿐입니다. 물론 하늘에 대한 설명도 없습니다. 육신이 아닌, 우리의 영혼이 가야 할 자리는 기독교 성서에는 없습니다. 최후의 그 날이 올 때까지는 우리의 영혼이 가야 할 곳도 없으니, 우리는 암흑의 존재일 뿐입니다.

 기독교에 의하면, 기독교의 하나님은 자신의 의지로 우리를 창조해 놓고, 자신의 창조물인 우리 인류 전체를 죄악시 하는 우를 범했습니다. 이것이 기독교의 정체라 할 때, 당신의 영혼이 가야 할 자리는 어디일까요.

 다시 두 가지만 묻겠습니다.

 "당신은 영(靈)의 존재인가요, 육(肉)의 존재인가요? 영육이 분리되면 당신은 어디로 가실건가요."

 "젊은 시절의 나는 해답을 찾았을까요? 실패했을까요."

 위 질문들에 대하여 아직도 정답이 떠오르지 않거나, 다시 한 번 위 질문에 대한 정답을 찾으시려거든 제가 쓴 책의 본문 2부를 다시 한 번 읽어 주십시오.

 그리고 정답을 찾으시거든 저에게도 연락 주십시오.
 기다리겠습니다.

정 광 용 드림

예수는 없었다

초 판 발 행 - 2010년 12월 15일
개정판발행 - 2010년 12월 20일

지은이 정광용
펴낸곳 (주)후아이엠
인쇄처 대림인쇄(주)

(주) 후아이엠
서울특별시 종로구 명륜동 4가 167-2 1층
전화 : 070-8872-1618 팩스 : (02)414-5507

ISBN 978-89-965536-1-8

값 13,000원

• 이 책의 판권은 (주)후아이엠에 있습니다.
• (주)후아이엠의 동의없이는 무단전재 및 복제를 금합니다.
• 파본등 하자본은 바꾸어 드립니다.